パウロの福音を生きる

ローマ人への手紙5章〜8章4節講解

鞭木由行
［著］

いのちのことば社

はじめに——ローマ人への手紙について

古代都市ローマは紀元前七五三年に建設されたといわれています。他国の征服によって莫大な財宝が世界中からこの都市に流れ込んできました。パウロの時代には、人口は百万人（一説では四百万人）をはるかに超えていたといわれています。古代都市ローマは、同時にキリスト教に関しても古代世界の一大中心地となりましたが、奇妙なことに、誰がこの都市に教会を設立したのかは不明です。しかしそこに誕生したローマ教会は、間もなく初代教会の中で特別な位置を占めるようになっていきました。パウロが手紙を書く前からすでに、教会はローマに長く存続していたのです。

ローマ人への手紙がパウロによって書かれたことには、疑いの余地がありません。パウロは多くの場合、口述筆記によって手紙を書きましたが、この手紙も同様で、筆記者はテルティオでした（16・22）。執筆年代については、パウロ自身がこの手紙の背景とともに重要な情報を提供しています。当時、エルサレムにいる貧しい聖徒たちを助けるために各地で献金が集められており、パウロも15章22～29節でその献金について言及しています。執筆の時点では献金の収集はすでに終了して、エルサレムに届けに行こうとしているときでしたので、パウロがこの手紙を書いたのは紀元五五～五八年の間で、執筆場所はコリントであったと考えられます。パウロはこの手紙を女性執事フィベに託し（フィベはコリントの港町ケンクレアの出身）、手紙は無事ローマの教会に届けられました（16・1〜2）。使徒の働き19章21節には、エルサレムを訪問した後にローマを訪問したいというパウロの希望が述べられています。それは、ローマ人への手紙15章23〜24節に記されているローマ訪問計画と一致しています。パウロはエルサレムを訪問して無事献金を届けた後、ローマを訪問し、さらにスペイン方面へと宣教の計画を立てていたようです。しかしパウロはエルサレムで逮捕され、ローマ訪問は囚人として護送されて到着するという、思わぬ形で実現することになったのでした。

ローマ人への手紙の構造

新約聖書にはパウロの書簡が十三通収録されています。ローマ人への手紙は、その中で最長の書簡であるというだけでなく、救いの福音について最も包括的に論述している点で非常にユニークです。他の書簡はパウロが開拓したか、あるいは既知の教会や人物宛てであったのに比べて、ローマ教会はパウロがまだ訪問したことのない教会でした。そのことが、ほかと比べてこの書簡がユニークである一因ではないかと思います。パウロはあたかも救いについて論文でも執筆するかのように、理路整然と筆を進めています。

その結果、ローマ人への手紙は非常に整った構造をもつことになり、誰が分析しても同じようなアウトラインになります。書簡の巻頭で挨拶や感謝を済ませると、パウロは手紙の主題、すなわち「神の義」に入っていきます（1・16〜17）。次に人間の罪の普遍的状況について論述してから

（1・18～3・20）、救いの福音、すなわち「信仰義認」を語ります（3・21～4・25）。そして、パウロは5章から、信仰によって義と認められた結果、救われた私たちがいかに生きるべきかを語り始めます（5・1～8・4）。本書が取り扱うのはこの部分です。その後、パウロの同胞であるイスラエル人の問題を論じた後（9～11章）、12章以後でキリスト者の生き方がどのようなものかを具体的に教えています。

ローマ人への手紙全体のアウトライン

Ⅰ 序言　1・1～17
　自己紹介と挨拶（1・1～15）
　主題の提示――福音には神の義が啓示されている（1・16～17）
Ⅱ 普遍的な罪の現実――すべての人は救いのために必要な義を欠いている　1・18～3・20
　異邦人の罪（1・18～32）
　ユダヤ人の罪（2・1～3・8）
　すべての人は罪の下にある（3・9～20）
Ⅲ 信仰義認　3・21～4・25
　神の義が啓示された（3・21～26）
　信仰によって（3・27～4・25）

Ⅳ　信仰義認の結果――信仰によって義とされた人々が得ている特権　5・1〜21

　　信仰義認の結果（5・1〜11）

　　アダムと私たち（5・12〜21）

Ⅴ　罪からの解放――罪の力にまさる恵み　6・1〜23

　　罪の支配からの解放（6・1〜14）

　　罪の奴隷からの解放（6・15〜23）

Ⅵ　律法からの解放　7章

Ⅶ　御霊による歩み　8章

　　罪の処罰（8・1〜3）

　　律法の成就（8・4）

Ⅷ　イスラエル人の救い　9〜11章

Ⅸ　キリスト者の生き方　12・1〜15・13

Ⅹ　結び　15・14〜16・27

「信仰義認」は言うまでもなく宗教改革の時に回復されたプロテスタント救済論の中核です。それまでのカトリック教会は、信仰だけでなく善行の必要も説いてきました。宗教改革者たちはそのような教理に反対して、「信仰のみ」を強調しました。人が義と認められるのはただ信仰によるということは、今日においてもプロテスタント福音主義教会の中心的信仰箇条です。私たちは誰でも、救いというものをそのように教えられてきたはずです。しかし今日、福音派諸教会の中にも、それとは違った傾向が見られます。信仰義認をもはや救いの教理とは考えないで、契約共同体の中にいるしるしとして理解しようとしています。しかし、そのような信仰義認の理解は、はたしてローマ人への手紙5章から展開される信仰義認の結果がもたらす祝福を説明することができるでしょうか。到底できないと思います。

私は、本書を通して信仰義認という救いが生み出す信仰者の生き方を明らかにしたいと考えました。それは、パウロの提示した救いを実際に生きるという課題です。パウロは、人間の罪の普遍的な支配と（1・18～3・20）、信仰義認の救いを語り（3・21～4・25）、信仰によって義とされた者（救われた者）の生き方を語っています。信仰によって義とされたことがどれほど大きな恵みに富む歩みなのかを語っています。その恵みの現実を日々歩む者でありたいと切に願っています。

目次

はじめに――ローマ人への手紙について　3

I　信仰義認がもたらすもの――ローマ5章……12

1　神との平和（5章1節）　12
2　神に近づく権利（5章2節）　21
3　栄光の望み（5章2節）　29
4　苦難も喜ぶ信仰（5章3～4節）　36
5　失望に終わらない希望（5章5節）　44
6　立証された神の愛（5章6～8節）　53
7　信仰によって義とされた私たち（5章9節）　61
8　和解（5章10節）　70

9　神を喜ぶ（5章11節）　78
10　アダムと私（5章12節）　87
11　罪と死の普遍性（5章12節）　96
12　キリストのひな型（5章13～14節）　106
13　恵みの圧倒的優位（5章15～17節）　114
14　第二のアダムにある（5章18～19節）　124
15　律法の役割（5章20節）　134
16　恵みの支配（5章20～21節）　144

Ⅱ　罪からの解放――ローマ6章

罪からの解放――ローマ6章……153
17　罪にとどまるべきか（6章1節）　153
18　罪に対して死んだ私たち（6章2節）　160
19　キリストにつくバプテスマ（6章3～4節）　167
20　古き人は十字架に（6章5～6節）　175
21　罪のからだが滅び（6章6～7節）　183
22　認めなさい（6章8～11節）　193
23　義の器・不義の器（6章12節）　201

24 神に献げなさい（6章13節） 210
25 恵みの下にある（6章14節） 219
26 もう一つの問題（6章15〜16節） 228
27 奴隷から奴隷へ（6章17〜18節） 241
28 今は神に献げなさい（6章19節） 252
29 罪の奴隷であったとき（6章20〜21節） 263
30 しかし今は（6章22節） 273
31 神の下さる永遠のいのち（6章23節） 282

Ⅲ 律法からの解放——ローマ7章

律法からの解放——ローマ7章……293
32 律法との死別（7章1〜4節） 293
33 肉に働く律法（7章5節） 303
34 新しい御霊によって（7章6節） 313
35 律法の真の役割（7章7〜8節） 323
36 戒めが来たとき（7章8〜10節） 333
37 死をもたらす律法（7章10〜11節） 341
38 罪を明らかにする律法（7章12〜13節） 350

39　根本的問題（7章14節）　360
40　二つの自分（7章15〜17節）　369
41　内住する罪（7章18〜20節）　377
42　パウロの発見した法則（7章21〜23節）　386
43　救いへの叫び（7章24〜25節）　395

Ⅳ　御子による贖罪の奥義――ローマ8章……404

44　いかなる罪責もない（8章1節）　404
45　新しい政権の確立（8章2節）　414
46　神のなしたこと（8章3節）　422
47　罪の肉における御子の派遣（8章3節）　431
48　罪を罪に定めた神（8章3節）　442
49　律法の成就（8章4節）　452

あとがき　461

Ⅰ　信仰義認がもたらすもの　ローマ5章

1　神との平和――5章1節

　こうして、私たちは信仰によって義と認められたので、私たちの主イエス・キリストによって、神との平和を持っています。（新改訳2017）

　このように、私たちは信仰によって義とされたのだから、私たちの主イエス・キリストによって神との間に平和を得ています。（協会共同訳）

　5章は結論からスタートします。冒頭で「こうして」あるいは「このように」と言っていますが、「それゆえ」あるいは「その結果」と訳してもよかったでしょう。どのような結論を引き出そうとしているかは、前章を見ると一目瞭然です。パウロは3章21節からずっと信仰義認について語ってきました。人が救われるのは、人間の努力や善行によることではなく信仰による、私たちはその救いを無料で受けたのだと論じてきたのです。そして、その信仰によって義とされた事実から、この5章においてパウロは結論を引き出しているのです。

1節から2節にかけて、パウロは三つの結論を導き出します。第一に、私たちは神との平和を持っていること。第二に、私たちは今立っているこの恵みに導き入れられたこと。第三に、神の栄光にあずかる望みを喜んでいることです。ここは新改訳第三版では、「私たちは、神の栄光を望んで大いに喜んでいます」（2節）となっていました。この三つの結論のうち、ここでは最初の結論を考えます。それは「私たちは信仰によって義と認められているので、神との平和を持っている。今現在、持っている」という点です。これは将来の望みのことではありません。私たちがすでに獲得している恵みのことです。

更新された神との関係

では、神との平和とは何でしょうか。それは「心の平安」という類のものではありません。あくまで神との関係における平和ということです。信仰義認による最初の結果は、神との関係の中に現れるのです。罪のゆえに破壊されてしまった神との関係が回復し、正常な状態になる。それが救いのもたらす最初の結果です。

　このことは、信仰を持っていない方に福音を伝えるときに、私たちが最初に直面する困難でもあります。教会には多くの方々が、いろいろな問題を抱えてやって来ます。不治の病を負った方、生活に困窮した方、社会的に大きな失敗をした方、想像もできないような深刻な問題を抱えた方、実に様々です。そういう方々に福音を伝えようとするとき、独特な困難を感じます。なぜなら、その人たちは自分の問題にとらわれていて、その問題の解決が最優先されるからです。福音に耳を傾ける余裕がありません。しかし私たちは、彼らが直面している問題は、すべて彼らが神から離れた結果であることを知っています。ですから解決は神のもとに帰ることです。神との関係こそ回復されなければならないことです。それさえ回復するならば、直面している諸問題は自ずから解決されてゆくのです。しかし、このことを理解してもらうのは、不可能と思えるくらい困難です。

　これは求道者だけの問題ではありません。クリスチャンにとっても同じことです。諸問題が取り巻く中で、「まず神の国と神の義を求めなさい。そうすれば、これらのものはすべて、それに加えて与えられます」（マタイ6・33）という原則を忘れるならば、私たちは神を知らない人々と同じことをしているのです。神を信じる信仰にも様々な信じ方があります。自分の幸福のために信じたり、あるいは自分の野心を成し遂げるために信じたりすることさえあります。しかし、信仰によって義とされたという救いを私たちが本当に理解するならば、もはやそのような信じ方はありえないでしょう。信仰によって義と認められた私たちは、神との平和を確立するのです。信仰義認が最初にもたらすのは、神との関係が新しくされることなのです。

平和の関係

信仰義認の結果として確立された神との関係を、パウロは「神との平和」と表現しました。平和とは、二者の間に争いがなく、一致しているときに生じる状況です。

はたして、私たちは神との平和を本当に持っているでしょうか。神との平和を持っているかどうかは、信仰による義認という教理を本当に理解したかどうかを試す試金石です。「私は神との平和を持っている」と確信する人こそ、信仰義認をよく理解した人です。

行いによって義と認められ、救いを得ようとする人々の特徴は、この平和を知らないことです。「エホバの証人」と呼ばれる人々を思い出すとよく分かります。彼らは熱心ですが、その心の奥に不安を隠し持っています。彼らは信仰による義を否定してしまったので、努力することによって、つまり熱心に伝道することによって救いを獲得しようとします。そこで際限のない律法主義に陥ってゆくのです。そこから平和は生まれてきません。平和が生まれてくるのは、ただイエス・キリストのゆえに無償で義と認められたときです。平和はそのとき、私たちのところにやってくるのです。この神との平和は、決して主観的・感情的な心の平安ではなく、客観的な事実です。イエス・キリストというお方を通して私たちに実際にもたらされた現実です。イエス・キリストの十字架上の死が、私たちから神の怒り、律法ののろい、神の敵意を取り除き、私たちは神との永遠の交わりの中に入れられたのです。

神との平和の自己吟味

はたして私たちは、義と認められた結果としての神との平和を持っているでしょうか。それを問うことは、私たちの救いそのものをテストすることになります。神との平和を持っているかどうかは、神との平和が生み出す特徴を持っているかどうかを調べることによって分かります。次のような簡単な問いを投げかけることによって、それを吟味することができるでしょう。

第一の問いかけはこれです。

「良心のとがめから、あるいはサタンの訴えから本当に解放されているか。」

私たちの良心は罪を指摘して責めます。またサタンは、聖書では「訴える者」（黙示12・10）と呼ばれています。サタンも私たちの現実をこのように訴えます。

「あなたが義と認められているというのは本当なのか。信じるだけで本当に大丈夫なのか。あなたの行いや心の中を見てみなさい。そのように罪の思いが満ちているのに、義と認められたと言えるのか。」

私たちは自分の罪の現実を知っているので、そのような良心の呵責が起こります。だからサタンが私たちを訴えるとき、サタンの正しさを認めざるをえません。しかし、もしそれによって平和を失うのであれば、私たちは信仰義認について不完全にしか理解していないのです。

クリスチャンであっても、ダビデのように、決して消せない苦い罪の経験をしていることでしょう。それを思い起こしては悲しい時を過ごすことがあります。しかし、私たちはそのような中にあっても、神との平和を失うことがありません。どのように私たちの良心が訴えても、心が痛んでも、その痛みに打ち負かされることはありません。もし打ち負かされてしまうなら、その人は信仰義認の教理を十分に理解していないのです。本当に理解するならば、「神との平和」は揺るぐことがないのです。

第二の問い

神との平和を持っているかどうか、それを試す第二の問いかけはこれです。

「神との交わりを求め、神との交わりを喜び楽しんでいるか。」

私たちは、かつては神との交わりを持ちたくても、持ちえない者でした。罪のゆえに神との交わりを妨げられていました。しかし、今や神と私たちの間には何の障害もなく、平和の関係が確立されたのです。そこでこの問いが生まれます。私たちは神との交わりを求めているでしょうか。神との交わりの中に生き、神との関係を喜んでいるでしょうか。国と国が戦争をしている間は、国家間の対話は途絶えます。しかし、ひとたび戦争が終わり平和条約が結ばれるならば、貿易は再開され、人的交流も盛んになっていきます。それと同じように、私たちも神と平和条約を結びました。それならば、積極的に神との交わりを求めない、神との関係を喜ばないということはありえないはずです。ですから、神との平和を持っている人の特徴は、神との交わりをさらに求めていくということです。神との交わりを楽しんでいる人こそ、神との平和を持っている人です。

第三の問い

第三の問いかけは、私たちが罪に陥ったときの対処の仕方の中に現れます。私たちは普段、平穏な日々を送っていますが、時に予期せぬつまずきや、罪の深みに落ち込んでしまうことがあります。深刻な罪に陥ったとき、それとどのように向き合うでしょうか。そこにも神との平和を知っている人の特徴が表れます。罪を深く自覚するとき、神との関係はよそよそしくなり、神から距離を置きたくなり、祈れなくなってしまいます。もしそれが私たちの現実であるならば、それは自分のことを次のように思っていたということです。

「私はかなり良いクリスチャン生活を送っている。だから神との平和を得ている。」

私たちは、気がつかないうちにこのような誤りに陥っている危険があります。

しかし、これほど反聖書的な考え方はないでしょう。神との平和は、信仰義認の結果です。たとえ私たちがどんな罪に陥ろうとも、神との平和な関係は、究極的には失われることがありません。なぜなら、神は信仰によって私たちを義と認めてくださったからです。神との平和は、私たちが良いクリスチャン生活をしているからあるのではない。私たちの行いに依存していない。だから、もし重大な罪に陥った場合に神との平和を失ってしまうなら、その人は信仰義認について十分な理解に達してはいなかったということになるでしょう。

「どんな罪の中にあっても、その罪の重さに決して負けることのない神との平和を持っているか。」これが最後の問いです。

同時に、私たちはそれと正反対の危険を持っていることにも気がついておく必要があります。それは、私たちは「バイパス・クリスチャン」になりやすいということです。その意味は、罪に陥ったとき、「イエス様は私たちの罪のために十字架にかかられたのだから、どうせ赦されるのだから大丈夫」と安易に考えることです。罪は赦されると安易に考えて、悔い改めを省略して、罪を正しく処理しないクリスチャンです。十字架の贖いを通過しないで、十字架のもとを避けて、バイパスを通るようにして神との平和に到達することです。いつの間にか神との平和を当然の既得権のように思い込み、バイパスばかり通るようになると、やがて罪に鈍感になり、その信仰はさびつき、荒れ果て、苔が生え、気がついたときには正常に機能しなくなります。形骸化した、感謝のない、不平と不満だらけのクリスチャンになってしまうのです。ですから、バイパス・クリスチャンになることも警戒しなければなりません。もし罪に陥ったなら、それを具体的に告白し、キリストの十字架によって赦されたことをみことばから確認し、赦された感謝と喜びを回復するまで、きちんと罪を神の御前で処理すべきです。そうするならば、私たちは神との平和を失ったり、損なったり、ゆがめたりすることなく、御前に立ち続けることができるでしょう。

あなたと神との関係は、どのような状況でしょうか。かつてこうだった、というのではありません。今、どうでしょうか。神との交わりを避けているというようなことはないでしょうか。何となく疎遠になっているということはないでしょうか。神との交わりの中に平和が失われていることはないでしょうか。神との交わりを心から喜んでいるでしょうか。

この神との平和こそ、信仰義認の最も著しい特徴です。だからパウロは福音のことを、「平和の福音」（エペソ6・15）と呼びました。これが、信仰義認が私たちにもたらした最初の結果です。一人ひとりが、生き生きと、神との親しく深い交わりの中を歩み続けることができる、これこそが、信仰義認の福音が可能にした恵みです。

2　神に近づく権利──5章2節

このキリストによって私たちは、信仰によって、今立っているこの恵みに導き入れられました。
（新改訳2017）

このキリストのお陰で、今の恵みに信仰によって導き入れられ、（協会共同訳）

信仰によって義と認められたことからもたらされる第一の結果は、神との平和でした。次に第二の結果について見ていきましょう。第二の結果は、私たちが恵みに導き入れられたことです。

恵みに近づく権利

では、「恵みの中に導き入れられる」とはどういう意味でしょうか。パウロはここで非常にユニークなことばを使っています。もっと直訳調にするなら、「私たちは恵みに近づく権利を獲得した」となるでしょう。神の与えてくださる恵みに何の妨げもなく接近していく権利を持っている、とパウロは主張しているのです。

この「導き入れられる」とか「近づく」と訳される「プロサゴーゲ」ということばは、新約聖書でパウロだけが三回使っている特殊なことばで、パウロはエペソ人への手紙であと二回（2・18、3・12）使っています。そこではいずれも「（神に）近づく」というふうに訳されています。このことばは昔、誰かを王のいる部屋に先導するときに用いられました。それはごく一部の人々に限られた特権で、王様に謁見する権利でした。ちょうどそれと同じように、イエス・キリストが神の御前に至る扉を開いてくださったので、私たちは神に近づく権利を得ているのです。そして、そこに入ったとき私たちが見いだしたのは、ただ恵みであった、と言っているのです。

ロンドンを旅行すると必ず訪れるのは、バッキンガム宮殿でしょう。そこでは、赤と黒の軍服をまとった、人形のような衛兵を見ることができます。しかし、衛兵を見ることはできますが、女王を見るために宮殿の中に入ることはできません。それはごく一部の限られた人々の特権です。

私たちもかつては同じような存在でした。神の恵みの外側に立っていて、自分の罪のゆえに、そして律法の決まりのゆえに、神に近づくことができなかったのです。この神に近づく道は罪によって閉じられ、いかなる人間的手段も神の恵みを受けるには不十分でした。パウロはローマ人への手紙3章23節で、「すべての人は、罪を犯したので、神からの栄誉を受けることができず」（新改訳第三版）と言っています。かつては罪のゆえに「生まれながら御怒りを受けるべき子らでした」（エペソ2・3）。しかし、今や神の恵みの御座に近づく特権を得ました。私たちは、神の御前に完全に新しい立場を与えられたのです。私たちが現に立っているのは「恵み」の上です。神は私たちを、「好意」をもって、「愛顧」をもって、「特別な顧み」をもって見ていてくださるのです。

このことを、詩篇の作者はこう告白しています。

「主はご自分の聖徒を特別に扱われるのだ。
私が呼ぶとき　主は聞いてくださる。」（４・３）

この確信です。私たちはみなこの確信を持っているでしょうか。これこそクリスチャンの驚くべき特権です。神との関係は根本的に変わりました。神の私たちに対する態度は完全に変化しています。神は、今や私たちの生涯をただ祝福しようとしておられるのです。

「まことに私のいのちの日の限り
いつくしみと恵みが　私を追って来るでしょう。」（詩篇23・６）

私たちは、このような事実の上にしっかりと立っているでしょうか。パウロは、「もし私たちが信仰によって義と認められたということを本当に悟るならば、その意味を十分に把握するならば、その結果として、私たちはこの確信の上に立つことができる」と語りかけているのです。

その確信に立っているかどうかを知るために、こう尋ねてみるとよいでしょう。

「私は、神が私の生涯において最善をなしてくださっていると確信しているか。」

「将来においても最善をなしてくださると確信しているか。」

もしこの点において確信を持てないでいるならば、それは信仰義認の教理がよく理解されていないゆえかもしれません。

神の前に義と認められているということの意味を十分に知っているならば、私たちはそのとき、この確信を持つことができるはずです。クリスチャンとは、このような確信を常に持っている人です。パウロはその確信を、「今立っているこの恵み」と表明しました。なぜか協会共同訳には訳語として反映されていませんが、「立っている」と訳されたのは強い意味をもつことばで、「私たちがどっしりと立っている」とか「確立されている」などと訳すこともできるでしょう。

パウロは、まさにこの確信の上に生きていました。私たちは、一時的にそういう特別な立場に置かれたというのではありません。揺るぐことのない、再び崩されることのない強固な恵みの立場にしっかりと据えられたのです。

祈りの生活

私たちがこのような確信を持っているかいないか、点検するためのもう一つの方法は、自分の祈りの生活を吟味してみることです。自分は祈っているだろうか。熱心に祈るだろうか。

私たちが神の恵みの中に導き入れられたのならば、神に近づく特権を与えられているのならば、それを自覚しているならば、祈らずにはいられないことでしょう。そして、最善をなしてくださる神が祝福しようと待っておられることを確信しているならば、私たちの祈りの時はもっと楽しいはずです。しかし、もしこの点において確信していないならば、私たちにとって祈りは重苦しく、苦痛でさえあるかもしれません。

Ｃ・Ｓ・ルイスは、祈りを妨げる二つの要因を列挙しています。一つは私たちの罪のゆえであり、もう一つは神を怖がっているゆえです。彼が言わんとするのはこういうことです。私たちが心から祈ることができなくなるのは、私たちが神に近づいたとき、神は私たちが望んでいないようなことを示すのではないかという恐れのゆえに、神との距離を一歩離しておこうという自己防衛の本能が働くからだ。それが私たちの祈りを妨げてしまう。

はたして、私たちはそのような恐れを持っているでしょうか。もしそうであるならば、私たちは信仰によって義とされたということの意味をよく理解していないのです。それゆえ、神が私たちに最善のみを与え、祝福のみを与え、恵みの取り扱いだけを与えようとしておられることに確信が持てないのです。

ですから、私はあえてこう言いたい。日々、神の恵みの中を確信を持って歩むために本当に必要なことは、自分の救いについて十分に理解することである。私がこのことを強調したいのは、多くのクリスチャンがこの点についての確信を曖昧にしているからです。そして、クリスチャン生活とのは苦しくて困難なものという誤った印象を他の人々に与えているからです。しかし、それはクリスチャンが与えるべき正しい印象ではありません。クリスチャンとは、神が自分の生涯において最善をなしてくださるという明確な確信を持っている人です。

キリストによって

最後に、この2節の中でもう一つのことに注目しておきたいと思います。それは、この節で最初に言われ、かつ最も強調されている、「キリストによって」「キリストのお陰で」という一句です。それは、私たちがどうしたらこの恵みに近づく権利を獲得できるのかを教えています。それは「キリストによって」です。キリストを通して（信仰という手段によって）その確信に立つことができるとパウロは言っています。つまり、これはキリストの大祭司としての働きを私たちに教えているのです。そもそも祭司の重要な役割は、人々を神に近づけることでした。神に近づく権利を私たちが確保できるようにすることでした。神との新しい契約では、大祭司はただ一人、イエス・キリストです。イエス・キリストだけが神に近づく道を備えることができるのです。

主イエスご自身がこう言っています。

「わたしが道であり、真理であり、いのちなのです。わたしを通してでなければ、だれも父のみもとに行くことはできません。」（ヨハネ14・6）

私たちの主は、ご自身を罪のためのいけにえとして献げることによって、その道を開いてくださいました。

ヘブル人への手紙の著者はこう言っています。

「こういうわけで、兄弟たち。私たちはイエスの血によって大胆に聖所に入ることができます。イエスはご自分の肉体という垂れ幕を通して、私たちのために、この新しい生ける道を開いてくださいました。」（10・19～20）

このように、神に近づく権利、恵みに浴する権利は、大祭司であるイエス・キリストによってもたらされました。私は何度でもこのことを強調したい。なぜなら、私たちはこう考えてしまいやすいからです。「神様が恵み深いことは分かります。しかし、私はそれに値するほど信仰深くはありません。私はその恵みに値するほど熱心ではないし、きよくなく、霊的でもない。」その結果、私たちは神の恵みに近づく権利をたやすく放棄してしまうのです。

もし恵みに近づく権利が、私たちの熱心や努力によって獲得すべきものであれば、この考えはそのとおりでしょう。そして私たちはほとんど絶望的です。しかし、それに対してイエス・キリストはこう言われます。「あなたの言うことは確かにそのとおりだ。あなたは特に熱心でもなく、きよくもなく、霊的でもない。だから、自分を通して神の恵みに近づくことはできない。そこで、わたしを通して神に近づきなさい。」

この大祭司イエス・キリストの働きを知るや否や、私たちのすべての不安は吹き飛んでいくでしょう。そして、こう言うのです。「ああ、私ではなく、キリストだったのだ。ただキリストを通してなのだ！」と。

こうして、私たちは揺るぐことのない確信をいつでも持つことができるのです。信仰による義認を知っていながらこの確信がないとすれば、それは「キリストによって」という重大な鍵を見落としているからです。神の恵みに近づくのに、私たちは自分を大きく見せたり、聖人ぶったり、信仰深く見せたりする必要はありません。神の恵みに近づく権利は、キリストによって確保されているのです。ただキリストを通ってその特権にあずかるのです。そして、神が私たち一人ひとりに対して最善をなそうとしておられることについて、私たちは明確な確信を持つことができるのです。自分の貧しい信仰の歩みのゆえではありません。キリストの完全な贖いのゆえにです。

3　栄光の望み――５章２節

そして、神の栄光にあずかる望みを喜んでいます。（新改訳２０１７）

神の栄光にあずかる希望を誇りにしています。（協会共同訳）

信仰義認がもたらす結果は、第一に、神との平和です。第二は、神の恵みに自由に近づく権利を与えられたということです。

パウロが語る第三の結果は、２節の後半にあるように「神の栄光にあずかる望みを喜んでいます」ということです。直訳するなら「神の栄光の望みを大いに喜んでいます」とパウロは述べています。言い換えるならこういうことです。信仰によって義とされるという救いを経験した者は、喜びという点に関して、あるいは望み（希望）に関して、以前とは全く違った考えを持つようになった。喜びの範囲・領域において決定的な変化を経験したということです。

私たちには様々な喜びがあります。結婚する喜び、子どもが与えられる喜び、テストで満点を取ったときの喜び、卒業という喜び、事業を完成した喜び。知る喜びもあれば創造する喜びもあります。私たちは多くの喜びを経験してきました。それらは良い経験ですが、すべての人に共通した一般的な喜びであって、信仰義認の結果として生じてくる喜びではありません。信仰によって義とされた者たちは、他と比べようのない喜びを持つようになります。それは、他のいかなるものを犠牲にしても、それだけは手放すことのできない最高の喜びなのです。

しかし、喜んでいるだけではありません。ここで「喜んでいます」と訳されていることばは、「誇っています」と訳されることばでもあります。誇りとするほどに大いに喜んでいます、とパウロは言っているのです。いったい何をそれほど喜び、誇っているのでしょうか。

パウロは答えます。それは「神の栄光の望み」であると。では、神の栄光の望みとは何でしょうか。それは将来に属することなので、私たちの経験から説明することはできません。ただみことばに描かれていることから考えていきたいと思います。

キリストの栄光の再臨

私たちにとって「神の栄光の望み」とは、第一に、イエス・キリストの再臨の望みです。イエス・キリストの再臨の時、私たちは神の栄光そのものを見ると言われています。主イエスご自身が何度も繰り返してこう言われました。

「人の子は、やがて父の栄光を帯びて御使いたちとともに来ます。そしてそのときには、それぞ

れその行いに応じて報います。」（マタイ16・27）
　主イエスが最初に地上に来られたときは、片田舎ベツレヘムの家畜小屋にひっそりと生まれました。しかし、今度は栄光を帯びて来るのです。
　主イエスは他の箇所でもこう明言しました。
「ただちに太陽は暗くなり、月は光を放たなくなり、星は天から落ち、天のもろもろの力は揺り動かされます。そのとき、人の子のしるしが天に現れます。そのとき、地のすべての部族は胸をたたいて悲しみ、人の子が天の雲のうちに、偉大な力と栄光とともに来るのを見るのです。」（同24・29〜30）
　それは、地上のすべての人々によって目撃される大いなる栄光の現れです。
　かつてモーセがシナイ山で、神に向かって「あなたの栄光が見たい」と願ったとき、神はこう答えられました。
「あなたはわたしの顔を見ることはできない。人はわたしを見て、なお生きていることはできないからである。」（出エジプト33・20）
　しかし、主イエスの栄光ある現れの時には、私たちは神の栄光を見ると約束されています。もはや「鏡にぼんやり映るもの」（Ⅰコリント13・12）を見るのではなく、顔と顔とを合わせて見ることになる。これがここで言われている「神の栄光の望み」の第一のことです。

栄化のからだ

この栄光の望みとは、第二に、私たちの救いの完成の望みです。私たちの救いは未完成です。私たちはイエスを信じて新しく生まれ、信仰によって義とされ、聖霊によって歩み始めましたが、なおも罪を犯します。そして死に、地のちりに帰らなければならない者です。この救いは地上で完成されることはありません。しかし、それが完成される時が来るのです。

その救いの完成は、究極的には、私たちが御子の栄光の御姿に似せられていくことです。「神は、あらかじめ知っている人たちを、御子のかたちと同じ姿にあらかじめ定められたのです」（ローマ8・29）、あるいは「栄光から栄光へと、主と同じかたちに姿を変えられていきます」（Ⅱコリント3・18）と言われています。

さらに使徒ヨハネもこう言いました。

「愛する者たち、私たちは今すでに神の子どもです。やがてどのようになるのか、まだ明らかにされていません。しかし、私たちは、キリストが現れたときに、キリストに似た者になることは知っています。キリストをありのままに見るからです。」（Ⅰヨハネ3・2）

ですから、私たちの救いが完成されるとき、私たちは御子の栄光のかたちに似たものとなるのです。

もう一箇所、ピリピ人への手紙3章21節も覚えたいみことばです。

「キリストは、万物をご自分に従わせることさえできる御力によって、私たちの卑しいからだを、ご自分の栄光に輝くからだと同じ姿に変えてくださいます。」

今、私たちが持っているのは「卑しいからだ」です。それは生まれてから今日まで、罪のために、罪の道具として働いてきた「からだ」だからです。それればかりか、病を経験し、苦しみ、痛みを味わってきました。数十年間でボロボロになり、土に帰っていくからだです。しかし、イエス・キリストが栄光をもって現れるとき、私たちは一瞬のうちに変えられます。ラッパの響きとともに、永遠に朽ちることのない、主の栄光に輝くからだと同じ姿へと変えられていくのです。これが私たちの栄光の望みです。

キリストの栄光のからだ

では、主イエスの栄光のからだとはどのようなものでしょうか。その全貌を知らされているわけではありませんが、新約聖書は、ところどころでイエス・キリストの栄光のからだを描いています。

第一に、マタイの福音書17章にある変貌山の出来事として知られる記事の中に、主の栄光のからだが描かれています。そのとき、主イエスの御姿が変わり、顔は太陽のように輝き、衣は光のように白くなりました（2節）。これがキリストの栄光のからだです。後になって使徒ペテロはこのことを思い出し、「私たちは、キリストの威光の目撃者」と言いました。この体験は、ペテロが一生涯忘れることのできない驚異的体験でした（Ⅱペテロ1・16～18）。

第二に、キリストの栄光はパウロにも現れました。使徒の働き9章には、パウロがダマスコに向かっていたとき、突然、天からの光が彼を照らしたことが記されています。それこそイエス・キリストの栄光の現れでした。パウロはそのために倒れ、一時的に失明してしまいました。

しかし、新約聖書中、主の栄光の現れを記した記事で最も重要なのは、黙示録1章13～16節でしょう。使徒ヨハネはキリストの栄光を詳しく描いています。

「また、その燭台の真ん中に、人の子のような方が見えた。その方は、足まで垂れた衣をまとい、胸に金の帯を締めていた。その頭と髪は白い羊毛のように、また雪のように白く、その目は燃える炎のようであった。その足は、炉で精錬された、光り輝く真鍮（しんちゅう）のようで、その声は大水のとどろきのようであった。また、右手に七つの星を持ち、口から鋭い両刃（もろは）の剣が出ていて、顔は強く照り輝く太陽のようであった。」

以上が新約聖書に記されたキリストの天的栄光のからだです。私たちも、この御子と同じ栄光のからだを持つようになるのです。現在の私たちの肉体はやがて死に、土に帰ります。それは「卑しいからだ」でしかありません。しかし主イエス・キリストが再び栄光を帯びて来られるとき、私たちは天の御国にふさわしい栄光のからだに変えられるのです。これこそが私たちの栄光の望みであり、私たちは実にこの神の栄光へと召し出されたのです。神は「ご自分の御国と栄光にあずかるようにと召してくださる」方であり（Ⅰテサロニケ2・12）、私たちは主イエスにある救いを、「永遠の栄光とともに受けるようになるため」に召し出されたのです（Ⅱテモテ2・10）。

喜び誇る

かつて罪人として生きていたとき、私たちの典型的な生き方は、自分を誇ることでした。自分を誇る人は自分のことを語ります。自分の知性や知恵、所有物や業績、信仰や敬虔さえ、人間は誇りの手段とします。ですから私たちが自分のことを語り始めるようになったときは、注意しなければなりません。逆に、神を賛美するとは神について語ることです。ですから、神の栄光の望みを喜び誇るとは、神の栄光の望みを語ることにほかなりません。

主イエスを知ったことによって、すべての人間的誇りが取り除かれ、この唯一の誇りが与えられました。ですから協会共同訳は「誇りにしています」と訳しています。それは神の栄光の望みを誇っているのです。

この望みから目を離すことがないように。そして、自分が何を喜び、何を誇っているのかを点検していただきたい。信仰によって義とされたということに徹底するならば、私たちはもはや自分を誇ったり、自分を語ったりすることはなく、逆に神の栄光の望みを喜び、誇るはずです。それは今日の私たちにとってもそのとおりでしょうか。私たちは今日、何を誇り、何を喜びとしているでしょうか。この栄光の望みを大いに喜び誇る者でありたいと思います。

4　苦難も喜ぶ信仰――5章3～4節

それだけではなく、苦難さえも喜んでいます。それは、苦難が忍耐を生み出し、忍耐が練られた品性を生み出し、練られた品性が希望を生み出すと、私たちは知っているからです。

（新改訳２０１７）

それればかりでなく、苦難をも誇りとしています。苦難が忍耐を生み、忍耐が品格を、品格が希望を生むことを知っているからです。（協会共同訳）

5章の最初の2節から、信仰義認のもたらす三つの結果について考えました。第一は、神との平和を持っていること。第二は、神の恵みに近づく権利が与えられていること。第三は、私たちが受ける栄光の望みを喜んでいるということでした。新生し、神との平和が確立され、さらに神の恵みの中で成長していき、ついには栄光を受けて救いの完成に至る。これは私たちの信仰の歩みを総括しているとも言えるでしょう。ところがこの3節で、パウロはもう一つのことをつけ加えています。

そしてそれこそが、パウロがここで言いたかった最も大切なポイントなのです。最初にパウロは、「それだけではなく」と言います。上記の三つのポイントだけではなく（特に、将来の栄光の望みを喜んでいるばかりでなく）、実は「苦難さえも喜んでいます」とパウロは言います。新改訳２０１７が「喜ぶ」と訳したことばを、協会共同訳では2節と同様「誇る」と訳しています。どちらの訳も可能ですが、「誇る」と訳せるように、これは単なる感情的な喜びを表すことばではありません。パウロはここで、私たちが信仰者として苦難にどのように対処するべきかを教えています。困難や苦難ほど私たちの信仰を試し、信仰の本当の姿を露呈させるものはないでしょう。問題に対処するその仕方の中に、私たちの信仰が映し出されてきます。私たちの信仰が生きて働くものか、それとも飾り物にすぎなかったのか。本当に神に信頼して生きているのか、表面的な信頼であったのか。それが明らかになってくるのです。

通常の方法

一般的に、人は苦難に対してどのように対処するでしょうか。最も多い反応は、自己憐憫と不平を言うことです。最初は何とかしてこの苦しみを取り除こうとするでしょう。しかしそれができないとき、自己憐憫が始まり、さらに不平へと発展していきます。出エジプト記15章には、その典型的な実例が記録されています。エジプトを脱出したイスラエルの民は、約束の地を目指して砂漠地帯を進んでいきました。やっと水のあるマラに到着しましたが、その水は苦くて飲めませんでした。

そこでイスラエルの人々は、モーセに不平を言いました。これはほんの一例で、彼らは何度も同じことを繰り返しました。

不平を口にすることは、苦難に対する普通の反応でしょう。神の最善に対する信頼を失い、神に不信を抱き、不平が出てきます。ヨブもそうでした。しかしもっと悲劇的だったのはヨブの妻でした。彼女は自分の子どもたちを失い、財産を失い、夫のヨブも病に倒れ、人間として経験できる最大の苦難を味わいました。彼女は耐えかねて、ヨブに向かって「神を呪って死になさい」と吐き捨てました。彼女は苦難によって絶望し、もはや神を信じることができなくなっていたのです。ヨブのように「私たちは幸いを神から受けるのだから、わざわいも受けるべきではないか」と言えるまでの信仰は、彼女にはありませんでした。彼女の信仰は苦難を通して明らかになりました。

苦しみに対して、私たちも自己憐憫や不平不満、絶望によってしか反応できないのであれば、それはクリスチャンの対処の仕方とは言えないでしょう。苦しみを避けたり、ただ受け身に終始するのもクリスチャンの方法ではありません。

パウロは私たちに、全く別の対応があることを示しています。それが3節にある「苦難さえも喜ぶ」という方法です。ここで「喜ぶ」と訳されたことばは、新改訳第三版の2節では「大いに喜んでいます」となっていました。ですから3節でも「苦難さえも大いに喜んでいます」と訳すこともできるでしょう。

クリスチャンの方法～喜び誇る～

苦しみを喜ぶとは、いったいどういうことでしょうか。この意味を考えるにあたって、まず誤解を解くことから始めたいと思います。パウロがここで苦難さえも喜ぶと言ったとき、決してそれを文字どおり「楽しみである」と言っているわけではありません。困難が実際にやってきたので、心がうきうきして喜びがあふれる、ということではありません。もしそうであるなら、それは病的自虐かもしれません。私たちには、やはり恐れがあり、逃げ出したくもあり、苦痛に圧倒されるようなこともある。それはそれで当然です。ここでパウロが言いたかったのは、クリスチャンはそこで終わってしまわないということです。悲しみに押しつぶされて終わってしまうことはない、苦しみの真っただ中で、再び喜びを見いだすことができる、と言っているのです。それは、パウロがしばしば強調する「忍耐」ということでもありません。もちろん忍耐は必要です。しかしパウロは、ここでそれ以上のことを言わんとしています。

パウロがここで言っているのは、「苦難の時に苦難のゆえに喜ぶ」、あるいは「誇る」ということです。確かにこの3節はそのようには書いておらず、あたかも苦難自体を喜んでいるかのようです。しかし、もっと厳密に、あるいは直訳風で言い換えるなら、「私たちは、患難の中でも喜んでいます」と訳すのがよいと思います。そして多くの注解者は、「苦難の中でも」とは、むしろ「苦難のゆえに」という意味だということで一致しています。ですからこの3節は、苦しみの中で病的に苦しみ自体を喜んだりすることではなくて、苦難や困難、行き詰まりの時に、それを理由にして、それを動機として喜ぶ秘訣について語っているのでしょう。

使徒の働き16章からは、パウロが実際そのように生きたことを知ることができます。パウロとシラスはピリピの町で伝道に着手しましたが、間もなく逮捕され、訴えられ、何度もむちで打たれてから投獄されました。それは文字どおり苦難でした。しかし、「真夜中ごろ、パウロとシラスは祈りつつ、神を賛美する歌を歌っていた」のです（25節）。むち打ちも投獄も、それ自体喜びであるはずがありません。それは苦痛です。しかしその苦痛の中で、苦難のゆえに神を賛美し、神に感謝し、喜びを抱くことはできる。普通であれば「これから先どうなるのだろうか」と悩みにとらわれる状況で、彼らは喜んでいたのです。

神を喜ぶ秘訣

いったいどうしたら苦難を喜びの機会とするようなことが可能なのでしょうか。パウロはその理由をこの箇所でこう語ります。

「それは、苦難が忍耐を生み出し、忍耐が練られた品性を生み出し、練られた品性が希望を生み出すと、私たちは知っているからです。」

「知っているからです。」ここにパウロの秘訣があります。パウロは苦難や苦しみに直面したとき、それをすでに知っている、ある知識と結びつけました。まず彼は、そのときの気分や感情に任せないで、問題に正面から向き合います。自暴自棄になるのでもなく、しかたがないとあきらめるのでもない。苦難に遭ったとき、病気になったとき、障害にぶち当たったとき、それをすでに知っている信仰の知識と結びつけて考える。まさに、そこに信仰が働いているのを見ることができます。その信仰によって、これまで学んで知っている聖書の真理と、直面している問題とを結び合わせて考え、結論を出すのです。そしてその信仰こそ、苦難の中で、その苦しみを理由にして喜びに至る方法なのです。

　では、パウロはここで、どんな知識と結びつけたのでしょうか。まず、苦難に遭うと忍耐が生まれてくるということ。これは誰もがよく理解できる真理です。「艱難汝を玉にす」ということわざもあるように、一般的な知識です。もちろん、すべての人間がそうなるわけではありません。しかし、クリスチャンが神のご真実に信頼することを忘れず、正しく苦難に対処するならば、つまり神の愛と最善のご計画を認めるならば、苦難を堪え忍び、忍耐を獲得することができるのです。

　次に、この忍耐は「練られた品性」を生み出します。協会共同訳は「品格」と訳していますが、下段の注には別訳として「練達」を挙げていて、こちらのほうが良いでしょう。「練られた品性」と訳されたのは「ドキメー」というギリシア語ですが、これは「テストを経て合格したもの」という意味です。様々な苦しみ、困難を通過して、その試練に合格してできあがったものです。忍耐によってゆがんでしまうのではなく、むしろ燃える炉の中で金が精錬されていくように、忍耐は練られた品性、練達を生み出します。私たちから余分なものが取り除かれ、ますます練られ、きよめられていくのです（ヤコブ1・2～4）。

　そして、この練られた品性が求めるものがあります。それが2節にある「栄光にあずかる望み」です。この品性は、過ぎ去っていく地上のむなしいものから離れて、ますます神に信頼するようにさせるものです。私たちは神のみに望みを置くようになり、やがて頂く栄光の望みへと導かれていきます。そのとき、自分のうちにさらに確かな希望への確信が生み出されていくことに気がつくのです。

　このように苦難は、最終的には私たちを希望へと導きます。これはまさに終末的な望みです。これこそパウロが用いた信仰の知識であり、苦しみや苦難から喜びを生み出す知識です。その知識は希望を生み出し、私たちをますます栄光の望みへと導いていく。こうして、苦難は私たちの希望を増幅させ、私たちはその実現を求めるようになる。ですから、この知識を思い出すならば、苦難の中でさえも誇りを持って生きることができる、喜ぶことができるのです。

　苦難に満ちたパウロの生涯を思い起こすとき、苦難は希望を生み出すという彼のことばは大きな驚きです。絶えず敵に狙われ、繰り返し投獄され、同労者にさえ裏切られ、その生涯は苦難の連続でした。その中で、彼はなお「苦難さえも喜ぶ、誇る」と告白しているのです。苦難は私をますます希望へと導いてくれる、と。

　苦難に直面し、行き詰まりを経験し、それゆえに平安を失い、いらだったり、不平を言ったりしていることはないでしょうか。もしそうならば、私たちの信仰は苦難の中で有効に働いてはいないのです。クリスチャンである限り苦難は避けられません。なぜなら、パウロは言っています。

「キリスト・イエスにあって敬虔に生きようと願う者はみな、迫害を受けます。」（Ⅱテモテ3・12）

また、主イエスもこう言われました。

「世にあっては苦難があります。しかし、勇気を出しなさい。わたしはすでに世に勝ちました。」（ヨハネ16・33）

ですから、クリスチャンである限り戦いがあり、苦難にぶつかります。しかし、このローマ人への手紙5章3～4節のみことばによれば、クリスチャンは苦難さえも喜ぶことができるのです。その苦難を信仰と切り離して解決しようとしてはなりません。私たちがすでに学び、知っている聖書の教えと結びつけてその苦難を考えるとき、解決を得るばかりか、苦しみ、痛みを喜びへと転換することができると聖書は教えているのです。苦難の中で、信仰の働きがいよいよ顕著になる歩みを求めていきたい。

「私たちの一時の軽い苦難は、それとは比べものにならないほど重い永遠の栄光を、私たちにもたらすのです。」（Ⅱコリント4・17）

5　失望に終わらない希望――5章5節

この希望は失望に終わることがありません。なぜなら、私たちに与えられた聖霊によって、神の愛が私たちの心に注がれているからです。（新改訳２０１７）

この希望が失望に終わることはありません。私たちに与えられた聖霊によって、神の愛が私たちの心に注がれているからです。（協会共同訳）

苦難に直面したときの姿について、パウロは大胆にも「苦難さえも喜んでいます」と記しました。そこには、パウロの生きて働く信仰があります。

次の5節において、この希望についての論述は頂点に達します。これは5章前半のクライマックスと呼べるでしょう。パウロはこの節で、「この希望は失望に終わることがありません」と述べました。これはなんと慰めに満ちたことばでしょうか。多くの失望や裏切りを経験すると、人は希望を持つことさえ恐れるようになります。しかしパウロはそうではありません。この希望は失望に終わることがないと断言しました。

その真意

まず、その意味を考えましょう。文語訳ではこう訳されていました。「希望は恥を来たらせず。」これは原文のほぼ直訳です。その意味は、「この希望は私たちを辱めることがない」ということです。私たちが恥ずかしい思いをしないということではありません。パウロはここで、客観的に、この希望は決して失望（恥）に終わることはない、滅びることはないと言っているのです。なぜなら、この希望は百パーセント確かな希望だからです。

このお手本のような出来事をパウロの生涯に見ることができます。死の直前にテモテに宛てた手紙の中で、こう言っています。

「私はこのような苦しみにあっています。しかし、それを恥とは思っていません。」（Ⅱテモテ1・12）

このとき、パウロはもう六十歳を過ぎていたはずです。ローマで二度目の投獄に遭い、裁判は自分に不利な方向に進み、信仰の友にさえ見捨てられたと書いています。パウロは自分の死期がいよいよ近づいているのを実感していました。それでも、「恥とは思っていません」と断言しました。なぜなら「私は自分が信じてきた方をよく知っており、また、その方は私がお任せしたものを、かの日まで守ることがおできになると確信しているからです」（同節）。彼は、あらゆる苦難の中でも希望を抱いて生きていました。そして、この希望は決して彼に恥をもたらすことはなかったのです。

なぜなら神の愛が心に注がれている

いったいどうしたらそのような確信が可能なのでしょうか。それこそ、この5節の中心的問題です。なぜ、あるいは、どのようにしたら、失望に終わらない希望を持ち続けることができるのでしょうか。実は、この希望には確固たる根拠があることをパウロは知っていました。パウロは続けて、クリスチャンに与えられている驚くべき確信を述べます。それは私たちクリスチャンすべての確信でもあります。

「なぜなら、私たちに与えられた聖霊によって、神の愛が私たちの心に注がれているからです。」（5節後半）

これが希望の根拠です。これはいったい何のことでしょうか。これこそパウロの確信の中心的事柄でした。私たちもこのことを十分に考えなければなりません。

(1) 神の愛が

まず、パウロは「神の愛が」と言っています。それは神が私たちを愛する愛です。神が人を愛するというとき、それは人間の愛とは違います。夫婦の愛も、母親の子に対する愛さえも、神の愛に比べれば全く不十分です。神が人を愛するというとき、それは愛の最も本質的で純粋な、深い意味で言われています。それは、創造者としての燃えるような愛です。この神の強烈な愛を描くために、聖書は「ねたみの神」という表現をよく使っています。それは6節以後に出てくるイエス・キリストの十字架によって遺憾なく明らかにされた神の愛、十字架の愛のことです。

(2) 注がれている

この神の愛が、「私たちの心に注がれている」とはどういう意味でしょうか。この「注ぐ」というのも聖書の独特な表現です。私たちは聖書を読むと、「神の怒りが注がれている」とか「神の霊が注がれる」とか言われていることに気がつきます。これは全部同じ状況を意味しています。つまり、「注がれる」とは「あふれるばかりに与えられている」ことです。神の愛が惜しみなく、豊かに注がれていっぱいにあふれていることを意味します。ですから「神の愛が満ちあふれている」と訳すことができるでしょう。

(3) 心の中に

しかもパウロは、私たちの心の中にこの神の愛があふれていると言います。心というのは、全人格の中心部分です。私たちの思考と行為の中心、人間存在の最も深い中心部です。その「心」に神の愛があふれるばかりに流れ込んでいて、私たちの全存在が神の愛に浸りきっていることを意味しています。パウロは圧倒的な神の愛に打たれ、とらえられ、動かされているのです。パウロは、あらゆる困難や苦難にもかかわらず、人格の最も深い部分を神の愛によって「ぎゅー」と握り締められているのです。彼の心には神の愛が満ちあふれ、自分の考えや行動のすべてが、神の愛によって決定的に、実際的に影響を受けていました。その事実が彼に希望を確信させていたのです。

知ることと注がれること

私たちも、この神の愛の注ぎかけを受けて、神の愛による支配を経験しているでしょうか。ここでパウロが語っているのは、単に神が愛であると知っている、ということではありません。私たちの理解や学びの結果到達した、神の愛についての教理でもありません。パウロがここで言っているのは、そのような知的同意のことではないのです。単なる知的同意だけならば、それによって苦難を喜ぶことはできないでしょう。

私が最初に牧師になった頃の話を紹介したいと思います。神学校卒業後、茨城県の小さな町のある教会で牧師となりました。その教会で、あるクリスチャンと出会いました。彼は腕の良い建具職人でした。しかし、私が出会ったときにはすでに脳溢血で倒れた後でした。彼はおそらく四十代後半であったでしょう。何とか病から回復しましたが、建具師として細かい仕事をすることはできなくなっていました。毎日ぶらぶらとしている以外にどうすることもできなかったのです。

私は彼が入院していたときにお見舞いに行き、慰め励まそうとしました。しかし、いったいどうやって慰めることができるでしょうか。家族のために働くこともできます、逆に家族の世話になっている四十代の男性。社会的にはもう存在の価値はないと見なされ、自分でもそう思っている。そういう人をどうやって励ますことができるでしょうか。私は、ただ一つだけ方法があると思いました。それは、この失望に終わらない希望を生きることです。そのために神の愛がその人に注がれ、神の愛にとらえられ、その心を動かすようになることです。

しかし、神の愛が彼の心に満ちあふれることはありませんでした。彼はクリスチャンとして、キリストの十字架の犠牲を知っていました。神の愛について理解し、知的に同意していました。しかし、それは彼にとって、希望を確信する根拠とはなりませんでした。逆に、生涯の半ばで、働きたくても働くことができず、無為に毎日を過ごさなければならなくなったことを嘆いておられました。その後、私は留学中に、その方が召されたことを知らされました。

もちろん、彼の信仰を不完全だと責めることも、とがめることもできません。自分だったらもっと立派に生きることができるという自信もありません。しかし、私たちが単に「神は愛です」という知識だけをもっているならば、それはペーパードライバーと同じことでしょう。それはクリスチャンであることの証明書として役立っても、実際の苦難の中では役に立たないのです。

聖霊によって

では、どうしたら神の愛の注ぎかけを心に受けることができるのでしょうか。それは、「私たちに与えられた聖霊によって」（5節）です。神の愛が心にあふれ、私たちが神の愛にとらえられるのは、聖霊のみわざであるということです。自分で神の愛をもっと感じようとしても、この愛の注ぎかけを受けることはできません。それは人間の努力によってなるのではなく、聖霊の働きです。聖霊こそ神の愛を私たちの心に満ちあふれさせ、この愛の確信を植えつけるお方です。

では、どうすれば聖霊による愛の注ぎかけを受けることができるのでしょうか。その答えは、神に直接求めなさいということです。なぜなら、こう約束されているからです。

「あなたがたは悪い者であっても、自分の子どもたちには良いものを与えることを知っています。それならなおのこと、天の父はご自分に求める者たちに聖霊を与えてくださいます。」（ルカ11・13）

神の愛の注ぎかけを受けるということは、聖霊による神の愛の直接的体験です。聖霊が与えてくださる、私たちの確信の最高の形です。ですから、神に直接求めるのです。もちろん、聖霊の働きである限り、その働きはみことばを離れたところにあるのではありません。祈りとみことばは、いつも変わらない聖霊の用いる手段です。私たちは、いつ、どのようにして聖霊が働くかということについて、具体的に語ることはできません。しかし、私たちが求めるとき、聖霊が親しく臨み、私たちを覆い尽くし、あらゆる苦難と困難の中にありながら、神に対してただひれ伏して「感謝」としか言うことのできない、すばらしい確信の瞬間を与えてくださるのです。それは、ことばにすることのできない喜びの瞬間であり、神の愛の確信です。

私たちは、そのような神の愛の注ぎかけを受けているでしょうか。それは特別な人々に与えられるものではなく、すべてのクリスチャンの経験であるべきであり、一時的な経験ではなく、私たちの心の根底に横たわっている客観的な事実です。この神の愛の注ぎかけを知っていることは、私たちの信仰にとって大切なことです。

この5節のみことばに照らして、自分の信仰を吟味する必要があります。はたして、私の心の中には神の愛が注がれているだろうか。私の心を支配しているのは何なのだろうか。神の愛が心の中に注がれて、神の愛に浸り、そのようにして生きているだろうか。

聖霊はあなたに、神の愛についてあふれるばかりに確信を与えてくれているでしょうか。十字架の愛から離れてしまっていないでしょうか。パウロは、ローマ人への手紙8章で私たちに問いかけています。

「だれが、私たちをキリストの愛から引き離すのですか。苦難ですか、苦悩ですか、迫害ですか、飢えですか、裸ですか、危険ですか、剣ですか。」（35節）

いや決してそうではない。「これらすべてにおいても、私たちを愛してくださった方によって、私たちは圧倒的な勝利者です。」（37節）

願わくは、私たちが神の愛にとらえられ、満たされ、コントロールされていることができますように。そのとき、私たちの栄光の望みは揺るぐことがありません。苦難も、私たちの希望をさらに確かにするだけです。そして、そこに生み出された希望は、失望に終わることがありません。なぜなら、神の愛にとらえられているからです。それが信仰によって義と認められた者の特権です。その特権から外れることがないように祈り求めていきたい。

6　立証された神の愛――5章6～8節

実にキリストは、私たちがまだ弱かったころ、定められた時に、不敬虔な者たちのために死んでくださいました。正しい人のためであっても、死ぬ人はほとんどいません。善良な人のためなら、進んで死ぬ人がいるかもしれません。しかし、私たちがまだ罪人であったとき、キリストが私たちのために死なれたことによって、神は私たちに対するご自分の愛を明らかにしておられます。（新改訳２０１７）

キリストは、私たちがまだ弱かった頃、定められた時に、不敬虔な者のために死んでくださいました。正しい人のために死ぬ者はほとんどいません。善い人のためなら、死ぬ者もいるかもしれません。しかし、私たちがまだ罪人であったとき、キリストが私たちのために死んでくださったことにより、神は私たちに対する愛を示されました。（協会共同訳）

この6～8節で、パウロは神の愛についての議論をさらに深め、その愛の深さ、確かさを立証しまずは何よりも8節の最後の言い方に表れます。パウロのそのような意図は、そこまでの道筋をたどります。

ようとしています。

立証された神の愛

パウロは8節で、「神は私たちに対するご自分の愛を明らかにしておられます」と言っています。この「明らかにしている」ということばは、新約聖書の中でしばしば「推薦する」と訳されることばです（たとえばローマ16・1「私たちの姉妹……であるフィベを、あなたがたに推薦します」）。「推薦」というのは書面をもってその人物が確かであることを証明して、相手方のテストを免除する方法です。神もそれと同じように、証拠をもってご自分の愛を疑いのない事実として証明しようとしているのです。ですから単に「示された」（協会共同訳）というのではありません。

では神は、どのようにしてご自身の愛を明らかにしたのでしょうか。パウロはそのことを、6節と8節で二度も具体的証拠を持ち出して立証しようとしています。両節は細かいところでは違っていますが、パウロは「キリストが死んでくださった」「キリストが私たちのために死んでくださった」と繰り返しています。これが愛の証拠です。御子の死こそ神の愛の確かな証明です。人間でもいのちを投げ出して行動するとき、大きなインパクトを与えます。同様に、神もご自分の御子の死という最も厳粛な犠牲的行為によって、ご自分が愛であることを立証されました。

神は単に「愛だ、愛だ」と叫ぶようなむなしいことはしません。それは神の方法ではないのです。

「神は、実に、そのひとり子をお与えになったほどに世を愛された。」（ヨハネ3・16）

この一つの決定的な行為によって、神が愛であることが疑いなく証明されたのです。ここにおいて、神の愛は最もよく、かつ深く表現されています。十字架以上に神の愛を確信することのできるものはありません。十字架を見るとき、私たちは神が愛であると結論せざるをえないのです。ですから、神の愛を確信するために何か別のものを待つ必要はありません。「キリストが私たちのために死んでくださった」ことの中に、神の愛がすでに明らかにされているからです。

ここでの時制にも注意しましょう。6節では「死んでくださいました」、8節でも「死なれたことによって」となっており、これらはいずれも不定過去形で、過去にただ一度起こったことを表しています。しかし8節の終わりでは、「明らかにしておられます」と現在形です。むしろ「今も明らかにしています」「証明し続けています」と訳してもよいところです。協会共同訳で「示されました」と過去形で訳されたのは残念です。過去に一度だけ起きた御子の死によって、神は今もご自分の愛を明らかにしているのです。この箇所はその意味で、ヨハネの福音書3章16節に匹敵する箇所と言ってよいでしょう。これこそ神が与えてくださったご自分の愛のしるしです。もし私たちが神の愛についての確信が揺らいでいるならば、もう一度、御子の十字架を見上げる以外にありません。そこに神の愛はいつも明らかだからです。

神の愛の不変性

二番目に注目すべきことは、神の愛の計画性ということです。6節でパウロはこう言っています。「キリストは……定められた時に」

これをどう訳すかは問題ですが、死んでくださった「時」が問題となっています。言い換えるなら、キリストの死は決して偶然ではなかったということです。キリストは、たまたま今から二千年前に地上に来て、たまたま当時の宗教家や民の指導者と衝突し、たまたま十字架にかけられて殺されたというのではありません。そこには神の定めた時があり、ご計画があったのです。そのご計画の中でキリストは死なれた、ということです。

聖書は繰り返しこのことを語っています。使徒の働き2章のペテロの大説教の中でも、「神が定めた計画と神の予知によって引き渡されたこのイエスを、あなたがたは……十字架につけて殺したのです」（23節）と言われています。またガラテヤ人への手紙4章4節には「しかし時が満ちて（新改訳第三版では「定めの時が来たので」）、神はご自分の御子を……遣わされました」とあります。イエス・キリストの死は、決して神の衝動的な愛による行為ではありません。天地の基が据えられる前から、人間が創造される以前からさえ、神は救いの計画を立て、その神の定めたご計画に従ってキリストは来られ、そして死んだのです。

それに比べ、私たちの愛は時間とともに変わっていきます。あるときは衝動的に燃えても、絶えず変化し、やがて消えてなくなってしまいます。しかし、神の愛は不変、永遠です。「永遠の愛をもって、わたしはあなたを愛した。それゆえ、わたしはあなたに真実の愛を尽くし続けた」（エレミヤ31・3）と神は言われます。私たちが神の愛について疑いを持つとき、あるいは神の愛が分からないと言うとき、変わっているのは神の愛ではありません。神の愛が冷えるということはない。実は、私たちの愛が冷え、私たちの信頼が揺らいでいるのです。でも、どうぞ覚えてください。神の愛は変わらない。ただ私たちの側が変わってしまうのです。

動機のない神の愛

6節において、パウロは神の愛についてもう一つ大切な点を教えています。それは「私たちがまだ弱かったころ」、神は私たちを愛されたという点です。この「弱かった」というのは力の強弱ではなく、病気で弱っているということでもありません。これはパウロが愛用したことばで、独特な意味で用いられました。それは道徳的に無力である、力がないという意味です。ローマ人への手紙8章3節ではこう出てきます。

「肉によって弱くなったため、律法にできなくなったことを、神はしてくださいました。」

このことばによって、パウロは人間の霊的無力さを表現しています。人間は律法を行うことができず、神を喜ばせることができない、そういう無力さであり、それはまた罪の中に死んでいる無力さ、神の啓示した救いの真理を理解できない無力さです。要するに、神の期待するようなことが一切できない人間の無力さを意味しているのです。

そればかりではありません。パウロは8節で、このことをもう一つ別のことばで言い換えて、「私たちがまだ罪人であったとき」と言っています。単に無力というだけでなく、それゆえに、神に逆らい、自分中心に生きて、罪を犯し続けていたとき、ということです。そのようなときに、キリストは自ら進んでご自分のいのちを捨てられた。そういう愛を何と呼ぶことができるでしょうか。それはスウェーデンの神学者ニーグレンがいみじくも言った、「動機づけられない愛」です。神が人間を見たとき、神は人間の中に期待できるようなものを何一つ見いだすことができなかった。人間は善を行うには無力であり、罪人である。神を喜ばせるようなもの、神にとって有益なもの、神の愛の動機となるようなものは、人間の中に一切なかった。そのようなときに、キリストは私たちのために死んでくださったのです。

これを私たちの愛と比較すると、神の愛には動機がないことがさらによく理解できるでしょう。身近なところで、男女の愛を引き合いに出してみましょう。お見合いのとき、最初に男女が顔を合わせると、両者とも自分の愛を引き起こすようなもの、自分の愛に値するものが相手の中にあるか否かを見極めようとします。何かの理由がなければ、それで終わるでしょう。「クリスチャンなら誰でもいいです」などと言うお人好しはそういません。人間の愛は、「動機づけられた愛」「理由が必要な愛」です。たとえどんなに純粋であったとしても、動機から切り離されては存在しえないでしょう。しかし、神の愛はそうではないのです。

尋常でない愛

パウロは、さらに7節でその愛を掘り下げてこう言っています。

「正しい人のためであっても、死ぬ人はほとんどいません。」

これが四番目の神の愛の特徴です。人間が自分の生命を犠牲にしてまで愛するには、その人が正しい人だからという理由では不十分です。それならば「善良な人」(「情け深い人」新改訳第三版)はどうでしょうか。真実で、情け深い善人ならばどうでしょうか。それならば、「進んで」死ぬ人が「あるいは」(同7節)いるかもしれません(この「進んで」は協会共同訳ではなぜか訳出されていません)。それでもなお、全く例外的なことでしょう。とにかく理由があれば、十分な動機があれば、人間は確かに愛することをします。それは動機づけられた愛です。「しかし」とパウロは8節で切り返すのです。「しかし」私たちが罪人であったとき、私たちが弱く、無力で、不敬虔だったときに、キリストは死んでくださった。私たちが全く神の愛に値しなかったそのときに、神は私たちにご自分の愛を遺憾なく示してくださったのです。

先の大戦中、軍国主義下で格別ひどい差別的扱いを受けたのは障害をもった方々であったといわれています。軍国主義国家で障害者は戦力として役に立たない。だから非国民とし、価値がないと見るとどんどん切り捨てていきました。それは今の時代も同じかもしれません。役に立つか立たないか、計算し尽くされた打算的愛が横行しています。しかし、神の愛は全く違います。神の目には何の役にも立たない私たち、いや、神に逆らって歩んでいた罪人の私たちのために、神はたった一人の御子を惜しまれなかった。そのような愛を、私たちは十字架以外に体験することも、知ることもできないでしょう。

私たちは、このような動機のない、理由のない「神の愛」に十分に気がついているでしょうか。気がつかないまま、人に対しても「この人は自分の役に立つか立たないか」といった計算をいつもしていることはないでしょうか。もし私たちがその愛に気づいていないとしたら、それはひょっとしたら、自分の中にはまだ神に愛されるに値する何かがあると思い込んでいるからではないでしょうか。だから「神は私を愛して当然」と考えるようになっているのです。もしそうならば、私たちは使徒パウロのこのような考えについていくことはできないでしょう。神の愛に本当の意味で到達することはできないでしょう。

しかし、自分の弱さを徹底して認め、自分の罪の深さに本当に直面するとき、私たちは、神が永遠の愛をもって愛してくださったということの意味を初めて知るのです。そして、損得勘定で生きるのではない生き方ができるようになるのです。もしその愛を十分に知っていないなら、もう一度、主の十字架のところに行く以外にありません。もし神の愛が私たちの心に注がれていないと感じるならば、カルバリの丘に登り、主の十字架を見上げましょう。神はそこで、私たちに対する愛を明らかにしてくださっているからです。

7　信仰によって義とされた私たち――5章9節

ですから、今、キリストの血によって義と認められた私たちが、この方によって神の怒りから救われるのは、なおいっそう確かなことです。（新改訳２０１７）

それで今や、私たちはキリストの血によって義とされたのですから、キリストによって神の怒りから救われるのは、なおさらのことです。（協会共同訳）

今日、宗教改革記念礼拝を行っている教会はどれくらいあるでしょうか。宗教改革の精神が薄れていく中で、この記念日を覚える必要をますます感じています。宗教改革時代の主要な神学テーマは「救い」でした。ローマ・カトリック教会による免罪符販売が横行する中で、信仰義認が改めて救いの教理として回復されたのが宗教改革の時代でした。今日、救いについての教会の理解が曖昧になる中で、この原点に立ち返る必要があるのではないかと強く思わされています。

本当の救い

パウロは、9節において再び信仰義認がもたらす結果を論じています。そして、改めて私たちに救いとは何かを教えています。人間にとって根本的な問題は、「人間は神の前にいかにして正しくありうるのか」ということです。これこそ聖書が私たちに問いかけている根本的な課題です。

このような事柄が私たち人間の根本的な問題だと考えることに、一般の人々は反対するでしょう。「そんなことは中世の修道院の問題である。この二十一世紀にそんなことを真面目に考えるのは時代錯誤である」と棄却するでしょう。「人類はもっと重大な問題に直面している。環境汚染、地球温暖化、放射能汚染、増大する人口と食糧危機、飢餓の蔓延、戦争とテロなど、もっと深刻で緊急かつ重大な問題がある。」

もちろん、それら一つ一つが人類の存続をも脅かす重大な問題であることは百も承知です。それにもかかわらず、もし神がおられるなら（そして現に神はおられるので）、人間にとって最も緊急で重大な問題は、私たちはこの永遠の神の前にどうしたら正しくあることができるのか、義と認められることができるのか、ということなのです。天地万物の創造者なる神、絶対的に正しい全能者に、いかにして受け入れられるのか。これこそが根本的な問題です。そしてこれは、永遠の問題でもあります。私たちが死んでも、地球がなくなってもなお神との関係は続くからです。

ここに私たちは、そもそも神を知らない世界に伝道することの根本的な困難を見いだします。人々は、聖書の提供する救いとは全く別のものを求めています。教会に救いを求めて来る人々でさえ、そのことに関心がありません。この問題に気づかせるためには、生けるまことの神がおられることを語る以外にないのです。すでにクリスチャンであっても改めて自問していただきたいのは、私たちにとってこのことが最も重要な問題となっているかどうかということです。神はあなたを受け入れているだろうか。神はあなたを正しいと認め、受け入れているかということです。

マルティン・ルターの場合

近代の神学の歴史は、これこそ人間の最も重大な問題であると考えた人々によってスタートしました。宗教改革者のマルティン・ルターは、二十一歳の時、大学を辞めて修道院に入りました。そのいきさつのエピソードは有名です。

ある日、彼は激しい雷雨に見舞われました。そして落雷の恐ろしさのあまり「聖アンナ様、お助けください。もし助かったら、私は修道士になります」と叫んでしまいました。生真面目な彼は、そのことばのとおり両親の反対を押し切って大学を辞めて修道院に入ったのです。それから十数年、彼はどうしたら神の前に正しくあることができるのかを追求していきました。桁外れの修業を積み重ねましたが、救いが分からず、罪の自覚の中で苦悩し続けました。日に幾度となく懺悔し、あるときは六時間も続けて懺悔しました。心の中を探り、記憶の中をくまなく探し、罪を順々に捜し出していきました。しかし何の平安も救いもなかったのです。彼が気づいたのは、どれだけ心の罪を数え上げ、懺悔しても、自分の罪は解決されない、なぜなら自分の性質そのものが腐っているからだ、ということでした。こうして彼は、人間が神の前に正しくあるというのは全く不可能であることに気づいたのです。そのような中で彼は、キリストの救いに目を開かれていきました。

今日の教会の持つ弱さがどこからきているかといえば、この点において曖昧になっているからだと思います。はたして私たちは、イエス・キリストを救い主として信じる前に、自分の罪と十分に直面し、神の怒りを知ったでしょうか。私たちの中に、罪についての十分な自覚もなく洗礼を受けてしまうような傾向はなかったでしょうか。教会の中に、受洗者の数を気にするあまり、洗礼のハードルを引き下げてしまうことはなかったでしょうか。もしそうであるなら、もう一度、この根本的問題を再確認する必要があります。本当の救いとは、罪人である私たちが、神の前に義と認められることです。神によって正しい者と認められること、神からの栄誉を期待できる者となること。これこそすべてを解決する本当の救い、聖書の教える救いなのです。

神の義認・人間の無力

では、私たちはどうしたら神の前に「義」と認められるでしょうか。聖書は、それは人間には全くできないことであると言います。人間は完全に無力です。誰も自分の罪を償うことはできません。この点でも、ルターは最も良いお手本です。彼は修道院時代の自分をこう述懐しています。

「わたしは……修道会の規則をじつに厳格に守った。それだから、もしも修道士で、修道士生活によって天国に到達するものがあるとすれば、それは私だった、と言うことができる。わたしを知っている修道院のわたしの兄弟たちはみなそれを証明するだろう。もしもわたしがあれ以上つづけていたなら、わたしは徹夜や祈りや朗読やその他の聖務で、自分自身を殺してしまったに相違ない」（ベイントン『我ここに立つ——マルティン・ルターの生涯』青山一浪・岸千年訳、一九五四年、34頁）

そのような人間の絶望的な現実の中で、ルターは福音のメッセージに目を開かれていきました。

この9節でも、実に驚くべき神の恵みを聖書は告げています。

「ですから、今、キリストの血によって義と認められた私たちが、この方によって神の怒りから救われるのは、なおいっそう確かなことです。」

この節は、協会共同訳の「それで今や、私たちはキリストの血によって義とされたのですから、キリストによって神の怒りから救われるのは、なおさらのことです」という訳のほうが意味がよく通じると思います。ここの比較は、単純に確かさだけがまさっているということではないでしょう。いずれにしても、人はどのように神の前に正しいと認められるのか、その答えがここにあります。

協会共同訳が「義とされた」と訳し、新改訳が「義と認められた」と訳したことば（ディカイオオーの受動態）が何を意味しているのかを少し考えてみましょう。このことばは、もともと裁判所で用いる用語でした。裁判の結果、罪を犯していないことが判明し、「無罪判決を言い渡す」ときのことばです。罪が赦されたというのではなく、もう一歩前進して、その人には罪がない、「正しい人」と公に認められたということです。つまり、神は私たちに対して、そのような無罪判決を言い渡し、もはや罪の責任を問うことがないという意味なのです。

キリストの血によって

ここで忘れてはならないのは、罪人を「無罪」と宣告することです。正しい人を正しいと認めるなら、それは誰でもできることです。しかし、罪人を義と認めるなどということがどうしてできるのでしょうか。裁判は正しい人を無罪とし、犯罪者を有罪に定めます。もし罪を犯している人を無罪とするなら、それは不正な裁判が行われたということになります。ここで言っているのは、まさにそういうことです。神は、罪人である私たちを無罪とし、正しくない者を義と認めてくださったのです。いったい、どうやってそんなことができたのでしょうか。神は全能者だから何でもできる、白を黒とし、黒を白と宣告することができると考えるなら、それは間違いです。神は絶対に正しいお方であるので、神にとってさえ罪人を「正しい」とすることはできないのです。しかし、この不可能なことを神はしてくださいました。

それをどうやってしたのでしょうか。それは9節に書いてあるとおりです。神は「キリストの血によって」このことを可能にしてくださったのです。これこそ神の救いの方法でした。エペソ人への手紙1章7節でも同じことが言われています。

「このキリストにあって、私たちはその血による贖い、背きの罪の赦しを受けています。」

「キリストの血による贖い」という言い方に注意してください。「キリストの血」とは、キリストの十字架上での死を指しています。人が死ぬとき、誰もが血を流すわけではありません。しかしキリストの死は、流血を伴った死でした。それは人間として最もむごい死でした。十字架に手足を釘で打ちつけられ、約六時間かけて徐々に殺されていったのです。そこで流されたキリストの「血潮」、失われたキリストの「いのち」、それこそ支払われた贖いの代価でした。このキリストの血によって、十字架の死によって成し遂げられた贖いのゆえに、神は信じる者を義と認めてくださるのです。

転嫁

ここで、神がどのように罪人を義（正しい）と認めたかを確認しておきたいと思います。神にとっても不可能なことを、どのようにして実現したのでしょうか。

神は罪人である私たちを、無理やり義と認めたのではありません。黒を白だと強引に宣告したのでもありません。神は私たちを義と認めるために、必要な義を自ら生み出して、私たちにそれを与えたのです。キリストの血によって義と認めざるをえない状況を作り出し、そのうえで、私たちを義と認めてくださったのです。ですから、「キリストの血によって義と認められた」ということの中に、神の二つのみわざを見ることができます。一つは神の宣言的要素です。神は私たちを義と認め、義と宣言された。そして同時に、もう一つのことをなしてくださいました。それは、キリストの血によって義を生み出し、私たちのうちにその義を構築するという、構築的要素です。神学的な表現をするなら、神はキリストにおいて実現されたすべての義を、私たちに「転嫁」してくださったのです。私たちのものとしてくださったということです。それゆえに神は、私たちを義と認めることができたのです。

どちらが確かか

以上の事実から、パウロは9節で結論を導入します。

「ですから、今、キリストの血によって義と認められた私たちが、この方によって神の怒りから救われるのは、なおいっそう確かなことです。」

ここでパウロは、神の二つの行為を比較しています。一つは私たちを「義と認める行為」であり、もう一つは私たちを「神の怒りから救う行為」です。義と認められたのは「すでに」起きたことで、私たちの今ある現実です。ですから動詞の時制は過去形です。私たちはすでにキリストの血によって義と認められているのです。これは確かな事実です。しかし、神の怒りからの救いは未来形で述べられています。それは終末において起きる出来事で、「今はまだ」起きていません。この二つの出来事が比較されています。両者を比較するとき、どちらが易しいでしょうか。パウロの結論は、罪人が今すでに義と認められているのであれば、将来、神の怒りから救われるのは当たり前のことであって、あえて答えを言うまでもない、ということです。

罪人を義と認めるような最も困難なことを、神は御子を犠牲にして実現してくださいました。それならすでに義と認められている私たちが、将来神の怒りから救われるのは、なおさら確かなはずです。ここに信仰義認のもう一つの結果があるのです。

マルティン・ルターが追究したのは、「どうしたら神の怒りから救われるのか」ということでした。この問いの答えが聖書の語る福音であり、救いです。しかし、このような問いを扱うよりも、神の愛、神の助け、神の恵みを語るほうが易しいし、受けもよいでしょう。でもそれでは福音になりません。神は私たちの幸福のために働くしもべではないからです。福音を水増ししないで、罪の悔い改めと贖罪のメッセージを語り続けたいと願います。

8　和解――5章10節

敵であった私たちが、御子の死によって神と和解させていただいたのなら、和解させていただいた私たちが、御子のいのちによって救われるのは、なおいっそう確かなことです。

（新改訳２０１７）

敵であったときでさえ、御子の死によって神と和解させていただいたのであれば、和解させていただいた今は、御子の命によって救われるのはなおさらです。（協会共同訳）

この10節を考える前に、6節から10節に至るまでの流れを整理しておきたいと思います。パウロは同じことを二度繰り返して語りました。

6節「私たちが弱かったとき」キリストは死んでくださった。

8節「私たちが罪人であったとき」キリストは死んでくださった。

パウロは、このことを通して二つの大切なことを語っています。一つは、神の愛がどのように深いものであるかということ。それはすでに考えたように、全く動機のない、理由のない愛でした。二つ目は（これは前には触れませんでしたが）、キリストは自発的に死を選ばれたということです。ですから6節と8節では「キリストは殺された」と言わずに「キリストは死んでくださった」と繰り返されているのです。福音書を読むと分かるように、主イエスは、死を避けようと思えば避けることができました。それなのに、十字架の刑が待ち受けていることを承知のうえで、ご自分からエルサレムへと進んで行かれたのです。最高法院で裁判が行き詰まったときも、「おまえは神の子か」との問いに対し、主は自ら「わたしはそれです」と積極的に応答したことで死刑判決が確定しました。キリストの死は、自発的な死でした。

この事実に立って、パウロは次の9節と10節を展開しています。9節では、「ですから、今、キリストの血によって義と認められた私たちが、この方によって神の怒りから救われるのは、なおいっそう確かなことです」と言っています。冒頭の「ですから」とは、どの理由を指しているのでしょうか。もちろんパウロは、キリストの死を指しています。キリストが自ら進んで死んでくださったの「ですから」ということです。

その次に、パウロはその死の持つ意味を二つ引き出しています。第一は、義と認められたということ（義認）でした。それは現在受けている恵み、つまり神の前に義と認められて、受け入れられていることです。第二は、そうであれば将来、最後の審判の時、神の怒りから救われるのは当然であるということでした。義認という現在の恵みから推し量るならば、将来、神の怒りから救われるのは当然です。それは救いの確信です。

敵であった私たち

こうして私たちは、この10節にたどり着きました。ここでパウロは、キリストの死について、もう一つの側面を語ります。それは和解です。10節にあるように、私たちは御子の死によって神と和解させていただきました。「義認」に比べて「和解」は、私たちにとって実感しにくいことではないかと思います。なぜなら、義認は私たちの罪を前提としていますが、和解は神との敵対関係を前提にしているからです。パウロはこのことばをコリント人への手紙第一、7章11節において、離婚した夫婦がもう一度よりを戻す意味で使っています。そこには争い、敵対している関係があります。

パウロはここで、「敵であった私たち」と言っています。敵だからこそ和解が必要なのです。しかし、私たちは神の敵であったという自覚を持っているでしょうか。この点をはっきり自覚していないなら、パウロの言う「和解」の重みを実感することはできないでしょう。私たちは、神に無関心であったことは認めても、神に積極的に逆らっていたとは考えていないのではないでしょうか。しかし聖書は、人間は誰ひとり、例外なく神の敵であったと言います。それこそが私たちの出発点でした。私たちは神の存在を無視し、神の律法を守ろうと真剣に考えたことなどなかったのです。守ろうにも無力で守れませんでした。結局、自分の願うままに、自己中心に生きてきたのです。そのような生き方こそ神の敵なのです。しかし問題はそれだけではありません。同時に神も怒っていました。

「あなたは、頑なで悔い改める心がないために、神の正しいさばきが現れる御怒りの日の怒りを、自分のために蓄えています。」（ローマ2・5）

これが神と私たちのもともとの関係でした。意識しようとしまいと、私たちは神に敵対し、神は私たちに対して怒っていたのです。

神の和解

しかし、10節はこう告げています。私たちが罪人であって、神の敵であったとき、神は御子イエスを遣わし、御子の死によって私たちと和解してくださった。ですから、私たちは神と和解させていただいたのです。誤解しないでください。パウロは「私たちが神と和解した」とは言っていません。ここは受身形です。私たちは「神と和解させていただいた」のです。これは全く一方的な神のみわざでした。私たちの内側に起こった変化ではありません。私たちが弱くまだ罪人であって、神に敵意を抱いていたとき、すでに神の側が和解のためのみわざをなしてくださったのです。いったいどうしてそんなことが可能なのかと私たちは不思議に思いますが、その答えは「御子の死によって」であると言われています。これが神の和解の手段でした。

私たちも和解するために、いろいろな手段を講じるでしょう。夫婦げんかでもどうやって和解するかを考え、相手をなだめるために花やケーキを買って、何とかこちらの誠意を伝えようとしたりします。この場合、プレゼントの価値自体はあまり重要ではありません。むしろこちらの気持ちを伝達することが重要です。しかし、神の和解の場合は違います。キリストの死という事実そのもののの中に絶大な価値があったのです。和解を可能にするための実質的な意義があるのです。ただし、私たちがその意義をどこまで深く理解できるかは疑問です。なぜ御子の死によって和解が可能であったのか考えていくと、究極のところで、私たちはキリストの救いについて理解しえないことを告白せざるをえなくなります。そして、神の御子が十字架にかかって死んだということの絶大な意味を、本当には理解しきれないことに気がつくのです。パウロは様々な仕方で主の死の意味を解明しようと試みています。しかし、私たちは結局その意味を知り尽くすことができないことを認めざるをえません。ただ神だけがその意味を百パーセント知っています。そしてその神が、御子の死は罪人を義と認め、敵である者に和解をもたらすに十分なものであると認めているのです。私たちはそのような神の理解、神の承認を、信仰をもって受け入れたにすぎません。これは私たちの外側で起きた客観的出来事です。私たちは信仰によってそれにあずかる者とされました。大事なのは、私たちの限られた能力で到達する御子の死についての意味ではなく、神が教えてくださった御子の死の意味なのです。

いのちによって救われる

以上は、パウロが10節で語っていることの半分でしかありません。パウロは9節と同じように、ここでも二つのことを比較して語っています。一つは、敵であった私たちが御子の死によって神と和解させていただいたということ。そしてもう一つは、なおいっそうキリストのいのちによって将来、救いにあずかるということです。9節で「救われるのは、なおいっそう確かなことです」と言い、10節でも全く同じことを繰り返しています。未来時制の受身形で、将来、御子のいのちによって私たちが救われるのはなおいっそう確かなことだと言っているのです。

ここには、私たちが確認しなければならない問題があります。「御子のいのちによって救われる」とはどういう意味かということです。キリストの死によって救われるとか、キリストの血によって救われるというなら慣れ親しんだ表現です。それはキリストの贖いのみわざを指す表現です。しかしパウロはここで、「御子のいのちによって救われる」と言っています。あるいは直訳風なら「御子のいのちにあって（英語の in）救われる」と訳せます。その意味は「キリストのいのちに結合して救われる」ということでしょう。その場合のいのちとは、復活のいのちのことです。キリストの血は私たちに義認をもたらし、キリストの死は私たちに和解をもたらしました。しかし神の最終的な目的は、私たちにいのちを与えることです。それは死んで終わりません。死を超えた復活のいのちを与えることです。救いはキリストの死と復活の両方において成し遂げられたのです。私たちはキリストを信じ受け入れたとき、キリストの十字架によって救われただけではありません。キリストの復活のいのちにあずかる者とされたのです。こうしてそのいのちの中にある者となりました。私たちがキリストを信じたとき、キリストの新しいいのちが私たちの内側に実際に始まったのです。今や私たちのうちに、これまで経験したことのないいのちが躍動しているのです。

新しいいのちの現実

このことは、むしろ6章のテーマの先取りと言えるでしょう。6章4節でパウロはこう言っています。

「私たちは、キリストの死にあずかるバプテスマによって、キリストとともに葬られたのです。それは、ちょうどキリストが御父の栄光によって死者の中からよみがえられたように、私たちも、新しいいのちに歩むためです。」

時が来ると、私たちの古い、肉のいのちは終わりを迎えます。しかし、私たちのうちにあるキリストのいのちが私たちを生かし続けてくれるのです。古いいのちが終わらないうちに、すでに新しいいのちが始まっていいます。私たちには奇妙なことかもしれません。でもいのちの始まりというのはいつも奇妙です。古いいのちにしても、私たちが気がついたときには、すでに与えられていました。それを選択した覚えも、受け取った記憶もありません。それがどう始まったのかも知らず、気がついたときには、すでにいのちを与えられていたのです。いのちの始まりは神秘そのものです。キリストによって始まった新しいいのちも同様です。これは私たちの想像を超えた方法によって始まりました。しかし、それは現実です。今、私たちはキリストのいのちにある者なのです。

そこで何が言えるでしょうか。パウロは9節と全く同じように、再び二つの神のみわざを比較して、そこから結論を引き出しています。「敵であった私たちが、御子の死によって神と和解させていただいた。」それほど困難なことを神はなしてくださいました。ですから、「(すでに)和解させていただいた私たちが、御子のいのちによって救われるのは、なおいっそう確かなことです。」

敵である者を救うこと(和解)と、すでに和解して仲間である者を救うのと、どちらが困難でしょうか。それは、当然ながら敵を救うほうがはるかに困難です。神はこの困難なことをすでに成し遂げてくださいました。そうであれば、将来神がもっと易しいことを行うと考えるのは当然ではないか、とパウロは言っているのです。富士山に登った人ならば、高尾山に登ることはもっとずっと容易なことであるのと同様に、私たちが将来キリストのいのちによって救われるのは当たり前のことである。それが私たちが持つべき救いの確信です。

パウロはこのような救いの確信、心にあふれてくる圧倒的な確信を語っています。これも「信仰によって義と認められた者の幸い」です。私たちは、この確信を抱きながら主に仕えているでしょうか。願わくは、神が聖霊によって神の愛を私たちの心に注ぎ、キリストの死を見させ、私たちを圧倒的な救いの確信へと導いてくださいますように。

9　神を喜ぶ――5章11節

それだけではなく、私たちの主イエス・キリストによって、私たちは神を喜んでいます。キリストによって、今や、私たちは和解させていただいたのです。（新改訳２０１７）

それだけでなく、私たちの主イエス・キリストによって、私たちは神を誇りとしています。このキリストを通して、今や和解させていただいたからです。（協会共同訳）

1～11節まで、パウロは信仰義認の結果について論じています。それはいわば、私たちの現在の姿を語っていると考えてよいでしょう。そしてこの11節は、これまで考えてきた1～10節の要約となっています。それまでのことが凝縮されて、鍵を握ることばが繰り返されています。「和解」ということばは直前の10節との関係を示し、それが「私たちの主イエス・キリストによって」実現したこと。そして、何といっても中心的な言明は、「私たちは神を喜んでいます」あるいは「神を誇りとしています」です。キリスト者の喜びの問題です。

三つの喜び（誇り）

パウロはすでに、このことばを二度用いてきました。これは三度目です。一度目は2節、「神の栄光にあずかる望みを喜んでいます」。主の再臨によって、キリスト者が将来受けることになる栄光の望みのことです。これが私たちの喜びの根源です。二度目は3節です。将来に受ける「栄光の望み」だけでなく、現在の「苦難さえも喜んでいます」。私たちの信仰は、苦難の中でも大いに喜ぶことができるものです。そして最後に11節で、「それだけではなく、……神を喜んでいます」と述べています。この三つの大いなる喜びこそ、信仰によって義と認められた人の真の姿です。これは「喜び」とも「誇り」とも訳せることばです。

11節でパウロは、「それだけではなく……私たちは神を喜んでいます」と言っています。この「それだけではなく」というのは、10節との対比だけでなく3節とも対比しているように思われます。まず2節で、将来の栄光の望みを大いに喜んでいますと言い、次の3節で「それだけではなく」現在の苦難の中でさえも喜んでいると言い、さらにここで、「それだけではなく」神を大いに喜んでいる、と言っているのです。この三重の喜びこそ、信仰によって義と認められた人の最も著しい特徴です。信仰によって義と認められた人のうちに起きてくる必然的な結果です。

そこには、喜びに関する重大な進展があります。最初に救いを経験し、神に義と認められ、栄光にあずかる望みを抱くようになる。それだけでも私たちの心を喜びで満たすに十分なことですが、そこからさらに、現在直面している困難さえも喜ぶことができるようになる。そして最終的には、神ご自身を喜ぶようになる。それがクリスチャンの喜びです。ですから、クリスチャンの特徴は喜びにあるというのは確かです。

パウロはこう言いました。

「私は慰めに満たされ、どんな苦難にあっても喜びに満ちあふれています。」（Ⅱコリント7・4）

そして、喜びは御霊の働きなので、「御霊の実は、愛、喜び、平安……」（ガラテヤ5・22）だと言いました。パウロが手紙を締めくくるときの常套句は、「最後に、私の兄弟たち、主にあって喜びなさい」です（ピリピ3・1、4・4、Ⅱコリント13・11）。喜びはクリスチャンの著しい特徴であり、クリスチャンは喜ぶように命じられています。

私たちは、ここで立ち止まって自分を振り返る必要があるでしょう。「私のうちにそのような喜びがあるだろうか。いつの間にか信仰から喜びが失せてしまっていないだろうか。不平、不満、つぶやきが現れていないだろうか。」

私たちの喜びは確かなものでしょうか。何を喜んでいるでしょうか。私たちは喜んでいると本当に言うことができるでしょうか。喜びこそ、信仰によって義と認められた人の特徴なのです。

何を誇るのか

ここで「大いに喜んでいる」と訳されたことばは、協会共同訳がしているように、普通「誇っている」と訳されることばです。新改訳２０１７は、この5章でそのことばを「喜ぶ」と訳しました。

あるいは以前の訳のように「大いに喜ぶ」でもよかったでしょう。私はこの訳は賢明な選択であったと思います。しかし、その本来の意味が「誇り」であることを思い起こすことは、このみことばの意味を理解するうえで助けになります。

聖書では普通、「誇り」は罪のリストの中に数えられています。箴言の作者は、「明日のことを誇るな。一日のうちに何が起こるか、あなたは知らないのだから」（27・1）と言いました。イザヤも、「まことに、万軍の主の日（さばきの日）は、すべてのおごり高ぶる者、すべての誇る者の上にあり、これを低くする」と言っています（イザヤ2・12、括弧内筆者）。このように、通常、誇ることは罪です。それは、誇ることの本質を考えればすぐに分かるでしょう。中心的問題は、誇る目的です。通常、誇りは自分を誇ります。それは自分に対する信頼の表れであり、自分の能力を過信してうぬぼれること、自分の良い性質や持ち物や財産に信頼し、頼ることです。自分に信頼し、自分自身に焦点が合っています。その意味で、誇りとは罪の姿そのものであると言ってよいでしょう。しかし、誇りが罪とはならない場合があります。それは、誇る目的が神である場合です。その場合はむしろ誇ることが勧められています。パウロは言いました。「『誇る者は主を誇れ』と書いてあるとおりになるためです。」（Ⅰコリント1・31）

パウロはここでも、「私たちは神を（大いに）誇っています」と言っています。それを私たちクリスチャンの特徴と考えています。神を喜び、誇るようになるということこそ、救いを知ったクリスチャンの最も著しい特徴だからです。

自分を頼ることからの解放

私たちは、どうしたら自分を誇ることから解放されるのでしょうか。私たちの中からこの誇りを除き去ることができる方法がたった一つあります。それは、神を本当に知ることです。そして、信仰によって義と認められたということを深く理解することです。

もし私たちが自分の善行や修行によって救われたのならば、永久に「私は自分を救った」という誇りから逃れることができないでしょう。信仰によってという方法が救いのために用いられたのは、そこに理由があるのです。パウロは言っています。

「この恵みのゆえに、あなたがたは信仰によって救われたのです。それはあなたがたから出たことではなく、神の賜物です。行いによるのではありません。だれも誇ることのないためです。」（エペソ2・8～9）

信仰によって義とされるのは、私たちに誇る余地を全く与えないためなのです。

さらにパウロは、コリント人への手紙第一、1章27節でも訴えています。

「神は、知恵ある者を恥じ入らせるために、この世の愚かな者を選び、強い者を恥じ入らせるために、この世の弱い者を選ばれました。」

いったいなぜでしょうか。パウロはこう答えています。

「だれも神の御前で誇ることがないようにするためです。」（同29節）

この誇りを除き去ること、自分に信頼するところから解放すること、これこそが信仰義認の中心的課題だったのです。「自分を誇ること」ほど私たちにまとわりつくものはありません。私たちは、およそ何かを誇らずには生きていけない者だと言っても過言ではないでしょう。しかし今、信仰によって義とされ、救われたことによって、私たちの誇りは根こそぎ取り除かれました。現にそのような状況に立っているので、パウロは「もはや自分を誇らず、神を誇る」と言うのです。

言い換えるなら、人間が神に頼り、神を誇るとは、信仰義認という救いの手段が目指す目的でもあったということです。人間が神に頼り、神を喜ぶ生涯を送るために神が定めた方法が信仰義認なのです。神を誇ることは、信仰義認からもたらされる直接的な、そして必然的な結果です。信仰によって義と認められたのに神を喜んでいないなら、それは頭で信じ、行いで否定していることになってしまいます。この教理を告白していながら、私たちの関心が相変わらず自分自身であり、自分の野心であり、自分の能力であり、自分のサクセス・ストーリーであるならば、口で告白して行いで否定していることになるのです。牧師が講壇で自分の成功を会衆に語るのは醜いことです。もし私たちが自分を喜ばすために生きているならば、それは信仰義認の教理との完全な矛盾です。もう一度言います。私たちが神を大いに喜ぶのは、私たちの受けた救いの必然的結果なのです。

どのように喜ぶのか

それでは、どうしたら神を喜び誇ることができるでしょうか。それは、そのような神との交わりを実際に持つことです。その良い手本を詩篇の中に数多く見いだします。たとえば詩篇34篇1～2

節がそうです。

「私はあらゆるときに　主をほめたたえる。
私の口には　いつも主への賛美がある。
私のたましいは主を誇る。
貧しい者はそれを聞いて喜ぶ。」

ここで、作者のダビデは直接的に神を賛美し、神を喜び、神を誇っています。彼は現に神に顔を向け、神と語り、神を喜んでいるのです。私たちは、はたしてこのような栄光の時を知っているでしょうか。奥まった部屋に入り、神を見上げ、神のご臨在の前にひれ伏し、神の近くにいることを経験しているでしょうか。これは、クリスチャンにとって最も栄光に富んだ、最も喜びに満ちた時間です。私たちも、このダビデのように御前に進み出ているでしょうか。

ダビデは続けてこう言います。

「味わい　見つめよ。
主がいつくしみ深い方であることを。
幸いなことよ　主に身を避ける人は。」（8節）

私たちは、主のすばらしさを味わって、それを見つめているでしょうか。そのような静かな神との交わりを持つことは、私たち一人ひとりにとって最も大切なことです。ですから、神を喜ぶ第一の方法は、祈りの中で、神のご臨在の中にあって主を見上げ、見つめることです。

私たちは黙想するために、実際どれくらい時間を取るでしょうか。祈りとは神との交わりです。神に対して一方的にしゃべりまくって祈りを終わらせていないでしょうか。そのためには実際に時間を取らなければなりません。もちろん、二十四時間祈り続けることはできません。毎朝慌ただしく静思の時を済ませ、その日のスケジュールに追われ、あっという間に一日が終わります。しかし、食べるにも飲むにも、何をするにも、ただ神の栄光を現すために物事にあたるとき、私たちは神を喜んでいると言えるでしょう。私たちが何をするのであれ、その行動の最終目的は神の栄光であり、その明確な目的を忘れないことです。

はたして、私たちは神を喜んでいるでしょうか。それはクリスチャンにとって大切な問いです。私たちは容易にこの喜びを失いやすいからです。失うのは、自分に頼り、自分を誇るからです。自分を頼れば、この喜びは失われていきます。私たちにはいつも自分に頼ろうとする致命的な傾向があることに気がつくべきでしょう。

さらに言えば、神を喜んでいないもう一つの理由は、実は信仰義認の教理に徹していないからだと言えます。神を喜ぶとは、信仰義認から生じてくる必然的な結果なのです。ですから、もし私たちの中に神を喜ぶということがないなら、それは救いについて十分に知らないゆえであるかもしれません。この点を一人ひとり、自問自答していただきたい。「私は神を喜んでいるだろうか。」これは大切な問いかけです。なぜなら、それこそ私たちの生涯の目的だからです。

最後に『ウェストミンスター小教理問答書』の最初の問いを引用して終わりたいと思います。

問　人のおもな目的は、何ですか。
答　人のおもな目的は、神の栄光をあらわし、永遠に神を喜ぶことです。

（榊原康夫訳、聖恵授産出版部、一九八一年）

私たちの生涯の全体、全行為が、神を目的とし、神を誇り、神を喜ぶことなのです。「すべてのものが神から発し、神によって成り、神に至るのです。この神に、栄光がとこしえにありますように」（ローマ11・36）。そう告白して、日々、御前に歩ませていただきたいと願います。

10　アダムと私――5章12節

こういうわけで、ちょうど一人の人によって罪が世界に入り、罪によって死が入り、こうして、すべての人が罪を犯したので、死がすべての人に広がったのと同様に――（新改訳２０１７）

このようなわけで、一人の人によって罪が世に入り、罪によって死が入り込んだように、すべての人に死が及んだのです。すべての人が罪を犯したからです。（協会共同訳）

文脈

この12節を考える前に、1～11節の文脈を確認しておく必要があります。パウロは信仰義認の教理について、1節でこう言いました。

「こうして、私たちは信仰によって義と認められたので、私たちの主イエス・キリストによって、神との平和を持っています。」

私たちが神の前に義と認められるのは、行いによるのではなく、あくまで信仰による。それこそパウロが一貫して語ってきたことです。

私たちがキリストを信じたとき、私たちの罪はことごとくキリストのものと見なされ、キリストは私たちのすべての罪を担ってくださったのです。それだけではありません。キリストの義、キリストの罪なき生涯を私たちのものと認め、私たちに与えてくださいました。こうして私たちはキリストの義を得たのです。このことを「転嫁」と呼んでいます。逆に神は私たちの罪をキリストに「転嫁」し、キリストの義を私たちに「転嫁」してくださったのです。こうして神は私たちを義と認めてくださいました。

そうであれば、当然一つの疑問が湧いてきます。いったいどうしてそんなことが可能なのか。私たちの罪がキリストのものとされるとか、またキリストの義が私たちのものとされるというようなことが、どうして起こりうるのか。

その疑問に答えているのが、この5章の後半の部分です。そういうわけでこの箇所は、キリストの救いについて最も重要な箇所の一つです。多数の注解者がこの箇所に多くのスペースをとって解説してきました。アダムの原罪やキリストの救いをどう理解するかということについて、実に多くの影響を与えてきた箇所です。

文章構造

まず、この12節の文章構造を詳しく検討したいと思います。その箇所に教えられている教理を引き出す前に、その文章そのものをよく理解することが大切です。とりわけこの12節では、それが重要です。なぜなら、多くの人によってこの箇所の真意が誤解されてきたからです。

　この節を読んで感じることは、文章としては何か中途半端で、完結していないということです。もしそういう印象を受けたのであれば、その人は正しく読み取ったと言ってよいでしょう。実際この文章は中途半端なのです。それを明確にするために、新改訳２０１７は第三版から引き継いだ工夫を採用しています。それは節の最後尾にある「と同様に」に続く棒線です。つまり12節は、「こういうわけで、ちょうど一人の人によって罪が世界に入り、罪によって死が入り、こうして、すべての人が罪を犯したので、死がすべての人に広がったのと同様に——」までが一区切りの条件節であって、その帰結文が挿入されないまま途中で終わっていると理解しています。

　しかし、新改訳２０１７には第三版からの若干の変更もあります。第三版はこうなっていました。

「そういうわけで、ちょうどひとりの人によって罪が世界に入り、罪によって死が入り、こうして死が全人類に広がったのと同様に、——それというのも全人類が罪を犯したからです。」

　この第三版の訳は12節の最後にきている理由を示す文、「それというのも全人類が罪を犯したからです」を棒線の後に置きましたが、新しい２０１７年版は棒線の前に置いています。どちらに置いても意味が大きく変わることはないと思いますが、第三版があえて棒線の後に置いた利点を見過ごしてはならないと思います。その利点とは、「死がすべての人に広がった」のは、すべての人が罪を犯したからではなく、一人の人アダムの罪のゆえであったということがより明示されるということです。パウロが最終的に言おうとしていることは、アダムによって罪が入り、罪によって死が入り、それによってすべての人が（アダムにあって）罪を犯したので、死がすべての人に及んだということです。死がすべての人に及んだのは、アダムのゆえであり、すべての人が自分で罪を犯したからではないのです。

このように「すべての人が罪を犯した」を「死がすべての人に広がった」の前に置くか、後につなげるかという違いがありますが、いずれにしても大事な点は、文章が未完に終わっていることです。

一方、協会共同訳は12節を途中で区切って、次のように二つの文章にしています。

「このようなわけで、一人の人によって罪が世に入り、罪によって死が入り込んだように、すべての人に死が及んだのです。すべての人が罪を犯したからです。」

こちらは文章が完結していて、そこに「すべての人に死が及んだのです」という帰結文があるように理解されていています。

新改訳聖書が12節を未完の文章だと考えてきたことは、文法的にも正しいと言えます。パウロはこの文章を、「死がすべての人に広がったのと同様に」というところまで書いて、そのまま完成させず、さらに説明する必要を感じて、別の文章を続けたのです。この構造を訳出するために、新改訳では原典にない棒線が挿入されました。このような棒線は英語の訳に多く見られ、12節の最後にはピリオドがありません。では、どこで完結しているのでしょうか。それは必ずしも理解が一致していませんが、おそらく19節でしょう（15節や17節と考える人もいます）。どこで文が完結していても、だいたい意味は同じになります。大切な点は、12節では完成していないということです。

この二つの訳は、単に翻訳の違いで済ませられない問題を含んでいます。なぜなら、この12節の訳についてはすでに多くの論争がなされており、訳の違いはその背後にある重要な教理上の違いを反映しているからです。

その意味

ある人は、どちらの訳でも大して意味は違わないと思うかもしれません。確かに一見すると、大した違いがないようにも思えます。しかし、実は大きな違いがあります。それは、なぜ人間が死ななければならないのかという問いに対して、正反対の答えを出しているからです。

まず協会共同訳から見ていきましょう。この訳によれば、人はなぜ死ぬことになるのでしょうか。死がすべての人に及んだのは、すべての人が罪を犯したからということになります。一人の人（アダム）によって罪が入り、罪によって死が入った。それと同様に、すべての人の罪によって、すべての人が死ぬ。つまり、「人が死ぬのは自分の罪のゆえだ」と言っているのです。人間は生まれながらに罪はない、人間は生まれたときは白紙であり、正しい。しかしその後、成長するにつれて罪を犯すようになる。その自ら犯した罪のゆえに死ななければならない、ということです。これだと人間の原罪を否定することになります。アダムの罪はアダムの死にだけ影響したことであり、他の人々の罪には関係のないことだという結論になります。しかし、これは文法的にも神学的にも、また後に続く21節までのパウロの議論とも矛盾します。

それに対して、新改訳第三版は実に明快です。この訳では、一人の人によって罪が入り、その罪によって死が入り、こうして全人類が死の支配下に入った、と読むことができます。人間はなぜ死ぬのでしょうか。自分の罪のゆえに死ぬのでしょうか。そうではありません。人間が死ぬのは、アダムの犯した罪のゆえなのです。それが12節の前半が語っていることです。

アダムと私

そうすると、私たちは次の疑問にぶつかります。なぜアダムの罪が自分の死の原因になるのかという問題です。大昔のアダムと私とはいったい何の関係があるのか。私はアダムなど、見たことも会ったこともない。この人の犯した罪が、なぜ私にまで影響を与えるのか。これはもっともな疑問です。

この疑問に対して、聖書から二つの答えを引き出すことができます。

第一は、「アダムの全体性」といわれる見解です。アダムは、人類の単なる初めというだけではありません。人類の総体です。すべての人間は彼から出てきました。ですから、彼が行動したことは人類全体がしたことであり、彼が語ったことは人類全体が語ったことなのです。したがってアダムが罪を犯したとき、私たちもアダムにあって罪を犯したのです。

聖書から一つの例証を取り上げましょう。ヘブル人への手紙7章9～10節には、このようにあります。

「十分の一を受け取るレビでさえ、アブラハムを通して十分の一を納めたのでした。というのは、メルキゼデクがアブラハムを出迎えたとき、レビはまだ父の腰の中にいたからです。」

ここで、レビはアブラハムを通して神に十分の一を納めたと言われています。レビはアブラハムの死後、何十年もたってから生まれた人です。そのレビがアブラハムを通して十分の一を納めるなど、どうしてできたのでしょうか。それは、「レビはアブラハムの腰の中にいたから」です。アブラハムが十分の一を献げたとき、レビもアブラハムにあって十分の一を献げたのです。

これと同じように、全人類はアダムにあった。そしてアダムが罪を犯したとき、全人類もアダムにあって罪を犯した。これが「アダムの全体性」です。

もう一つの説明は、「アダムの代表性」という考えです。神はアダムを人類の代表として、あるいは代理として考えておられたということです。これは私たちにもなじみが深いでしょう。いちばん良い例は、国の代表として派遣される大使です。国の代表が遣わされた先で結ぶ条約は、そのまま自国民を縛ることになります。たとえば日本が捕鯨に関する国際条約を諸外国と結ぶと、日本はそれを守らなければなりません。もし条約に違反すれば罰則が適用されます。漁師がそれを知ろうが知るまいが、賛成しようがしまいが、関係ありません。国の代表者が結んだ条約に国民は縛られるのです。

この代表性についても、聖書から一つの例証を挙げることができます。旧約聖書のヨシュア記7章に、アカンという人物が登場します。彼はエリコの町を攻めたとき、聖絶せよと命じられていた衣類や金の延べ棒を盗み、自分のテントに隠しました。この彼の罪のゆえに、イスラエルは次の戦いに負けて、多くの戦死者を出してしまうのです。私たちはこの箇所を読むと奇妙な印象を受けます。罪を犯したのはアカンなのに、なぜアカンが死なないでイスラエル全体が敗北するのか。それはアカンが代表として罪を犯したからです。アカンの罪はイスラエル民族全体のものと見なされました。アカンはイスラエル全体を代表して罪を犯したのです。

そういうわけで、アダムの罪は私たちの罪と見なされています。私たちは、アダムにあって罪を犯し、またアダムは私たちを代表して罪を犯したのです。

しかし、私たちはなおも、納得しないでこう言うかもしれません。「アダムの罪が私たちに転嫁されるというのは不公平だ。私たちは、アダムの罪については何の関係も責任もない。」

しかし、それならキリストの救いは公平なものであったでしょうか。キリストの義が私たちに転嫁されるのは公平なことでしょうか。決してそうではありません。それればかりか、もし私たちがこの「アダムと私」の関係を認めないなら、私たちの罪の解決は永遠になくなってしまうことでしょう。私たちの罪が本質的にこのようなものであると理解して初めて、キリストの救いを十分に理解することができるのです。

19節にこう言われています。

「すなわち、ちょうど一人の人の不従順によって多くの人が罪人とされたのと同様に、一人の従順によって多くの人が義人とされるのです。」

つまり、アダムの罪によって私たちが罪人とされているからこそ、そこに罪の解決がある。アダムの罪によって私たちが罪とされているからこそ、私たちはキリストによって義とされることができる、ということです。

私たちは、そのようなことが理解を超えたことであると認めざるをえません。それは、現代人には非常識と思われるでしょう。しかし、聖書の言うことが私たちの理解を超えていようといまいと、聖書の語ることを理解するのが私たちの務めです。そして、その事実に信頼していくことが私たちの生き方です。私たちはこのように罪と死を理解し、キリストによってもたらされた救いを仰いで、感謝する者でありたいと思います。

11　罪と死の普遍性――5章12節

こういうわけで、ちょうど一人の人によって罪が世界に入り、罪によって死が入り、こうして、すべての人が罪を犯したので、死がすべての人に広がったのと同様に――（新改訳２０１７）

このようなわけで、一人の人によって罪が世に入り、罪によって死が入り込んだように、すべての人に死が及んだのです。すべての人が罪を犯したからです。（協会共同訳）

もう一度、12節を考えたいと思います。この12節から21節までは、パウロが「なぜ私たちが一人の人によって救われるのか」ということを説明しているところです。言い換えるならば、「なぜ私たちは、主イエスにあって信仰によって義とされるのか」という問題を語っています。

パウロはこう考えました。「私たちがイエス・キリストによって得た救いを理解するためには、アダムにおいて失ったものを見ればよい。なぜならすべての問題の出発点はアダムにあり、またすべての解決はイエス・キリストにあるからである。だからキリストによる救いを考えるなら、アダムによる堕落を考えなければならない。」

そこで私たちは前回、この12節から二つのことを考えました。一つは、この文章の未完成な構造です。これは新しいことではなく昔から言われてきたことで、何百年も前の英語聖書の翻訳にも反映されています。もう一つは、アダムと私たちの関係ということでした。その関係というのは、単に生殖上、遺伝子的にアダムが最初の人で、あとはみなアダムの子どもというだけではありません。そこには神の定めた全人類の連帯とも言うべき何かがあるのです。それをアダムの代表性・全体性ということで考えました。神の側でアダムの罪を人間全体の罪と認めざるをえない何かがあるのです。神がそう考えたのであれば、それが私たちの現実であると認めなければならないでしょう。人類を創造したのはほかならぬ神だからです。

罪と死の普遍性

さらにこの12節の内容に立ち入ると、この節が人間にとって最も重要な二つのことを扱っていることに気がつきます。一つは、人間はなぜ罪を犯すのかということです。つまり罪の普遍性です。

聖書は昔からこの事実を語ってきました。ソロモンはこう告白しています。

「罪に陥らない人は一人もいません。」（Ⅰ列王8・46）

またパウロも、ローマ人への手紙3章でこう言っています。

「すべての人は、罪を犯したので、神からの栄誉を受けることができず」（23節、新改訳第三版）

これは私たちの経験からも言えることでしょう。罪を犯したことのない人など想像することができません。そこで問題は、なぜ人間は罪を犯すのかということです。しかもおもしろいのは、人間には誰でも良心があって、罪を犯してはいけないと知っているということです。知っていてもやめることができないという現実です。このような罪の普遍性が12節の語る第一の点です。

もう一つのことは、死の普遍性です。いったいなぜ人は死ぬのでしょうか。なぜ死ななければならないのでしょうか。ある医者の書いた本によると、イギリスのホスピスではよく、「死は自然である」と言うそうです。またペラギウス（五世紀の神学者）は、「人間は死ぬ者として造られた」と言いました。しかし、本当に死は自然であり、人間は死ぬべき者なのでしょうか。もしそうなら、なぜ死を恐れたり、死にたくないと願ったりするのでしょうか。それは、死が決して自然ではないことを知っているからではないでしょうか。私たちの中には永遠を思い、永遠を願う気持ちが強く働いています。ですから死ぬことに納得がいきません。なぜ死ななければならないのか。これが私たちがぶつかっている死の普遍性ということであり、12節の語る第二の点です。

聖書の答え

この二つの重大な問題に対する答えを、12節は私たちに教えています。12節は「ちょうど一人の人によって……罪が世界に入」ったと言います。「一人の人によって」とは直訳すれば、「一人の人を通過して」ということです。つまりパウロは、一人の人、すなわちアダムが罪の起源だと言っているのではありません。アダムが罪を犯したことがすべての原因だと言っているのでもありません。パウロが言っているのは、アダムを通過して罪が入り込んできた、ということです。

ここで罪があたかも生き物のように扱われている点に留意する必要があります。罪は決しておとなしい、単に善が欠如したものではありません。いつも積極的で活動的で、罪のない世界に忍び込んできたものです。ですからアダム以前にも、罪は存在していました。その罪という化け物が、アダムを誘惑し、アダムを通過して「世界に入り込んだ」と言っているのです。このことばは「入り込んだ」というより、「侵入した」「侵略した」という意味のことばです。ですからこれは、罪の起源を語っているのではありません。どのようにして神の造った正しい世界に罪が侵入してきたのか、どのようにして人間が罪を犯すようになったのかを語っているのです。神は人間を正しく造られましたが、罪が外から侵入し、人間を支配するようになったのです。これが聖書の見解です。

死の侵入と拡散

罪の侵入は、それだけでは終わりませんでした。12節は、その罪によって今度は「死が」入ってきたと言っています。これが死の原因です。人はなぜ死ぬのでしょうか。その答えがここにあります。私たちが死ぬのはそう造られたからではなく、罪を犯したからです。罪に対する刑罰として死が世界に入ってきたのです。パウロの有名なことばを思い出すでしょう。

「罪の報酬は死です。」(ローマ6・23)

罪の報酬とは「罪から来る報酬」（同節、新改訳第三版）のことです。死とは、罪という労働（働き）の結果であり、報酬なのです。

私たちはこのことを、創世記2〜3章で観察することができます。

神はアダムに対してこう言われました。

「善悪の知識の木からは、食べてはならない。その木から食べるとき、あなたは必ず死ぬ。」（2・17）

罪を犯すときに、人は死ぬのです。それは刑罰として神によって定められました。

その後の展開はよく知られています。アダムはサタンの誘惑に負けて、その木の実を取って食べました。神のことばを破ったのです。その時、神はこう宣告されました。

「あなたは、顔に汗を流して糧を得、
ついにはその大地に帰る。
あなたはそこから取られたのだから。
あなたは土のちりだから、
土のちりに帰るのだ。」（同3・19）

この原則が聖書を貫いています。

パウロもこう言っています。

「死のとげは罪であり……」（Ⅰコリント15・56）

死が人間を傷つけるために用いる道具は「罪」です。罪というとげによって死は働くのです。しかし、それだけでは終わりませんでした。ローマ人への手紙5章に戻って、パウロは12節で続けてこう言っています。

「死がすべての人に広がった。」

一人の人が罪を犯し、その罪の結果として死が入り込み、そして死は普遍的なものになり、すべての人が死ぬようになったのです。

すべての人が罪を犯したので

12節の後半でぶつかる一つの疑問は次のことです。

「アダムが罪を犯したのは分かった。そしてアダムがその罪のゆえに死ななければならないことも認めよう。しかし、なぜ私たちも死ななければならないのか。なぜ人類全体が死ななければならないのか。私たちはみな自分の罪のために刑罰を受けるのではないか。アダムの刑罰はなぜ人類全体の刑罰になるのか。」

そのような当然の疑問に対して、パウロはこう答えています。

「こうして、すべての人が罪を犯したので、死がすべての人に広がった。」(12節)

第三版では「それというのも全人類が罪を犯したからです」と一層明確になっていました。協会共同訳でも「すべての人が罪を犯したからです」となっています。すべての人が死ぬ理由は、全人類が罪を犯したからです。これがパウロの答えです。

ここで、私たちはやや混乱して、こう考えるかもしれません。「そうすると、やっぱりアダムの罪は私たちの死とは関係ないのか。全人類はそれぞれ自分の犯した罪によって死ぬのか。」しかし、それもパウロがここで言っていることではありません。大切なのは、「すべての人が罪を犯した」と言うとき、パウロは何を意図していたのかということです。

初めに間違った見解を考えましょう。この点で有名な間違いは、ペラギウスが犯したものです。ペラギウスはこう考えました。「アダムが罪を犯し、それゆえに死んだのと同じように、私たちも自分が罪を犯したので死ぬのである。アダムは一つの模範にすぎない。私たちはアダムの罪のゆえに死ぬのではない。アダムはアダム。私たちは私たち。それぞれ自分の罪のゆえに死ぬのである。」ペラギウスはそう主張しました。後に彼の考えは、異端として教会から排斥されました。彼の考えのどこが間違っていたのでしょうか。この12節は、一見するとそう書いてあるように見えますが、パウロは違うことを語っています。

第一に、現実から経験的に考えてみましょう。赤ちゃんのことを考えてみれば分かります。赤ちゃんは、生まれた直後に死ぬことがあります。その場合、赤ちゃんが罪を犯したとは言えないでしょう。少なくとも自分の意思で罪を犯したとは言えません。しかし、赤ちゃんでも死ぬことがあります。ですから、人が死ぬのは自分の犯した罪のゆえではないのです。

第二に、この12節以降の文章を見てください。そこにペラギウスの考えとは正反対のことを発見します。15節には「一人の違反によって多くの人が死んだのなら」、また17節には「もし一人の違反により、一人によって死が支配するようになったのなら」とあります。21節までの間に、一人の人の罪によってすべての人が罪とされ、死に定められたということが繰り返し語られています。ですから、死の普遍性は一人の人アダムの罪に基づいている、とパウロが言っていることは疑いの余地がありません。

第三に、これはやや文法的なことになりますが、この「罪を犯した」という動詞の時制の問題があります。ここでパウロは、ギリシア語でユニークな「不定過去」と呼ばれる時制を用いています。それは通常、歴史上ただ一度だけ起きたことに使う時制です。つまり、少し大げさに訳せば、パウロはこう言っているのです。「人類は、歴史上ただ一度、決定的に、全体的に罪を犯した。」要するに、これは人類がアダム以後、引き続き犯してきた多くの罪を指しているのではなく、たった一度の罪のことです。ですからペラギウスの考えは間違っていると結論づけられるのです。

それでは、パウロが「すべての人が罪を犯した」と言うとき、何を意味していたのでしょうか。それは伝統的に言われてきたことです。ここで、聖書がいつも二種類の罪について語っていることを思い起こす必要があります。

一つは「現実の罪」と呼ばれるものです。これは私たちが毎日犯す現実の罪、日々告白する罪のことです。これは聖書ではいつも複数形で出てきます。しかし、パウロがここで考えているのはそういう罪のことではなく、もう一つの罪、つまり原罪のほうです。

パウロの主張はこうです。「死はすべての人に広がった。なぜなら、私たちすべての人がアダムにあって、一度決定的に罪を犯したからである。」もちろん、パウロは「アダムにあって」ということばを使っていません。しかし、その後に続く13～21節を見れば、このことははっきりしています。全人類はアダムが罪を犯したとき、アダムにあって一度決定的に、歴史的、実際的に罪を犯したのです。パウロが生まれる以前の人も、それ以後の人も、すべての人をひっくるめて全人類が罪を犯した。そして、それゆえに死が全人類に広がった。それが聖書の言っていることなのです。そういう意味で、全人類が罪を犯したので全人類に死が広がった、ということです。これが聖書の原罪という教えです。それはまず、「一人の人が罪を犯した」そのことによって、「すべての人が罪を犯した」と言いうるものです。つまり、一人の人アダムと私たち全人類との間にある、ある種の連帯関係を神は認めておられるのです。そのことについてはすでに考えましたが、最後に、私たちが陥りやすい、原罪の教理についての幾つかの点を補足しておきたいと思います。

最初に、原罪とは私たちが両親から受け継いだものだと安易に考えてはならないということです。両親からもらった遺伝子の中に罪の遺伝子があって、それを受け継いだというのではありません。もちろん、アダムが生物学上の先祖だということを抜きにして考えられないのは確かです。しかし、聖書はむしろアダムと私たちとの直接的関係を語っています。原罪とは私たちが先祖から受け継いだというより、私たちがアダムにあって犯した罪である、と聖書は言います。私たちがアダムにあって罪を犯した、現に実際的に罪を犯した、と言っているのです。

もう一つの注意すべき点は、私たちが原罪を持っていることについて、単に罪の性質を受け継いだというだけのことではない、ということです。「すべての人が罪を犯した」と言われているからです。それをどう説明したらよいのか、私にはうまくことばを見つけることができません。あえて言うなら、アダムの罪が現実に、実際に、私たちのものとして認められ、転嫁されたということです。しかもここでは、もっと深い罪の現実を語っているように思います。大人も、赤ちゃんも、過去の人も、これから生まれてくる未来の人も、すべての人がアダムにあって、現に罪を犯した。そしてそれゆえに、現に罪の中にある、という現実です。私たちの一部分がゆがんでいるのではありません。聖書はもっと深い人間の罪の現実を語っています。喜び、考え、願い、生きる、そのすべての営みにおいて、私たちは現に罪の下にあるのです。しかし、罪をそのように理解すればするほど（この点を私は何度でも繰り返したい）、キリストによる救いをよく理解できるのです。

最終的にパウロは、なぜ私たちは信仰によって義とされるのかを語っています。パウロの考えは、キリストにおいて得たものを理解するためには、アダムにおいて失ったものを見ればよいということです。私たちはアダムにおいて罪を犯したので、キリストにおいて赦しを受けることができる。私たちの救いは、そのような罪の理解を前提としているのです。

12　キリストのひな型――5章13～14節

実に、律法が与えられる以前にも、罪は世にあったのですが、律法がなければ罪は罪として認められないのです。けれども死は、アダムからモーセまでの間も、アダムの違反と同じようには罪を犯さなかった人々さえも、支配しました。アダムは来たるべき方のひな型です。

（新改訳２０１７）

確かに、律法が与えられる前にも罪は世にあったが、律法がなければ、罪は罪と認められません。しかし、アダムからモーセまでの間にも、アダムの違反と同じような罪を犯さなかった人の上にさえ、死は支配しました。このアダムは来るべき方の雛型です。（協会共同訳）

12節の要約

これまで、12節を二回にわたって考えてきました。前回は特に、12節の最後のところについて考えました。パウロはそこで、アダムが罪を犯したとき、私たち全人類も現に罪を犯したと言いました。それゆえに全人類にも死が広がっていった。それがパウロの主張でした。

さらにパウロは、次のような非難を予測して反論しています。「アダムの罪によって、全人類が死ぬというのはおかしい。それは不公平だ。誰でも自分の罪のゆえに死ぬのではないか。」それに対してパウロはこう答えます。「そのとおり。人間は誰でも自分の罪のために死ぬ。全人類が罪を犯したから、だから全人類は死ぬのだ。」すると、その人はまた反論してこう言います。「いったい、赤ちゃんがどうやって罪を犯したのか。」それに対して、パウロはこう反論します。「赤ちゃんも、アダムにあって罪を犯した。だから弁解の余地はない。全員、自分の罪のゆえに死ななければならない。」

これがパウロが12節で言っていることなのです。原罪とは、私たち一人ひとりが単に罪を受け継いだというのではなく、現に罪を犯したと言えるようなものである、ということです。

13節の論理展開

そこまできて、パウロは当然その理由を述べる必要を感じたことでしょう。それが13節です。13節は「実に」で始まり、協会共同訳でも「確かに」で始まっていますが、これは「なぜなら」と訳すことができる接続詞です。新改訳第三版では「というのは」となっており、12節で述べたことの理由を示していると理解しています。これは、第三版が12節の最後の「それというのも全人類が罪を犯したからです」を棒線の後にもってきていること（新改訳２０１７との相違点）と関係しているでしょう。第三版はおそらく、13節以降を12節の最後にある「全人類が罪を犯した」ことの説明と理解しているのだと思います。私も13節は12節の理由と考えて、「というのは」と訳したほうがよいと思っています。それはともかくとして、この13節でパウロの論理そのものをまず追っていきましょう。13節はこうなっています。

「実に、律法が与えられる以前にも、罪は世にあったのですが、律法がなければ罪は罪として認められないのです。」

「律法が与えられる以前」とは、アダムからモーセまでの期間のことです。人類は創造されて以来モーセに至るまで、律法をもっていませんでした。律法はモーセの時代にシナイ山で与えられました。しかし当然、アダムからモーセまでの間にも、罪は世に存在していました。アダムに続いて、その息子カインも罪を犯しました。自分の兄弟を殴り殺したのです。こうしてアダム以後、すべての人間は罪を犯しました。ですから、律法が与えられる以前の時期に罪があったというのは当然のことに思えます。

しかし、パウロのポイントは次の点にあります。

「律法がなければ罪は罪として認められないのです。」

これはどういう意味でしょうか。この意味を考えるために、まず「認められない」と訳されたことばの意味を探らなければならないでしょう。これは、実はとてもユニークなことばで、新約聖書にわずか二回しか出てきません。そして、そのもう一か所で使われている用法が理解の助けになります。それは同じくパウロが書いた、ピレモンへの手紙に出てきます。その18節でパウロは、「もし彼があなたに何か損害を与えたか、負債を負っているなら、その請求は私にしてください」と言っています。その中で「請求してください」と訳されているのが、この「認める」と同じことばです。

ピレモンへの手紙は、パウロが友人のピレモンに向けて書いた手紙です。ピレモンは何人かの奴隷を持つ裕福な人でした。ところが、彼のもとからオネシモという名の一人の奴隷が逃げ出しました。オネシモは逃亡の末、ローマにたどり着き、そこでパウロに出会ってクリスチャンになりました。パウロがオネシモに主人の名前を聞くと、なんとそれはパウロがよく知っている同労者のピレモンでした。そこでパウロは奴隷の主人であり、また自分の友人でもあるピレモンに手紙を書きました。「もしあなたの奴隷オネシモが負債を負っているなら、私に請求してください。」奴隷が背負っている借金をパウロに請求することを言っています。つまり、本来パウロの負債ではないが、パウロのほうに請求書を回すこと、パウロの責任にすること、パウロに責任を転嫁することを意味することばです。

その意味をこの13節に当てはめるとこうなるでしょう。

「罪は、何かの律法がなければ、その責任は請求されないものです。」

つまり罪はその責任を問われないのです。ピレモンがもはやオネシモという奴隷に負債を請求しないように、神は罪の負債を人間に請求しない。なぜなら、律法がないからです。律法がないなら、もし罪を犯しても、罪は罪として認められません。罰を要求されることはありません。律法がないなら、罰することもできません。罰することができなければ、人間が罪の結果死ぬことはないはずです。これが第二点です。

論理的にはそのとおりですが、現実はどうだったでしょうか。続けてパウロは14節でこのように言います。

「けれども死は、アダムからモーセまでの間も、アダムの違反と同じようには罪を犯さなかった人々さえも、支配しました。アダムは来たるべき方のひな型です。」

つまり、アダムからモーセまでの間は律法がないけれども、現実として死が支配している、ということです。それでどんな結論が出てくるでしょうか。結論は、「すべての人が律法を破り、罪を犯したはずだ。律法もないのにどうやって律法を犯すことができたのか。それはアダムにあって、神の律法を犯した。だから、私たちは死に定められているのだ」。これは12節の見事な説明ではないでしょうか。

繰り返しますが、もし律法がなければ、罪は罪とはなりません。罪として成立しません。成立しないなら死はないはずだ。ところが現に死がある。それなら、私たちはどこか別のところで神の律法を破ったに違いない。いったい、いつどこで私たちは律法を破り、罪を犯したのか。それはアダムにあって、です。私たちはみなアダムにあって神の律法を破り、罪を犯したのです。これが13～14節のパウロの論証です。そういうわけで、パウロにとって、アダムからモーセまでの間も死があるということは、全人類がアダムにあって罪を犯したことの証拠なのです。

パウロの前提

以上、パウロの考えをそのまま追ってきました。しかし、どれだけの人がこのパウロの説明に納得できるでしょうか。何だかパウロ先生は眉唾なことを言っているんじゃないかと感じた人もいるかもしれません。私たちはパウロの言っていることを理解するために、彼が前提としていることを心に留めなければなりません。それは、罪とは何かという問題です。これをはっきりと理解しないと、救いの理解もあやふやになっていきます。パウロは、あるいは聖書は、罪を律法を犯すことと考えているのです。

まず聖書からその考えを追ってみましょう。パウロはローマ人への手紙4章15節でこう言っています。

「律法のないところには違反もありません。」

これはパウロだけの考えではありません。使徒ヨハネも全く同じように言いました。

「罪を犯している者はみな、律法に違反しています。罪とは律法に違反することです。」（Ⅰヨハネ3・4）

これは聖書全体を通して言える罪の定義です。罪とは、欠点や弱さ、過失とは違います。罪とは神の律法に逆らうことであり、その意味で、神の基準や意思に逆らうことです。だから律法がなければ罪は存在しないのです。これが全体を解く鍵になります。

もっと分かりやすくたとえれば、こうなります。ある家では子どもの門限は夕方の五時と決められている。子どもが六時に帰って来たなら、それは規則を破ったのであり、罪となる。しかし、もしそのような規則が定められていなければ、六時に帰っても七時に帰っても罪とはならない。聖書の言う罪とはこのようなものです。

罪をこのように聖書的に理解することは、とても大切なことです。多くの人は自分の本当の問題を理解しないために、その解決である救いも理解できないのです。考えてみてください。私たちは様々な理由から教会に行くでしょう。それぞれ抱えている問題は様々です。家庭の問題で来る人もいます。性格に悩んで来る人もいます。事業に失敗してやって来る方もいます。死を恐れて来る方もいます。あるいは全然、問題意識を持たずに何となく来る方もいます。しかし、私たちは最終的に、自分の本当の問題は自分の罪にあるという聖書の考えにたどり着くのです。そこでその解決としてのイエス・キリストの十字架の救いを信じるようになるでしょう。しかし、この点を理解できなかった人は、結局教会から離れて行きます。

私たちは、自分の罪を聖書の言っている意味で正しく理解する必要があるのです。本当に聖書の言う意味での罪の理解ができるとき、救いをも理解することができるでしょう。自分流に罪を理解し、納得しているだけなら、やがてキリストの救いそれ自体の必要さえ分からなくなるでしょう。

「罪とは、律法に違反することである。」そこに徹するとき、私たちのキリスト教理解はおそらく一変します。自分が罪と思うものが罪なのではなく、客観的な律法に照らして罪があるのです。私たちがそのように理解するとき、ここで言っているパウロの論証をよりよく理解することができます。そして、私たちが受けている救いについても納得するでしょう。なぜなら、「アダムは来たるべき方のひな型」（14節。新共同訳では「アダムは、来るべき方を前もって表す者」）だからです。それは予型と言ってもよいでしょう。あらかじめキリストを示しているのです。ですから、アダムを理解することはキリストを理解することなのです。

はたして、私たちは自分の救いについて、また罪について、本当に聖書的に理解しているでしょうか。それとも自分流の解釈にとどまっているでしょうか。パウロのこの論証に納得がいかないと感じるなら、私たちの理解は聖書の理解ではありません。罪について、また救いについて、ますます正しく知ることによって、パウロのこの論証に「なるほど、そのとおりだ」と言える者でありたいと願います。

13　恵みの圧倒的優位――5章15〜17節

しかし、恵みの賜物は違反の場合と違います。もし一人の違反によって多くの人が死んだのなら、神の恵みと、一人の人イエス・キリストの恵みによる賜物は、なおいっそう、多くの人に満ちあふれるのです。また賜物は、一人の人が罪を犯した結果とは違います。さばきの場合は、一つの違反から不義に定められましたが、恵みの場合は、多くの違反が義と認められるからです。もし一人の違反により、一人によって死が支配するようになったのなら、なおさらのこと、恵みと義の賜物をあふれるばかり受けている人たちは、一人の人イエス・キリストにより、いのちにあって支配するようになるのです。（新改訳２０１７）

しかし、恵みの賜物は過ちの場合とは異なります。一人の過ちによって多くの人が死ぬことになったとすれば、なおさら、神の恵みと一人の人イエス・キリストの恵みによる賜物とは、多くの人に満ち溢れたのです。この賜物は、一人の犯した罪の結果とは異なります。裁きの場合は、一つの過ちであっても、罪に定められますが、恵みの場合は、多くの過ちがあっても、義と認められるからです。一人の過ちによって、その一人を通して死が支配するようになったとすれば、なおさら、恵みと義の賜物とを豊かに受けている人たちは、一人の人イエス・キリストを通して、命にあって支配するでしょう。（協会共同訳）

パウロは13～14節で、なぜ全人類が罪を犯したと言えるのかを説明しました。そしてその最後で、「アダムは来たるべき方のひな型です」と言って14節を終えています。その直後、15節の冒頭は「しかし」で始まっています。ですからパウロは、それまでとは反対のことを述べようとしています。これは一種の「但し書き」のようなものです。ですから、新改訳第三版では「ただし」となっていました。このように接続詞に注目することはしばしば助けになります。なぜならパウロという人は、いつも論理的に筋道を立ててきちんと説明しようとしているからです。試しに16節を見てください。「また」で始まっています（協会共同訳では訳出されていません）。ここでパウロが言おうとしているのは、前の15節で言ったことと並行した事柄です。次の17節にも本来は「なぜなら」という理由を述べる接続詞がありますが、これはどちらの翻訳も訳出していません。さらに18節の初めを見ると、「こういうわけで」あるいは「そこで」で始まっており、パウロはそこで結論を引き出していることが分かります。このように、パウロはいつも論理的に筋道を立てて書いています。ですから、私たちもそれをきちんと追っていかなければならないでしょう。

すでに述べたように、15節は「しかし」あるいは「ただし」で始まっています。ここでパウロは、前に述べたことの但し書きを導入しようとしています。なぜそんなものが必要だったのでしょうか。それは、14節の終わりのところで、「アダムはキリストのひな型」であると、非常に重要なことを述べたからです。「ひな型」といっても何のことか分からないので、新共同訳は「来るべき方を前もって表す者」と意訳しました。「ひな型」と訳されたのは、ギリシア語で「テュポス」で、これは英語の「タイプ」の語源です。アダムはキリストのタイプ、型、予型、ひな型だということです。両者には顕著な共通点と同時に、相違点があることを示唆しています。

アダムとキリストの類似点

では、どのような意味でアダムはキリストの型なのでしょうか。最初に、アダムとキリストの類似点を幾つか考えてみましょう。

第一に、この二人は人間の歴史にとって決定的な役割を演じました。この二人に比べうる者は誰もいません。二人とも、神によって人類の代表とされたからです。アダムは最初の人間でした。彼の先には誰もいません。彼はその後の全人類を代表しています。それに対してキリストは、「最後のアダム」と言われています。キリストもまた人類の代表として来ました。アダムは罪の中にある古い人の代表であり、キリストは罪を贖われた新しい人の代表です。このことについて、パウロはコリント人への手紙第一、15章でこう言っています。

「こう書かれています。『最初の人アダムは生きるものとなった。』しかし、最後のアダムはいの

ちを与える御霊となりました。」(45節)

このように、二人は人間の歴史にとって、神との関係において、代表としての役割を担いました。

第二に、アダムもキリストも、神から重大な約束を与えられていました。それを契約的に考える人もいますが、それは契約とは何かという定義の問題でもあります。契約とまでいわなくても、確かに神はアダムにこう約束しました。「もしあなたが、この善悪の知識の木から食べなければ、あなたはエデンの園で神との交わりを続けることができる。あなたは生活を楽しみ、死ぬことはない。しかし、もし食べるなら、あなたは必ず死ぬ。」ところがアダムは、このことばを守らなかったのです。一方、イエス・キリストも神からの約束を受けていました。これは普通、「贖いの契約」と呼ばれています。神はキリストを第二のアダムと定め、こう契約したのです。「もしあなたが律法を完全に守り、神の義を満たし、そして人間の身代りとなって彼らの罪を取り除くなら、彼らをあなたの民としよう。」キリストはアダムと違い、この契約を見事に果たしたのです。

第三は、アダムもキリストも、その後に続く人々に決定的影響を与えたということです。アダムの罪が人類に罪の結果をもたらしたように、キリストの従順と義も計り知れない結果をもたらしました。

以上のように、二人は多くの類似点を持っています。だからパウロは、アダムはキリストのひな型であると言ったのです。

アダムとキリストの相違点

二人は似ているだけではありません。パウロは類似点を語った後に、「二人は似ているだけではない。重要な違いがある」と但し書きをつけました。それが、「しかし」あるいは「ただし」という接続詞で始まる15節以下です。「しかし、恵みの賜物は違反の場合と違います。」二人はどう違うのでしょうか。その違いをこう述べています。

「もし一人の違反によって多くの人が死んだのなら、神の恵みと、一人の人イエス・キリストの恵みによる賜物は、なおいっそう、多くの人に満ちあふれるのです。」

はるかにまさる恵み

第一の相違点は、キリストによってもたらされた恵みはアダムの違反に比べてはるかにまさる、比較にならないほどすばらしいものである、ということです。この15節の中で強調されているのは、「なおいっそう」あるいは「なおさら」ということばです。これはローマ人への手紙5章全体の鍵になることばで、5章の中に四回も出てきます。まず9節で、キリストによって神の怒りから救われるのは「なおいっそう」確かであると言っています。ここではキリストの救いの優位性が述べられています。次の10節も同じように、「なおいっそう確かなことです」と同じことが繰り返されています。そしてこの15節に現れ、最後に17節で、「なおさらのこと」(訳語が変わっているが同じことば)と繰り返されています。協会共同訳では「なおさら」と一貫して訳しています。この合計四回の繰り返しによってパウロが言おうとしていることは、イエス・キリストによって実現した救いの恵みは、アダムの違反に比べて、はるかにまさるものであるということです。キリストは私たちの罪の現実に対して、はるかに大きな、はるかに確かな、はるかに優れた、はるかに有効なことをなしてくださったのです。これこそ5章を貫くパウロの主張です。それはまさるだけではありません。パウロはその恵みが「多くの人に満ちあふれる」と言っています。

はたして私たちは、イエス・キリストの満ちあふれる恵みを実感しているでしょうか。それとも神の恵みが分からずに、貧困の中を歩んでいるでしょうか。聖書によれば、私たちは恵みに満ちあふれる者であり、それが普通のクリスチャン生活であると言っています。

では、神の恵み、キリストの賜物とは何でしょうか。それは罪の赦しの恵みです。またそこからもたらされた、神との平和、神との豊かな交わりです。それらはみなアダムによって失われてしまいましたが、今や、キリストによってあふれるばかりに回復されたのです。私たちは今日、その恵みに満ちあふれているでしょうか。恵みを感じない、感謝も何もない、そんな状態の中に自分の信仰を放置しないでください。それは普通のクリスチャンの状態ではありません。もし赦されたことの喜びがあふれていないなら、神とのしっかりとした交わりがないなら、その信仰は赤信号です。赤信号の状態に自分の信仰を放置しないでください。神の恵みに満ちあふれていることこそ正常な状態なのです。

多くの違反が義とされる

さて、アダムとキリストの第二の相違点は何でしょうか。16節にこう書かれています。「また賜物は、一人の人が罪を犯した結果とは違います。さばきの場合は、一つの違反から不義に定められましたが、恵みの場合は、多くの違反が義と認められるからです。」

アダムの場合は、一つの違反によって（つまりアダムの罪によって）不義に定められました。「不義に定められた」とは協会共同訳にあるように「罪に定められた」ということで、「有罪の判決が下った」ということです。一つの違反によって有罪判決が下りました。ところがキリストの場合は、多くの違反が義と認められるのです。人類の犯した多くの罪が、無罪となる。無罪判決が下り、潔白が宣言されるのです。この違いは重要です。全く正反対のことが生じたのです。ここは直訳するともっと分かりやすくなります。パウロは、「さばきの場合は、一つの違反から有罪判決へ、恵みの場合には、多くの違反から無罪判決へ」と言っています。ここにアダムとキリストの決定的な違いが示されています。

この二つの違いは何に基づくものでしょうか。アダムの場合は、「さばきの場合」と言われています。それは、避けることができない自然の法則に従ったことでした。罪を犯し、それゆえ有罪となり、そして罰がくる。誰もこの法則を覆すことはできません。それは必然的なことです。それに対してキリストのみわざは、「恵みの場合」と言われているように、全くの恵みです。それは自然の法則に逆らって働きます。多くの罪があるにもかかわらず、それを無罪として義とします。それは無からすべてを創造された神の一方的な恵みの働きなのです。この事実を、圧倒的な神の恵みのみわざとしてとらえるべきでしょう。それは私たちを神への賛美へと、いやがうえにも導いていくすばらしい事実です。それはまさに神の奇跡の恵みなのです。

王として

両者の違いはそれだけにとどまりません。私たちは最後の、そして最もすばらしい恵みの事実に出くわします。それがアダムとキリストの第三の相違点です。それは17節にあります。

「もし一人の違反により、一人によって死が支配するようになったのなら、なおさらのこと、恵みと義の賜物をあふれるばかり受けている人たちは、一人の人イエス・キリストにより、いのちにあって支配するようになるのです。」

アダムの場合には、死が支配するようになったとパウロは言っています。確かにそうです。かつて、私たちは死によって支配されていました。誰もそれに逆らうことはできませんでした。死こそ王であり、最終権威でした。これがアダムの場合です。ではキリストの場合はどうでしょうか。

「恵みと義の賜物をあふれるばかり受けている人たちは、……いのちにあって支配するようになる。」（17節）

「受けている人たち」とは私たちクリスチャンのことを指しています。ですから「クリスチャンは」と言い換えてもよいでしょう。しかし、これはやや不思議な表現です。もし「死が支配する」

ことの反対であれば、「いのちが支配する」となるはずです。しかしパウロはそう言わず、もっと驚くべきことを言っています。神の恵みをあふれるばかりに受けている人々（つまりクリスチャン）は、「キリストにより、いのちにあって支配する」。「支配する」の主語は「私たち」です。私たちが支配すると言っているのです。支配するということは、要するに「王になる」こと、支配者になることです。それはいったい何を意味しているのでしょうか。

それは、第一に、私たちがもはや死の奴隷ではないということです。パウロは私たちが死の奴隷であることを14節で語り、また17節でも繰り返しました。しかし私たちは、もはや死の奴隷ではなく、死から解放されました。死の恐れからも解放されました。私たちはキリストの永遠のいのちによって生きています。もはやアダムの古いいのちによるのではありません。キリストにつなぎ合わされたとき、私たちは死から完全に解放されたのです。

それだけではありません。第二に、私たちが支配者になるということは、もはや罪の奴隷でもないということです。もはや罪の支配の中を生きる必要はなく、そこから解放されたのです。罪から自由にされたということです。

「私たちが支配する」ことに関して、最後にもう一つをつけ加えるなら、これは最終的には終末において実現することだ、ということです。実は、これは未来形で書かれています。私たちはこの地上において、その意味することの一部を味わっているにすぎないのです。しかし、やがて主イエス・キリストが再臨されるときに、その意味を完全に知ることになるでしょう。そのとき、私たちはキリストと共に神の国を相続すると約束されています。そして私たちは、キリストと共に王となるのです。ヨハネの黙示録1章5～6節で、「イエス・キリストは私たちを愛して、その血によって私たちを罪から解き放ち、また私たちを王国とし、ご自分の父である神のために祭司としてくださった方である」（新改訳第三版）と言われています。そしてこの地上を支配する者となります。パウロはコリント人への手紙第一の中でも、「聖徒たちが世界をさばくようになる」（6・2）と言い、私たちは御使いをもさばくべき者だと言っています。私たち一人ひとりが王になり、キリストはその中で王たちの王となる。私たちは地を相続し、キリストとの共同支配者になる。これこそ私たちに用意されている栄光の望みであり、恵みのもたらすものです。

私たちはその計り知れない富に気がついてきたでしょうか。自分の受けている恵みをあまりにも過小評価して終わってしまっていないでしょうか。どうぞこの恵みの圧倒的な優位に気づいてください。私たちは王とされ、祭司とされるのです。

14　第二のアダムにある——5章18〜19節

こういうわけで、ちょうど一人の違反によってすべての人が不義に定められたのと同様に、一人の義の行為によってすべての人が義と認められ、いのちを与えられます。すなわち、ちょうど一人の人の不従順によって多くの人が罪人とされたのと同様に、一人の従順によって多くの人が義人とされるのです。（新改訳２０１７）

そこで、一人の過ちによってすべての人が罪に定められたように、一人の正しい行為によって、すべての人が義とされて命を得ることになったのです。一人の人の不従順によって多くの人が罪人とされたように、一人の従順によって多くの人が正しい者とされるのです。（協会共同訳）

これまでアダムの堕落を考えてきましたが、この18〜19節はその議論のまとめです。18節が「こういうわけで」と始まっているように、パウロはここで一つの結論を導き出そうとしています。パウロは12節で、文章を書きかけて途中でやめてしまいました。そのために12節は中途半端な文章となって未完のまま残っています。12節でパウロはこう言いました。「……と同様に」。そこまで言いかけて文章が途切れています。「と同様に」とあれば、その後には、誰もが「……なのです」という結論部分を期待しますが、それがないのです。パウロは前半を書いた後、さらに説明を加える必要を感じて（そのように聖霊に導かれて）、12節の文章を未完成のまま13節に移っていきました。今なら修正は簡単にできますので書き直したでしょうが、当時は今日のような便利な時代ではありませんでした。パウロは未完成を承知のうえで、さらに二つのことをつけ加えたのです。第一に、13～14節で、「全人類が罪を犯した」と言えるのはなぜかの理由を付け足しました。第二に、15～17節で、アダムの場合に比べてキリストの場合は圧倒的にまさっているということをつけ加えました。そうしてから、パウロはもう一度本論に戻り、12節で言いかけたことをこの18～19節で完成させているのです。

アダムにあって

まず18節前半の、「ちょうど一人の違反によってすべての人が不義に定められたのと同様に」から考えていきましょう。

ここで「一つの違反」というのは、もちろんアダムの罪のことです。アダムのあの一つの罪のゆえに、全人類が罪に定められました。つまり神から有罪判決を受けたのです。そこには何の例外もありません。生まれたばかりの赤ん坊から大人まで、すべての人が神の前に有罪とされました。それは、すべての人が死ぬ、つまり死の支配の下に置かれているという事実から明らかです。これはすでに12節で語られたことです。

さらに19節で、パウロはこのことをもっと詳しく説明します。

「すなわち、ちょうど一人の人の不従順によって多くの人が罪人とされたのと同様に」

これは、18節の単なる繰り返しではありません。さらに踏み込んだ表現になっています。パウロはこの19節で、さらに二つの問題を扱っているのです。

まず、「多くの人が罪人とされた」という点です。特に「罪人とされた」という表現に注目したいと思います。この「された」と訳されたのはおもしろいことばで（ギリシア語で「カタ・イステーミ」）、聖書の中でいろいろに訳されています。これはもともと「下に置く」という意味のことばですが、そこから派生して、「～に任せる」「ある人を～に任命する」「～に分類する」という意味をもつようになりました。聖書の他の例を引用してみましょう。たとえばパウロは、テトスへの手紙の中で「あなたをクレタに残したのは……町ごとに長老たちを任命するためでした」（1・5）と言っています。この「任命する」が、「（罪人）とされた」というのと同じことばです。そこで、この訳語を19節に当てはめるなら、「罪人として任命された」「罪人と見なされた」「罪人として分類され、罪人としての立場に置かれた」となるでしょう。これが19節の告げていることです。これは非常に重要な点です。

第二に、この19節が付加的に語っているのは、「ではいったい誰が私たちを罪人として任命したのか」という点です。主語は書いてありませんが、受身形で書いてあることから分かるように、主語は神です。神が私たちを罪人と見なし、任命したのです。アダムが罪を犯したとき、神は全人類を罪人と定めました。それは歴史上、ただ一度だけ下された神の有罪判決でした。その時以来、全人類は、いのちの状態から死の状態へ移されました。そういう意味で私たちは罪人です。それはなぜかと問うならば、聖書はこう答えます。「なぜなら、神がそう任命したからである。」アダムの不従順のゆえに神は私たちを罪人と定め、罪人の範疇に分類したのです。

人類の連帯的取り扱い

私たちは、どうして一人の罪のゆえに全人類が罪人と定められるのか、そんなことがありうるのかと疑います。個人主義の時代に生きる現代人にとっては、本当に分かりにくいことです。その点については、すでに12節から、アダムの代表性ということで論じました。しかし私は、ここでもう一つのことをつけ加えたいと思います。それは、神は人間一人ひとりを個別に取り扱うだけでなく、人間を一つの集団として取り扱われるということです。イスラエル民族はその良い例です。私たちは聖書の中に、いつも連帯責任を負っているイスラエル民族の姿を見ます。一人の罪がイスラエル民族全体に影響を与えました。また新約聖書を見ても、教会が一つとして扱われていることに気がつきます。

少し横道にそれますが、一つの例を示しましょう。「使徒の働き」には、神が個々人の救いではなく、むしろ家庭単位の救いをなそうとしていることが記されています。たとえば、こう言われています。

「この約束は、あなたがたに、あなたがたの子どもたちに、そして遠くにいるすべての人々に、すなわち、私たちの神である主が召される人ならだれにでも、与えられているのです。」（2・39。10・2、11・14、16・15、31～34、18・8も参照）

私たちは、残された家族の救いについて諦めてしまうことがあるでしょう。しかし、神のみわざは個別的であると同時に連帯的です。私たちはもっと家族の救いのために確信を持って祈るべきです。そこには神の独自の見方があるからです。神は、家族を一つの単位と見なしているのです。

同時に、神は人類全体も一つとして扱っておられます。もう一つの類似した例は、国家間の外交問題に見ることができます。国の代表者が他の国に対して宣戦布告すれば、その国民は全員、その戦争に巻き込まれていきます。仮に戦争に反対していたとしても、赤紙が来れば戦争に駆り出され、敵と戦わなければなりません。本土にいても敵機からの空爆に耐えなければなりません。敵はその国民全体を実際に敵と見なしているからです。私たちがそれに同意していなくても、みなその中に巻き込まれるのです。

それと同じように、神はアダムが代表者として罪を犯し、神に背いたとき、人類全体に対して有罪判決を下し、私たちを神の敵として分類し、神によって私たちは罪人として任命されたのです。そういうわけで、私たちが罪人であるということは、私たちがそう自覚したからではありません。神の目から見て私たちは、アダムにあって現に罪人なのです。これは神の目から見て客観的な事実です。私たちは客観的に罪人なのです。これこそ私たちが思い起こさなければならない現実です。神は実際に人間をこのように見なしておられる。人間は罪人として分類されている。そしてこの神の現実に従って、神は人間を実際にさばかれるのです。神はその権限を持っておられる。これは本当に恐ろしいことです。

キリストにあって

しかし、これは18～19節で言われていることの半分でしかありません。しかもこのことは、すでに12節で語られてきたことです。これはすべてアダムにあって私たちに起きました。では、キリストにあって私たちに何が起きたでしょうか。これは12節では語られていませんでした。18節と19節で初めて語られることです。18節と19節の後半部分に注目してください。

「……と同様に、一人の義の行為によってすべての人が義と認められ、いのちを与えられます。」(18節)

「……と同様に、一人の従順によって多くの人が義人とされるのです。」(19節)

アダムにおいて起きたことが、私たちにとっての現実であったように、イエス・キリストにおいて起きたことも私たちにとって現実です。それも歴史的な出来事です。神はアダムの後に、もう一人のアダム、もう一人の代表者イエス・キリストを任命されました。この第二のアダムは、その生涯において完全であり、神の意思に全く服従し、従順の生涯を全うされました。「自分を卑しくし、……実に十字架の死にまでも従われ」たのです（ピリピ2・8、新改訳第三版）。この一つの完全な、罪のない従順な生涯によって、神は私たちを義人とされました。以後、キリストに続くすべての人々を義と認め、キリストにある人々に無罪判決を下すのです。罪人とされたことがアダムからきたように、義とされることがキリストからきたのです。

ここで一点、注意が必要です。パウロはここでも同じことばを繰り返しています。19節前半で「罪人とされた」と言い、19節後半で私たちが「義人とされる」と言っています。この「された」、「される」と訳されたことばは、すでに解説したように「〜と任命される」という意味のことばです。神が私たちを「義人とされる」あるいは「正しい者とされる」ということは、「正しい人と見なされる」「正しい人と任命される」「義人という範疇に分類される」という意味です。かつて有罪判決を受けましたが、無罪判決を受けるようになるのです。なぜでしょうか。その理由のすべては、キリストの従順のゆえです。それ以外に何の理由もありません。私たちが何かをしたからではありません。他の人よりまさっていたからでもなく、キリストの従順の生涯こそ私たちが義と認められる唯一の理由です。私たちの救いの唯一の根拠です。私たちが罪人であるということがアダムからきたように、私たちが義人であるということもキリストからきたのです。

救いの確信

さて、このことから何が言えるでしょうか。ここで、救いの確信について考えるべきでしょう。パウロが言おうとしているのもそのことです。この箇所は、救いの確信をどのようにしたら得られるのかを語っています。私たちはどうしたら救いの確信を得ることができるのでしょうか。

まず初めに、救いを感じようとすることは出発点ではないということです。救われた喜びを感じる前に、この客観的な事実をまず理解しなければなりません。その意味で、みことばに聞くこと、すなわち学習こそ救いの確信をもたらす最初の段階です。なぜなら、それを実際まだ体験していないからです。ですから、まず学ぶことを通して、救いとは何か、その喜びとは何かを知らなければなりません。

第二に、救いの確信を得るためには、自分の行いを見ることをやめなければなりません。こう考える人がいるかもしれません。「自分がクリスチャンであるとはとても思えない。私は相変わらず罪を犯すし、弱く、ぐらつきやすく、救いを確信できないからだ。救われる以前と全く変わっていない。」もしそう考えて自分の救いを疑っているのであれば、パウロがここで言わんとしたことを理解していないことになります。私たちの救いは完全にキリストに依存している。そうパウロは語っているのです。私たちは生まれながらにアダムにある者で、罪人です。罪を犯して罪人になったのではありません。罪を犯せない赤ん坊であっても、現に罪人なのです。なぜならアダムにある者だからです。しかしキリストを信じたとき、私たちはキリストにある者となりました。救われるために何もしていないし、正しい行いも、救いに値することもしていないにもかかわらず、私たちは正しい者とされたのです。なぜでしょうか。それはキリストの従順のゆえです。私たちは何もしていません。私たちの行為や善行、努力や敬虔は何の役にも立たないのです。救いに意味のある行為とは、キリストの行為、キリストの従順です。ですから、私たちは救いの確信のために自分の行為を評価しようとすることから解放されなければならないのです。

第三に私たちがなすべきこと、そして私たちになしうることは、自分をキリストにある者と見なすことです。そのとき、私たちに確信が与えられます。

パウロは言っています。

「あなたがたは神によってキリスト・イエスのうちにあります。キリストは、私たちにとって神からの知恵、すなわち、義と聖と贖いになられました。」（Ⅰコリント1・30）

私たちは、ローマ人への手紙5章のパウロの論証を十分理解してきたでしょうか。どうぞ、自分を単なる罪人と見ないで、キリストにある者と見ていただきたい。なぜなら私たちは現にキリストにある者だからです。それは「神によって」そうなのです。私たちはキリストと共に死に、共に十字架につけられ、共によみがえり、共に天のところに座り、共に神の国を相続するのです。だからパウロはこう言いました。

「もはや私が生きているのではなく、キリストが私のうちに生きておられるのです。」（ガラテヤ2・20）

自分を見つめ、自分の欠点を数え上げるならば、落胆し、確信は芽生えてきません。しかし、自分を見ることをやめ、キリストを見上げるとき、キリストの生涯、その従順の中に、私たちは確信を見いだすことができるのです。

15　律法の役割――5章20節

律法が入って来たのは、違反が増し加わるためでした。しかし、罪の増し加わるところに、恵みも満ちあふれました。（新改訳２０１７）

律法が入り込んで来たのは、過ちが増し加わるためでした。しかし、罪が増したところには、恵みはなおいっそう満ち溢れました。（協会共同訳）

20〜21節が、この5章の最後の段落です。

18〜19節では、パウロが言わんとした最も中心的な事柄を考えました。パウロは、私たちがなぜキリストにあって救われるのか、なぜ義と認められるのかということを説明しました。アダムにあって有罪判決を受けたのとちょうど同じように、私たちはキリストにあって無罪判決を受けるのであり、これが救いであるというのがパウロの結論でした。その中心的なメッセージを学び、「ああ、キリストの救いは本当に確かだ」と感動したところで5章は終わってよかったのではないかと私たちは考えます。しかし、パウロにとっては終わりではないのです。パウロは、まだ重大なもう一つの問題が残っていると感じていました。そこで付加されたのが20節と21節です。

20節を見ますと、新改訳2017も協会共同訳もいきなり「律法が」と始まっていますが、原文では「デ」という接続詞がついています。それはあえて訳すなら、「さらに」と訳せるでしょう。パウロはここでもう一つの問題を導入しているのです。

残された問題　律法

残された問題とは何でしょうか。それは、ユダヤ人なら誰もが疑問に思うことでした。パウロもユダヤ人でしたから、この問題を避けて通ることはできないと感じていました。その問題とは「律法」です。つまり、ここまでパウロの説明を聞いてきたユダヤ人クリスチャンは、たちまち次のような疑問にぶつかりました。

「アダムの罪によって私たちは罪に定められた。しかしキリストによって救われる。問題はアダムとキリストである。パウロによれば、神の救いの計画はアダムとキリストという二人の代表を中心に展開している。とすれば、いったいモーセとは何だったのか。特にモーセの律法は何のためにあるのか。私たちは先祖から、モーセの律法を破れば罪に定められ、律法を守れば救われると教えられてきた。律法こそ私たちの中心ではないのか。律法こそ神が私たちに与えてくださった救いの手段ではないか。しかしパウロによれば、私たちが罪人なのはアダムのゆえであり、救われるのはキリストのゆえだ。そうすると、律法の役割とは何なのだろうか。」

パウロ自身もユダヤ人で、かつてはパリサイ派の律法学者でした。彼にとっても、これはどうしても避けて通ることのできない問題だったのです。言い換えれば、神の救いのご計画の中で、律法の果たす役割は何だったのかということです。それは、キリストの救いを知った直後から、彼自身の大きな問題であったはずです。私たちは、そのパウロの解決をこの20節に見ることができます。「律法が入って来たのは、違反が増し加わるためでした。しかし、罪の増し加わるところに、恵みも満ちあふれました。」

忍び込んだ律法

最初に「律法が入って来た」という言い方に注意してください。残念ながら、これも翻訳の限界かもしれませんが、「入って来た」というのは、訳としてはおとなしすぎると思います。協会共同訳は、「入り込んで来た」とより良い訳になっていますが、これでもまだ弱すぎます。このことばは新約聖書の中でわずか二回しか出てきませんが、もう一か所では、もっとこのことばのニュアンスが出ているように思います。この語はガラテヤ人への手紙2章4節で、「忍び込んだ」あるいは「忍び込んで来た」（協会共同訳）と訳されています。これはもともと「～の横に入り込む」「～のそばに入り込む」という意味のことばです。ですから、「律法は忍び込んで来た」というのが本来の意味です。つまり、律法はすでに入っていた罪のそばに忍び込んで来たのです。

パウロが言おうとしているのはこういうことです。律法というのは、神の救いの計画という観点から言えば、まともに正面から堂々と入って来たのではありませんでした。言い換えれば、律法は神の救いの計画にとっては二次的なものでした。それは、アダムとキリストの間に忍び込んで来たにすぎないのです。救いの観点からは、律法は直接関係がないのです。

残念ながら今日、ディスペンセーションの考え方に影響されて、律法の役割について誤解があるように思います。「旧約聖書の時代、神は律法によって人を救おうとされた。神はイスラエル民族に対して、『さあ、この律法を守りなさい。そうすれば救われます』と約束された。しかし、人間は律法を守ることができなかった。そこで神の救いの計画は破綻した。それが旧約聖書の時代であった。そこで神は、次にイエス・キリストによる新しい救いの計画を立てて、人類にお与えになった。それは律法を守ることによってではなく、キリストを信じる信仰による救いである。それが新約である。」

このような考え方は、律法についての誤解に基づいています。そもそも律法は人間を救うために与えられたのではなく、救いのご計画にとっては、あくまで二次的役割を果たすだけです。旧約聖書の中に「律法による救い」という考えはありません。聖書は一度もそんなことを教えてはいないのです。

このことは、いつ律法が与えられたのかを考えれば納得がいきます。律法はイスラエルがエジプトを脱出した後に、つまりイスラエル人が救いの経験をした後に、シナイ山で与えられたものです。

神は一度もイスラエル人に対して、「さあ、律法を守りなさい。そうすればエジプトから救い出してあげよう」とは約束されませんでした。イスラエル人が救われたのは、アブラハムとの契約のゆえです。救いはあくまで神の一方的な恵みです。エジプトから救われたゆえに、イスラエルはモーセを通して律法を授与されたのです。なぜなら、彼らは今や神の民であり、これまでと同じような道徳的基準によって生きるべきではなかったからです。神の民としてきよい生き方をし、神を証しすること、神の基準に従って生きることが必要だったのです。そこで神はイスラエル民族に律法を与えました。

ですから、どのような意味でも、律法は救いの手段としては与えられていません。救いの手段としては全く不十分です。旧約の時代も新約の時代も、これは同じことです。救いはただ神のあわれみによるのです。

罪を増大する律法

しかし、なお疑問は残っています。「もし救いの計画にとって律法は二次的であるなら、そもそも律法は何のために与えられたのか。律法自体の目的は何なのか。モーセという偉大な人物の役割を私たちはどう理解したらよいのか。」

もっともです。律法の目的とは何なのでしょうか。それは20節にこう書かれています。

「律法が入って来たのは、違反が増し加わるためでした。」

これがパウロの答えです。律法は、違反が増し加わるために与えられたのです。これはおもしろい言い方です。この世では規則を作るとき、たいていは少しでも違反を減らすために規則を設けます。交通事故を減らすために制限速度を設ける。凶悪犯罪を防ぐために死刑制度を廃止しない。諸々の規則はいつも違反を減らすのが目的ですが、パウロは逆に、違反が増えるために律法が入って来たのだ、と大胆な言い方をしています。これはどういう意味でしょうか。

アウグスティヌスは、心理的にこう説明しました。「だめ、と言われるともっとやりたくなる。欲望を規制すると、ますますやりたくなる。だから、律法は結果的に違反を増すことになるのだ」と。しかし、これはパウロの言わんとしていることではないでしょう。そういう面がなくはないですが、それはここでの説明とはなりません。パウロは個々人の心理的な側面を問題としているのではなく、もっと客観的に、歴史的に語っています。

パウロが言っているのはこういうことです。律法が入って来たことによって、「罪が何か」ということが明確になり、その結果、それまで罪とは見なされなかったものも罪とされ、罪が増大するのです。このことは、律法授与の背景を考えるとよく理解できます。モーセ律法を受ける前のイスラエル人を想像してください。彼らは四百年間エジプトに滞在していました。その頃は、当然ながら律法はありませんでした。だから一週間をどう過ごしても文句は言われませんでした。それは個人の自由です。ところがモーセの律法が入り込んで来て、七日目は安息日と定められました。それ以後、安息日を守らないと、それは罪となりました。なぜなら「安息日を覚えて、これを聖なるものとせよ」（出エジプト20・8）という律法が入って来たからです。何が罪なのか、一週間をどう生きるべきか、そういうことがはっきりと決まれば、当然罪は増加していきます。これはクリスチャンでも同じことです。たとえば、クリスチャンになる前は、「キセル」というのは何の罪悪感も感じないものであったかもしれません。しかし、今やそれは罪である。なぜなら、聖書ははっきりと、あらゆる場合の盗みを禁じているからです。

このように、律法の役割は「罪とは何か」をはっきりと人間に示すことです。律法が入って来るまでは、人間はそれぞれ勝手に判断していました。それでも人間には良心があるので、善悪の判断において多くの点で一致することができました。しかし、それは不完全なものです。人間の心はいくらでも言い逃れをするでしょう。しかし神の律法が与えられ、明文化され、もはや曖昧なことはなくなりました。神は、はっきりと律法の中にみこころを示されたのです。神が何を人間に望んでいるかを示されたのです。これが律法の目的でした。ローマ人への手紙3章20節にも、「律法によっては、かえって罪の意識が生じるのです」（新改訳第三版）と言われています。律法は罪を指摘するので、罪の意識が生じてくるのです。

ガラテヤ人への手紙3章19節にはこうあります。

「それでは、律法とは何でしょうか。それは、約束を受けたこの子孫が来られるときまで、違反を示すためにつけ加えられたもので、御使いたちを通して仲介者の手で定められたものです。」

律法はあくまで違反を示すためにつけ加えられたものです。罪を教え、神の聖さを教える、そのような目的のために与えられた律法を、私たちもその本来の目的のために用いるべきでしょう。

しかし、こう考える人もいるでしょう。「私たちは新約聖書の時代に生きている。もはや旧約聖書の律法は関係がない。私たちには主イエス・キリストがおられる。だから律法から学ぶことは不必要である。」

もしそのように考えるなら、これも律法についての誤解です。救われた今こそ律法が必要なのです。救われた今こそ、もっと罪について教えられなければならないからです。主観的な基準やこの世の基準によってではなく、神が啓示された神の基準を知らなければならないのです。

宗教改革の時代、クリスチャンの基本的学びは「十戒」と「使徒信条」と「主の祈り」でした。J・I・パッカーは、十戒について記した本の中でこう言っています。

「きよめられるのは、まさにこの十戒に示される生き方に戻るためなのです。」（『クリスチャン生活と十戒』稲垣博史訳、いのちのことば社、一九九一年、8頁）

律法に聖さの基準があります。それは人間の主観的な聖さではありません。神の備えてくださった客観的な基準です。今日、この律法を学ぶ以上に緊急なことはありません。そして、律法を学べば学ぶほど、いよいよ自分の罪に直面せざるをえないのです。ですからクリスチャンになると、もっと罪を意識するようになるでしょう。これまでは気にもかけずに言ったり行ったりしてきたことが、今や罪として意識されるようになるのです。私たちのうちの罪の意識が増していくのです。こうして、私たちは完璧なまでに罪人であることを知らされます。初めはアダムにあって罪に定められました。しかしその後、入って来た律法によって、さらに私たちの罪の姿が明らかにされました。人間は律法によって、ますます罪深い者となっていったのです。

あふれる恵み

もちろんそこで終わりません。20節後半にこうあるからです。

「しかし、罪の増し加わるところに、恵みも満ちあふれました。」

人類はその罪の洪水の中で溺れかかっていますが、神の恵みはそれ以上に満ちあふれました。罪の増し加わるところには、恵みも満ちあふれたのです。

このような神の恵みを、どこで体験することができるでしょうか。それは罪の増し加わるところです。もし私たちが罪に対して鈍感になるなら、恵みにも鈍感になっていきます。罪の現実を離れたところで、神の恵みの現実を知ることはできません。罪が明らかにされればされるほど、私たちはそこに恵みを見いだすことができるのです。クリスチャン生活というのは、その両方のバランスの中にあると言ってよいでしょう。一方では、律法によって罪を示される。これは避けてはならないし、避けることはできません。私たちは罪の現実にいつも直面しなければならないのです。しかし、他方ではそれゆえに、赦しを求めてキリストのもとに行く。だから律法は、実質的に私たちをキリストに導いていきます。そこに無限の赦しの恵みを見ることができます。私たちは再び感謝に満たされ、神の栄光の中に生きようとする。この両方のバランスの中にクリスチャン生活はあるのです。ある方は、教会の自分と自宅の自分とのギャップに心を痛めるでしょう。しかし、それがある意味でクリスチャンだと思うのです。そのギャップを直視して律法と恵みの中を生き続けることこそ、私たちに与えられた歩みです。

16　恵みの支配――5章20～21節

律法が入って来たのは、違反が増し加わるためでした。しかし、罪の増し加わるところに、恵みも満ちあふれました。それは、罪が死によって支配したように、恵みもまた義によって支配して、私たちの主イエス・キリストにより永遠のいのちに導くためなのです。（新改訳２０１７）

律法が入り込んで来たのは、過ちが増し加わるためでした。しかし、罪が増したところには、恵みはなおいっそう満ち溢れました。こうして、罪が死によって支配したように、恵みも義によって支配し、私たちの主イエス・キリストを通して永遠の命へと導くのです。（協会共同訳）

前回は、使徒パウロがなぜ5章の終わりで「律法」を持ち出したのかを考えました。モーセの律法が与えられたのは、「罪とは何か」を教えるためでした。律法が入って来たことによって何が起きたでしょうか。パウロは「罪が増えた」と言っています。律法によって、私たちは自分の罪深さを知るようになるのです。

しかし、20節はそれだけで終わっていません。罪が増し加わってそれで終わってしまったら悲劇です。20節の続きにこう書いてあります。

「しかし、罪の増し加わるところに、恵みも満ちあふれました。」

確かに律法によって罪が増し加わったけれども、そこに恵みも満ちあふれたのです。罪は「増し加わった」のですが、恵みのほうは「満ちあふれた」と言われています。「恵みはなおいっそう満ち溢れました」(協会共同訳)。この違いに注目すべきでしょう。罪が増せばそれに応じて恵みが増したのではありません。恵みのほうは、圧倒的にまさって満ちあふれたのです。罪とは比較にならないほどに満ちあふれたと言われています。

罪の増し加わるところ

まず、どこに神の恵みが満ちあふれたのか、この点に注目しましょう。恵みは、「罪が律法によって増し加わったところ」に満ちあふれます。パウロはここでこの問題を、歴史的に考えているのではないかと思います。しかし、私はもう少し個人的なレベルで考えてみたいと思います。

たとえば、私たちが伝道するときのことを考えてみましょう。私たちは伝道集会でどれだけ神の律法について語ってきたでしょうか。モーセの十戒について語る伝道メッセージというのはあまり聞いたことがありません。しかしパウロによれば、神の律法を知らなければ、誰も罪について本当に理解することはできないのです。しかし罪について、私たちは人間の常識に基づいて語ることが多いのではないでしょうか。

私たちは罪について、しばしばこういう解説を聞きます。「罪というのはギリシア語で『ハマルティア』ということばで、これはもともと『的外れ』という意味だ。だから罪というのは的外れの人生のことだ。」確かに語源に遡れば、そのような意味があります。しかし語源に遡ったからといって、その語の意味を正しく解説しているとは限りません。日本語で考えてみても、乱暴なことばに「貴様（きさま）」という呼び方がありますが、これは語源を遡れば、「貴い様」と書くとおり、目上の人を呼ぶときの丁寧なことばであったそうです。時がたつにつれて、もとの意味とは正反対になっています。ですから語源に遡ったからといって本当の意味が出てくるとは限りません。

「ハマルティア」ということばも同じです。「的外れ」という意味がもともとあったとしても、大事なのはその語が使われた時代に、どのような意味で用いられていたのかということです。聖書はハマルティアをどのような意味で使っているでしょうか。罪の本当の意味、第一義的な意味は、神の律法を破ることです。このことを正しく理解することは、救いを理解するうえで欠かすことができません。なぜなら、自分の罪を神の律法を破るという意味で理解して初めて、私たちはなぜ救われるのかということを理解できるからです。神の律法を破るとは、神に対して罪を犯すことです。神に対して罪を犯したことを認めて初めて、神のみが私たちを赦すということを理解できるのです。パウロが5章で語ってきたテーマである「なぜ私たちは義と認められるのか」ということも、罪について正しく理解するとき、もっとよく理解できるでしょう。

私たちが救われたときのことをもう一度思い返していただきたいと思います。私たちは、自分の罪についてどのように理解したでしょうか。初めて教会の礼拝に行ったとき、あるいはキリストの十字架の救いを信じたとき、ある特別な問題にぶつかっていたのではないでしょうか。ある方は子育てに悩み、ある方は夫婦関係に悩み、ある方は仕事に、人生の行き詰まりに、あるいは人間関係に悩んでいた。おそらく、それぞれが固有の問題に直面していたでしょう。そしてそれゆえに自分の無力さを知り、キリストを信じたかもしれません。しかしそれは、本当の意味で罪を知ったとは言えないのです。もし罪をそのように理解しているなら、問題が解決したとき、その人は福音を必要とせず、教会から離れていくでしょう。聖書の言う本当の問題に直面し、本当の解決を理解していなかったからです。それは救いの疑似体験であったと言ってよいものです。

たとえ初めはそのような罪理解であったとしても、聖書を通して本当の罪の理解に至らなければなりません。それはどうすればできるのかといえば、律法を通して罪を知るということです。律法を通して、罪が増し加わるという経験を本当にすることです。そうなるまでは、罪は個人的な問題、主観的な問題で終わってしまうでしょう。そして本当に神の恵みを知るということから遠く離れたところにとどまるのです。しかし律法を学ぶとき、私たちは罪がもっと客観的で、重大な問題であることを知るのです。そのとき、罪が増し加わります。しかし同時に、そこに恵みが満ちあふれてくるのです。

私たちは信仰者としてこのような経験をしてきたでしょうか。罪が増し加わった結果、恵みが満ちあふれているでしょうか。もう一度、どこに恵みが満ちあふれるのかを思い返してください。恵みがあふれるのは、罪の増加するところなのです。罪を本当に知るのでなければ、恵みの偉大さ、大きさについても本当に知ることはできないでしょう。しかし罪が増し加わったところに、必ず恵みが満ちあふれてきます。

罪は死によって支配した

次に21節で、パウロは恵みが満ちあふれる目的を明らかにしています。新改訳や協会共同訳では分かりにくいかもしれませんが、21節は独立した文章ではなく、20節の「満ちあふれました」につながる目的を語っている従属文です。もっとも、協会共同訳は目的節というより結果節と理解しているようです。神の恵みとは、満ちあふれて罪に勝利して、その後は露のように消えてしまうものではありません。パウロは実に奇妙な言い方をしていますが、そこには永続的な目的（結果）があったのです。それは、罪が支配したように、恵みもまた私たちを支配するということです。

恵みとは何でしょうか。この分かりきったような聖書用語をいざ定義するとなると、易しいことではありません。恵みとは一般的に、それを受けるに値しない人に与えられる神の好意や愛のことです。でもここでの恵みとは、もっと限定された意味です。恵みとは、「キリストの贖いの死によって生じた神の決定的な救いの行為、そしてそれが現在と将来にもたらす効果のこと」と定義できるでしょう。

では、「恵みが支配する」とはいったいどういうことでしょうか。パウロはここでもお得意の比較を持ち出しています。ちょうど罪が死によって支配したように、そのように恵みが支配するというのです。

私たちは生まれたときから罪の支配下にありました。そして、その結果は死です。私たちはそのことをよく知っています。エペソ人への手紙の中で、パウロはこう言っています。

「あなたがたは自分の背きと罪の中に死んでいた。」（2・1）

私たちは、この罪と死との現実をどうすることもできませんでした。誰ひとり、この罪と死から自由になれた人はいません。私たちはみな、その奴隷でした。罪こそ私たちを支配する主人です。罪は私たちに命令し、罪を犯すように誘導し、私たちを強制する。そして私たちを例外なく死へと追いやっていく。それが死の支配の現実でした。「罪は死によって支配した」とは、「死という避けることのできない結末」を用いて罪は私たちをコントロールし、支配したということです。ちょうどそれと同じように、今度は恵みが私たちを支配するのです。これはどういう状況でしょうか。

第一に、否定的に言うならば、恵みが支配するというのは単に恵みが私たちを助けるということではありません。「支配する」ということばは「王になる」という意味のことばです。恵みは決して私たちの信仰の補助者として来るのではありません。あくまで私たちを支配する力を持ってやって来るのです。かつては、罪が私たちをコントロールし、誰もその支配を逃れることができず、みな罪を犯すように支配されていたのですが、それと同じように、今度は恵みが私たちをコントロールする力となるのです。私たちにとって、恵みが新しい王として君臨するようになったということです。

第二に、恵みが支配するとは、罪と死がもはや私たちを支配しなくなったということです。恵みは新しい王として私たちのうちに君臨し、古い支配を打ち倒しました。私たちはもはや罪の奴隷ではなく、死の奴隷でもありません。この二つの権力から自由にされたのです。これは次の6章に入って大きなテーマとなります。6章14節にこうあります。

「罪があなたがたを支配することはないからです。あなたがたは律法の下にではなく、恵みの下にあるのです。」

恵みの支配があるから、もはや罪の支配下にはない。罪の支配下になければ、当然、死の支配下にもありません。私たちはこのような恵みの支配に気がついているでしょうか。

ですから、次のように考えてはならないのです。「クリスチャンだといってもやはり罪人にすぎない。救われてはいるが、しょせん罪人にすぎない。だから罪を犯すのはしかたがない。」もし私たちがこのように考えるなら、それは聖書の福音の否定です。神の恵みの否定でもあります。同時に、このように言うことも間違っているでしょう。「自分は救われて新しく生まれた。私は十分に強くなった。もはや罪を犯すことはない。」それも聖書のメッセージの否定です。真理はその中間にあります。私たちが恵みの支配の下にあるという事実の中に、真理はあるのです。

第三に、そして最後に、恵みが私たちを支配するとは、実際に恵みが支配する力として働き、私たちに永遠のいのちを与えてくれるということです。かつては罪が支配し、私たちを死へ追いやりましたが、今は恵みが支配して、私たちを永遠のいのちへと追いやっていくのです。誰もその恵みの働きを妨げることはできません。これは不可抗力的な恵みだからです。

はたして私たちは、神の恵みが支配的に働いていることを自覚しているでしょうか。ある人はこう感じているかもしれません。「恵みの支配というのはよく分からない。むしろ自分はまだ罪に支配されているように思われる。」

そのように実感することのほうが多いのです。しかし同時に、これまでも恵みの支配が私たちのうちに働いてきたことを知ることができます。まず神の恵みは私たちを、教会やクリスチャンの友人に出会うように導きました。次に私たちの心を開いて、神のみことばに耳を傾けるようにしました。そしてキリストを信じる信仰を与え、それによって私たちを義と認め、新しく生まれさせてくださったのです。それればかりではありません。その救いから決して落ちないように私たちを支えてきたのは、神の恵みです。私たちを永遠に保持してくださるのも神の恵みです。今私たちが信仰にとどまっていることは、自分の信仰のゆえだと思っているでしょうか。自分が聖書を読み、頑張ってきたからだと考えているでしょうか。礼拝に休まずに参加してきたからでしょうか。それは誤解です。私たちがキリストを信じ、これまでクリスチャンでありえたのも、すべては神の恵みが私たちを支配していたからです。恵みこそすべてです。恵みなくして誰ひとり、救いに入ることも、とどまることもできなかったのです。初めから終わりまで、クリスチャン生活のすべてが神の恵みのみわざです。神の恵みこそ確かに私たちを支配し、コントロールし、誰も逆らえない力をもって私たちを守り、勝利を与え、永遠のいのちへと私たちを導いてきたのです。だからパウロは言っています。「罪が死によって支配したように、恵みもまた義によって支配し」た（21節）。

現に恵みが支配しています。アダムが罪を犯したとき、神は「恵みの支配」という新しい支配体制を導入したのです。その恵みは創世記3章15節ですでに原始福音として現れましたが、キリストにおいて決定的なものとなりました。それ以後、恵みが満ちあふれ、恵みが私たちを支配するようになったのです。

この恵みのご支配という現実こそキリストの十字架のみわざが目的としているところです。そこに目が向くとき、私たちは自分の救いについて本当の確信を抱くことができるでしょう。そのとき、むなしい誇りは霧のよう散らされて、不平や不満から解放され、ただ神への感謝にあふれ、救いの確信に満たされるに違いありません。

Ⅱ　罪からの解放　ローマ6章

17　罪にとどまるべきか――6章1節

それでは、どのように言うべきでしょうか。恵みが増し加わるために、私たちは罪にとどまるべきでしょうか。（新改訳２０１７）

では、何と言うべきでしょうか。恵みが増すようにと、罪にとどまるべきだろうか。（協会共同訳）

パウロは6章を、奇妙な問いかけで始めています。冒頭の部分は、新改訳第三版では「それでは、どういうことになりますか」となっていました。それに比べて新改訳２０１７は直訳調です。しかし第三版の訳には味わいがありました。なぜならパウロはここで、「それでは、いったいどういうことになってしまうのだ」と少し戸惑って問いかけているからです。その戸惑いは、次の奇妙な質問となって表明されます。

「恵みが増し加わるために、罪にとどまるべきなのだろうか。もっと積極的に罪との関係を維持していくべきなのだろうか。」

これは決して教会外の、罪に頓着しない人々が問いかけているのではなくて、「私たち」とあるように、クリスチャンが罪の中にとどまるべきかという疑問を投げかけています。

もちろん「罪を犯し続けよう」というような考えが正しいわけはありませんが、パウロは今、そのような奇妙な質問をせざるをえない状況に立たされているのです。これは直接的には、直前の5章20節を背景としています。20節の後半で、パウロは「罪の増し加わるところに、恵みも満ちあふれました」と言いました。それが真実であれば、罪を犯せば犯すだけ神の恵みがあふれ、もっと深く恵みを体験することができる、ということになります。それなら罪にとどまったほうがよいのではないか、そうすれば神の恵みをもっとよく知ることができるのだから、と考える人がいてもおかしくありません。これが「罪にとどまるべきなのか」という疑問を引き起こした理由です。

信仰義認の危険性

これは信仰義認の教理がもつ危険な側面です。あえて言えば「弱点」です。キリスト教の福音を聞いた人は、一度はそういう考えに陥るのではないでしょうか。パウロはローマ人への手紙3章21節から信仰による義について語り始め、28節でこのように言いました。

「人は律法の行いとは関わりなく、信仰によって義と認められると、私たちは考えている。」

私たちはどんなに頑張っても、努力によっては救われない。私たちのきよい生活、正しい生き方、道徳的な心がけ、そんなことは私たちの救いには関係ない。救いはあくまで神の一方的な恵みによることである。私たちは、ただ信仰によって義と認められる。しかしそれならば、きよい生き方をしても意味がないのではないか。罪が増し加わるところに恵みが満ちあふれるなら、もっと罪を犯して神の恵み深さを知ったほうがよいのではないか――。そういう考えが当然生まれてくるでしょう。信仰義認のメッセージが本当に語られたかどうか、これ以上のテストはありません。信仰による義が徹底的に語られるなら、必ずそのような反応が出てきます。これは福音そのものがもつ一種の危険な側面です。

その昔、親鸞が悪人正機説といって同じような教えを説きました。

「善人なおもて往生を遂ぐ、いわんや悪人をや。」（『歎異抄』）

つまり、善人が救われるのだから、どうして悪人が救われないことがあるだろうかという教えです。そこには十字架による贖罪という救いの根拠はありませんでしたが、親鸞はひたすら阿弥陀のお慈悲にすがるならば救われることを説きました。その結果、彼の弟子たちに混乱が生じました。それならば、もっと悪いことをしてもよいのだ、積極的に悪を行おうという誤解です。

聖書が攻撃される場合も、信仰義認はその標的になることでしょう。攻撃する人々は、このような救いの教理は人間の道徳の否定であり、律法や道徳を過小評価していると言ってキリスト教の信仰義認を攻撃するのです。

私たちの場合

私たちは、はたしてこのような疑問を抱いたことがあるでしょうか。もしあれば、その人は信仰義認のメッセージを正しく受け取った人です。そして、それゆえに私たちも、自分のうちにこのような信仰義認の教理の弱点を抱えているのではないかと思います。実は私は、このような弱点はクリスチャンの間にかなり広く行き渡っているのではないかと思っています。それはおそらく私たちが意識しないうちに、信仰生活の中にいろいろな形で入り込んできていると思うのです。この点に関して、三つのことを考えさせられています。

第一は、クリスチャンでありながら罪との戦いを十分にはしない、そのような生き方の中に、この信仰義認の誤解が表れてきます。

ヘブル人への手紙の著者はこう言いました。

「あなたがたは、罪と戦って、まだ血を流すまで抵抗したことがありません。」（12・4）

私たちはどこまで自分の罪と戦っているでしょうか。罪との戦いは、生涯続けなければならないものです。私たちは「すでに得たのでもなく、すでに完全にされているのでもありません」（ピリピ3・12)。ですから戦いは不可避です。私たちは「ただ捕らえようとして追求しているのです。そして、それを得るようにと、キリスト・イエスが私を捕らえてくださったのです」(同)。パウロの書簡を見れば、これこそが信仰によって義とされた人の本当の姿であることが分かります。

それだけではありません。第二に、信仰義認の弱点は、罪を犯したときの私たちの考え方にも影響を与えています。つまり、罪を犯したとき、こう考えていないでしょうか。「どうせ赦されているのだから、少しくらい罪を犯しても大丈夫。イエス・キリストの十字架は私の罪をすべて贖ってくれたのだ。」こういう考えが無意識のうちに私たちの中に入り込んでいて、十分な悔い改めもなく罪との戦いを終えてしまうということはないでしょうか。フランスの哲学者ヴォルテールは、こんな皮肉を言ったそうです。「神は赦される。それが彼のお仕事だ。」

このような理解から、私たちの罪に対する安易な考え方、曖昧な態度が生まれてきてしまってはいないでしょうか。信仰義認の背後には御子の十字架上の死があったことがいつの間にか忘れられ、罪の赦しを安価な恵みに置き換えて終わってしまう危険です。

「罪にとどまろう」と考えたクリスチャンの根本的問題は何かといえば、罪と神の恵みを安易に結びつけたことです。罪が恵みの原因と考えたことです。罪を犯せば自動的に恵みが生じると考えたことです。しかし、それは誤った考え方でした。罪は恵みの原因ではありません。恵みは神の愛からくるのであって、私たちの罪から生じてくるのではないからです。しかし、もし私たちが罪と妥協し、あるいは罪を曖昧にし、結局神は赦してくださると神の恵みに甘えているならば、それはまさにここで言っている「罪にとどまろう」というのと同じ危険をはらんでいます。そのような考え、態度、生き方は、根底において「罪にとどまろう」と考える人々と同じことなのです。

最後に、第三の問題は、罪との関係を曖昧にしておくという私たちの傾向・習慣ではないかと思います。赦しに対する安易さから、いつの間にか罪について厳密に考えようとしなくなる傾向はないでしょうか。これも突き詰めていくと、やはり「罪にとどまろう」と考えた人々と同じ過ちに陥っていると思われます。それは一時的に誘惑に負けた結果の罪ではなく、何時間も、あるいは何日も、かなりの長期間にわたってとどまっているもので、弁解の余地がありません。片方でそのような行動をしながら、日曜日になると何事もなかったかのように礼拝に集い、当然のごとく聖餐式にあずかっているとしたら、それはまさに「罪の中にとどまる」行為ではないでしょうか。

「罪にとどまるべきか」という問いに対するパウロの答えは、次節にあります。

「決してそんなことはありません。」（2節）

これは次節で考えたいと思いますが、このことに関連して、最後にルターのことばとして伝えられているたとえを紹介しておきます。

「あなたは頭の上を飛ぶ鳥を追い払うことはできないが、鳥が頭に巣を作ることは阻止することができる。」

私たちに様々な誘惑がくることは避けられない。しかし、罪が私たちの中に巣を作って住みつくようになることは阻止できる、ということでしょう。様々な誘惑が渦巻く中で、この点に関する自己吟味の必要性を覚えたいと思います。

18　罪に対して死んだ私たち——6章2節

決してそんなことはありません。罪に対して死んだ私たちが、どうしてなおも罪のうちに生きていられるでしょうか。（新改訳２０１７）

決してそうではない。罪に対して死んだ私たちが、どうして、なおも罪の中に生きることができるでしょう。（協会共同訳）

前節では「罪の中にとどまるべきか」という問いが生まれてくる信仰義認の弱点を考えました。そして、その弱点が私たちの生き方の中に微妙に侵入していることを考えました。

ところで、もし私たちがそのような問いを受けたとしたら何と答えるでしょうか。２節の始めにあるように、「決してそんなことはありません」と、そこまではパウロと同じように答えるに違いありません。でもそのあとはおそらく違うでしょう。「とんでもない。そんな非常識な考え方は間違っている。誰だって罪を犯していいはずがない」と常識に訴えて答えるのではないでしょうか。

しかしパウロは違っていました。決して常識のレベルで答えていません。彼はそれを、十字架のレベルにまで持っていったのです。十字架によってクリスチャンに起きた出来事を思い起こさせています。

パウロの答え

「罪に対して死んだ私たちが、どうしてなおも罪のうちに生きていられるでしょうか。」（2節）

これがパウロの答えでした。「あなたはクリスチャンが何だか分かっていない。十字架の救いによって、自分の身に何が起きたのか分かっていない。私たちは、キリストの十字架において罪に対して死んでいる。罪とは、私たちがもはやその中に生きていくことのできない領域となったのだ」と答えたのです。

パウロが「罪に対して死んだ」と言ったとき、いったい何を言おうとしていたのか、これが6章の中心的テーマです。それはクリスチャンが決して忘れてはならない、核心的で重大な事実です。パウロは6章で、この「クリスチャンの死の問題」を繰り返し語っています。3節には「その死にあずかるバプテスマ」、4節には「キリストとともに葬られ」、5節には「私たちがキリストの死と同じように（「同じ状態に」協会共同訳）なって」とあり、6節では「私たちの古い人が……十字架につけられた」と言い、7節では「死んだ者」、8節では「私たちがキリストとともに死んだのなら」というように、繰り返しクリスチャンの死を語っています。これこそ6章の中心的なメッセージです。

では、「罪に対して死んだ」とはどういうことでしょうか。

最初に、この点に注目したいと思います。パウロは、「私たちは罪に対して死んだので、罪の中に生きられない」という言い方はしていないということです。パウロが言っていること、そして2節で強調していることは、「罪に対して死んだ私たち」は、罪の中に生きられないということです。つまり「私たちクリスチャンは何か」ということであり、クリスチャンの特徴です。私たちにもたらされたある格別な特徴、クリスチャンが現に立っている驚くべき恵みの立場を、パウロは強調しているのです。信仰によって義と認められ救われたクリスチャンに起きている、重大な内的変化に気づかせようとしているのです。私たちは現に罪に対して死んだ者である。そのようなクリスチャンの全く新しい現実をパウロは語っているのです。

次に私たちが考えるべき点は、パウロは「罪に対して死んだ」と過去形で書いていることです。決して、クリスチャンは「死につつある」のではありません。また将来「死ぬ」のでもありません。クリスチャンは「死んだ」と言っているのです。これは一種の過去時制で、決定的にただ一度だけ起きた事実、歴史上の事実を述べるときのギリシア語独特の時制（不定過去）です。聖書が繰り返し語っているのは、私たちは「死んだ」ということ、そしてその死は、過去の一時点の出来事であるということです。

すべてのことは、ただ一度だけ、決定的に、キリストが十字架で死なれた時に起きました。そして、キリストを信じる人々は、キリストにあって、その時キリストと共に、キリストにあって死んだのです。キリストの死にあずかる者、あるいはキリストの死に結びつけられた者と言ってよいでしょう。ですから、これはすべてのクリスチャンの現にある状態を語っているのです。すべてのクリスチャンはみな「罪に対して死んだ者」なのです。

では、「罪に対して死んだ」とはどういう意味でしょうか。これは死を想像すれば分かることです。通常、死ぬことによってすべての関係は終わります。死ぬと遺体は火で焼かれ、墓に納められます。そのとき、この地上との一切の関係は終わります。たとえ夫婦であっても、親子であっても、会社の同僚であっても、死別するなら関係は終わります。もはや話し合うことも、けんかすることもできません。手紙を書いても返事はこない。もはや両者は同じ世界に住んでいないのです。ですから死というのは、すべての関係を終わらせるものです。それは関係の決定的な終了です。

罪に対して死ぬというのも同じことです。私たちは罪との関係において死んだので、もはや罪との関係を持つことができなくなりました。罪とは別の世界に生きるようになったのです。罪に対して死んだ者が、どうして罪の領域に生きることができるでしょうか。罪というのは、もはやクリスチャンが生きていくことのできない領域になったのです。

しかし、パウロはここで「罪の中に生きることはできない」と言っているのであって、「罪を犯すことができない」とは言っていない点にも注意することが必要です。私たちは相変わらず罪を犯します。それは認めざるをえないでしょう。しかし「罪の中に生きる」ことはないはずです。「罪に中に生きる」というのは、意識的に継続的に罪との関わりを持ち、罪を犯し続けることです。それはできません。もしそうしているなら、その人は救いを知らない人であり、クリスチャンではないでしょう。

しかし、ある人はこう質問するかもしれません。「私たちが罪に対して死んで、罪との関係がなくなったのなら、なぜ私たちはなおも罪を犯すのか。関係がなくなったのなら、罪との関係を持つのはおかしいではないか。」

その疑問は当然です。クリスチャンはなぜ罪を犯すのか。これは私にとっても長い間の課題でした。今もそうです。しかし、今はこのように答えておきます。それは、私たちがキリストにあって与えられている恵みの立場と、私たちの日々の現実とには差がある、ということです。つまり、ある人が会社に入社して、突然その日から課長になったとしましょう。それは、与えられた恵みの立場（地位）です。しかし、その日からその人が課長として一人前に働けるかというと、そうはいきません。実質が伴っていないのです。しかし、彼が課長であることも確かに現実です。

私たちが罪に対して死んだのは、私たちがイエス・キリストを信じた最初の時からそうでした。イエス・キリストを信じ新しく生まれたとき、クリスチャンになったとき、私たちは罪に対して死に、もはや罪が私たちを支配することはなくなりました。それは恵みの立場です。ところが私たちの日々の現実は、それとはずれているのです。しかし五年後、十年後、課長は課長らしく働くようになるでしょう。自分の立場に現実が追いついてくるからです。

私たちも、「罪に対して死んだ」という立場に現実が追いついてくるのです。ですから、与えられている自分の立場をはっきりと知ることが大事です。すべてのクリスチャンは、この事実をはっきりと自覚しなければなりません。クリスチャンとは、罪に死んだ者である。この「死」の事実は、私たちに決定的な意味をもつのです。クリスチャンの信仰はこの「死」から始まります。キルケゴールは、キリスト教は死を第一の媒介的条件としない限り、もはやキリスト教ではないと言っています。死という事実にしっかりと立つことがキリスト教信仰の出発点です。

はたして、私たちの信仰はどのようなものでしょうか。私たちの中に、「キリストと共に死んだ」という事実はしっかりと根を張っているでしょうか。そんなこと考えたこともなかった、そんなことは初めて聞いたという方もいるかもしれません。そのような方には、はっきりとこの事実を把握していただきたいと思います。「あなたは罪に対して死んだのです。あなたはイエス・キリストを信じたとき、キリストと共に死んだのです。ですから、もはや罪との関係は完全に終わりました。」これが私たちに与えられているメッセージです。

私たちは、自分が課長であることを自覚しないなら、永久に課長らしく生きることはできないでしょう。自分が何者であるかを知らなければ、現実はついてこないのです。ですからまず、「自分は罪に対して死んだ」という現実をはっきりと知ることが重要です。もしそうでないなら、私たちは「罪の中にとどまるべきだろうか」と考えるクリスチャンと全く同じような危機的状態にあるのです。しかもその考えによって罪と曖昧な関係を続け、これまでのやり方、生き方、古い習慣をそのまま信仰生活に持ち込んで生きるようになるでしょう。

「罪に対して死んだ。」この自覚に生きることが、罪の中に生きない歩みを可能にする最初の一歩です。

19　キリストにつくバプテスマ——6章3〜4節

それとも、あなたがたは知らないのですか。キリスト・イエスにつくバプテスマを受けた私たちはみな、その死にあずかるバプテスマを受けたのではありませんか。私たちは、キリストの死にあずかるバプテスマによって、キリストとともに葬られたのです。それは、ちょうどキリストが御父の栄光によって死者の中からよみがえられたように、私たちも、新しいいのちに歩むためです。（新改訳２０１７）

それとも、あなたがたは知らないのですか。キリスト・イエスにあずかる洗礼を受けた私たちは皆、キリストの死にあずかる洗礼を受けたのです。私たちは、洗礼によってキリストと共に葬られ、その死にあずかる者となりました。それは、キリストが父の栄光によって死者の中から復活させられたように、私たちも新しい命に生きるためです。（協会共同訳）

6章1節と2節のテーマは、「クリスチャンは罪の中にとどまるべきか」ということでした。私たちはそのような誘惑の中にいつも置かれています。この問いに対するパウロの答えが2節でした。

「とんでもない。クリスチャンは、罪に対して死んだのだ。」

「罪に対して死んだ」ということが信仰の中核にないなら、それはもはやキリスト教信仰とは言えません。「死」こそ私たちの信仰の出発点です。

続く3節でパウロは、「罪に対して死んだ」というテーマをさらに詳しく解説していきます。いったいどうしてそんなことがありうるのか。どうして罪に対して死んだと言えるのか。それはどのようにして起きたのか。その説明をしているのが3節です。

キリストにつくバプテスマ

3節でパウロはこう言っています。

「キリスト・イエスにつくバプテスマを受けた私たちはみな、その死にあずかるバプテスマを受けたのではありませんか。」

パウロがここで根拠として語るのは、私たちが「キリスト・イエスにつくバプテスマを受けた」という点です。協会共同訳では「キリスト・イエスにあずかる洗礼」と言っています。これがすべてのクリスチャンに共通した特徴です。私たちはこの点に気づき、自覚しているでしょうか。仮に気づいていなくても、これがクリスチャンの事実です。

では「キリスト・イエスにつくバプテスマを受けた」とはどういう意味でしょうか。これは、日本語ではやや説明しにくい表現です。日本語にはバプテスマ（洗礼）というのが名詞形だけしかなく、動詞形がないからです。でも英語やギリシア語には動詞形があります。英語では「バプタイズ」、ギリシア語では「バプティゾー」です。それを使うとよく分かります。「クリスチャンはみなキリストの中にバプティゾーされた」ということです。「バプティゾー」とは、もともと「（水に）浸す」とか、「（水に）沈める」という意味のことばです。上から水をかけて手を洗う場合、バプティゾーとは言いません。しかし人が桶の水の中に手を突っ込んで洗うときは「バプティゾー」と言います。ですから、「キリストの中にバプティゾーされた」というのは、キリストの中に沈められて、キリストと一つとされたということです。「キリストにつく」といってもそれは外的結合ではなく、「キリストにあずかる」と訳してもそれは表面的な関係ではなく、キリストとの内的・霊的結合です。これこそクリスチャンの特徴です。「キリストの中に沈み込む」とは、一人ひとりのクリスチャンとキリストの個人的な、決定的な同一化を示しているのです。私たちはみなキリストの中にのみ込まれ、沈んだのです。パウロはガラテヤ人への手紙の中でもこう言っています。

「キリストにつくバプテスマを受けたあなたがたはみな、キリストを着たのです。」（３・27）

これも全く同じ表現です。「キリストにつく者とされた」とは、やはり「キリストの中に（英語の into）バプティゾーされた」となっています。私たちは、キリストを信じたというにとどまりません。キリストを単なる手本として生きるようになったのではないのです。キリストの中に沈められ、キリストの中に取り込まれ、キリストと結合され、キリストと完全に一つとされたのです。それがキリストにつく（あるいは「あずかる」）バプテスマです。

キリストとの共有

キリストと結合され、キリストと一つとされたならば、そこから何が言えるでしょうか。それは、キリストとすべてを共有するようになるということです。私たちは、今やキリストのすべての宝を共有するようになったのです。ですから当然、キリストの死も共有しています。3節で「キリスト・イエスにつくバプテスマを受けた私たちはみな、その死にあずかるバプテスマを受けたのではありませんか」とパウロは念を押すように語っています。キリストにバプタイズされたのだから、私たちはキリストの死にもバプタイズされた。実に、キリストの死の中に沈められたのです。ここでパウロが言っていることは、私たちはキリストにあって死んだという事実です。ガラテヤ人への手紙2章19～20節の有名なみことばを思い起こすでしょう。

「私はキリストとともに十字架につけられました。もはや私が生きているのではなく、キリストが私のうちに生きておられるのです。」

私は死んだ、私たちはキリストと共に死んだのです。

すでに起きたこと

この3～4節でも、パウロはやはり過去形を使っています。「キリストにバプタイズされた」「キリストの死にバプタイズされた」と言い、さらに「キリストとともに葬られた」と言っています。三回とも不定過去が使われていて、歴史上、一度起きた出来事を指しています。ですから「キリストにバプタイズされる」ことは、決して将来起きることではありません。信仰者が成長してから経験するようなことでもありません。それはすでに起きたことなのです。クリスチャンはみな例外なしに、キリストの死にバプタイズされたのです。キリストを信じたとき、キリストの死と葬りにあずかったのです。

ですから、信仰の経験として「死ぬ」ことを求める必要はありません。これは私たちが体験することではありません。パウロは私たちの経験を語っているのではなく、歴史上の事実を語っているのです。歴史上に現に起きた事実です。私たちはそれを個人的に経験しようとする必要はないのです。それを感じようとする必要もありません。事実なのですから。

私たちには、感じることのできない多くの事実があります。たとえば、私たちはアダムにあって罪を犯したことを学びました。それは事実ですが、誰がそのことを感じることができるでしょうか。しかし、私たちはそれを事実として知っています。なぜなら聖書がそう言っているからです。そして、現に私たちは罪を犯しており、その結果を見ています。しかし、それを経験することはできないのです。キリストと共に死んだということも、私たちは体験できません。それは私たちが立っている立場です。

では、私たちはどうすればよいのでしょうか。それは、聖書に書かれているとおりに、これを事実としてはっきりと認めることです。事実を事実として学び、事実を知ることが最も大切なことです。事実をはっきりと認識するとき、私たちの行動は変革されていきます。キリストを信じたとき私たちの身の上に何が起きたのかを正しく知ることこそ、私たちの信仰の基礎なのです。

クリスチャンはみな

この3節からもう一つのことを確認しておきたいと思います。パウロはここでも2節と同じような言い方をしています。2節で「罪に対して死んだ私たち」と言いました。クリスチャンの特徴を語る言い方です。その特徴とは、罪に対して死んだ者であるということでした。同様に3節でも、「キリスト・イエスにつくバプテスマを受けた私たち」と同じ言い方をしています。ですからここでもクリスチャンの特徴を語っているのです。パウロは、「私たちはキリスト・イエスにつくバプテスマを受けたので、その死にあずかるバプテスマを受けた」という言い方はしていません。クリスチャンがすでに持っている特質を語っています。クリスチャンとはどんな人か。それは「キリスト・イエスにつくバプテスマを受けた者」である、ということです。

パウロは「私たちはみな」と言っています。ですから、これは一部の特別なクリスチャンのことではなく、また信仰の進んだクリスチャンのことでもありません。信仰の達人が到達する特別な恵みの状態ではなく、すべてのクリスチャンに共通した特徴です。もしあなたがクリスチャンであるなら、必ずこうあるはずだというのです。ですから、3節はこう始まっています。

「それとも、あなたがたは知らないのですか。」

これが意味することは、「いや、そんなはずはないでしょう。こういうことは当然知っているはずでしょう」ということです。なぜなら、これはすべてのクリスチャンに起きた事実だからです。だから、私たちも知っているはずのことです。私たちは、キリストを信じたとき、そして洗礼を受けたとき、自分の身にいったい何が起きたのかを、はっきりと自覚していなければならないのです。

罪との死別

以上、3節の意味を一つ一つ追って考えてきましたが、最後にもう一度、2節との関連を確認して終えたいと思います。

パウロが取り上げているのは「罪の中にとどまるべきか」という問題でした（1節）。それに対する答えは、罪に対して死んだ私たちが罪の中に生き続けることは到底できないということでした（2節）。そして3節で、私たちは罪に対してどのように死んだのかを説明しました。それは、主イエスにあって、主との結合の中で完全に死んで葬られた、ということでした。この死と埋葬によってすべての関係は終了しました。罪と私たちの関係も解消されたのです。

「罪に対して死んだ」という事実を、洗礼は見事に象徴しています。特に浸礼の場合、私たちは全身を水の中に沈められます。それは、死んだ人を水の中に埋葬することを象徴しています。かつては水葬という埋葬習慣もありました。私たちの古い人は死んで、葬られたのです。そのときすべての関係は終わり、罪との関係も終わったのです。

パウロは「あなたがたは、このことを知らないのですか」と問いかけています。私たちはこのことをはっきりと理解し、自覚して生きてきたでしょうか。これは洗礼を受けたすべてのクリスチャンが当然知っているべきキリスト教信仰の基礎であり、同時に最も栄光に富んだ真理です。バプテスマは、私たちの生涯を二つに分割する分水嶺です。罪との決定的な断絶をもたらすという意味で自分を根底から覆す経験です。私たちもキリストにバプタイズされ、キリストにあずかり、キリストとすべての富を共有したいと思います。

「キリストは、私たちにとって神からの知恵、すなわち、義と聖と贖いになられました。」（Ｉコリント1・30）

私たちも、この栄光のうちを歩ませていただきたいのです。このような願いがあるなら、「罪にとどまるべきか」という考えは生まれてこないでしょう。当然、罪との戦いは残っています。しかし、罪に勝利することは私たちの力によってなすことではなく、キリストといよいよ結びつくことによってのみ可能なことです。必要なのはキリストの中に沈んだ自分の姿を見つめ続けることです。その意味で、これは私たちの戦いではなく、主の戦いなのです。

20　古き人は十字架に――6章5〜6節

私たちがキリストの死と同じようになって、キリストと一つになっているなら、キリストの復活とも同じようになるからです。私たちは知っています。私たちの古い人がキリストとともに十字架につけられたのは、罪のからだが滅ぼされて、私たちがもはや罪の奴隷でなくなるためです。（新改訳２０１７）

私たちがキリストの死と同じ状態になったとすれば、復活についても同じ状態になるでしょう。私たちの内の古い人がキリストと共に十字架につけられたのは、罪の体が無力にされて、私たちがもはや罪の奴隷にならないためであるということを、私たちは知っています。（協会共同訳）

これまでのところで、パウロは私たちがキリストにあって死んで葬られたので、罪にとどまることができないことを明らかにしてきました。でも死は、死のためにあるわけではありません。パウロは4節の終わりから、死の結果生じてくる新しい状況について語り始めます。それは、「私たちも、新しいいのちに歩むため」あるいは「私たちも新しい命に生きるため」です。続く5節はそれを受けて、なぜそのようなことが言えるのか、その理由を語ります。ですからこの5節は「なぜなら（ギリシア語「ガル」）」で始まっているのです。和訳ではどれも省略されていますが、これは訳出したほうが分かりやすかったでしょう。

キリストにつぎ合わされた

パウロは、「（もし）私たちがキリストの死と同じようになって、キリストと一つになっているなら」と仮定法を用いていますが、この場合の仮定法は、事実を仮定的に表現しているものです。そのように仮定法を用いるのはよくあることです。たとえば5章15節で、「もし一人の違反によって多くの人が死んだのなら」と言っていますが、これも仮定ではありません。一人の人アダムによって多くの人が死んだという事実を仮定的に述べているだけです。6章5節においても同様で、事実を指して仮定的に言っています。しかもパウロは、完了形を用いています。それは、すでに実現している事実を指しているのです。ですから、パウロがここで言っているのはこういうことです。

「私たちはキリストの死と同じようになって、キリストと一つになっている。それは既成の事実である。だから、必ずキリストの復活とも同じようになる。」

キリストと一つとされ、キリストの死と同じようにされている。これは私たちクリスチャンにとって確実な事実であり、否定しようのないことです。それならば、そこから出てくる当然の結論は、私たちはキリストの復活にもあずかるはずである、ということです。死を共にしたので、復活も共にするはずだ。キリストが復活したように、私たちも復活する。これが5節の意味です。しかし、復活にあずかることは後ほど詳しく考えたいので、ここではこれ以上触れないことにします。

次に、５節の「私たちがキリストの死と同じようになって、キリストと一つになっているなら」という新改訳２０１７の訳を考えましょう。新改訳第三版では「もし私たちが、キリストにつぎ合わされて、キリストの死と同じようになっているのなら」と訳されていました。いずれも二つの文章に分割しています。新改訳２０１７の「キリストと一つになっている」は、新改訳第三版の「キリストにつぎ合わされ」に対応しています。いずれにしても、かなり意訳して二つの文章に分割しています。しかし、これはもともと一つの仮定文です。ですから協会共同訳では、「私たちがキリストの死と同じ状態になったとすれば」と一つの文章で訳したのです。新改訳の欄外注に載せられている別訳も一つの文章で、「キリストの死のさまにつぎ合わされているなら」と訳しています。直訳ならば、「キリストの死のかたち（ホモイオーマ）につぎ合わされた」と訳せるでしょう。新改訳２０１７は「つぎ合わせる」とはしないで（欄外注の別訳にはあります）、「一つになる」と訳しました。大事なことは「キリストにつぎ合わされて」というのではなく、私たちが「キリストの死につぎ合わされている」、しかも「キリストの死と同じ有様に（ホモイオーマ）つぎ合わされている」ということです。これこそパウロがここで確実な事実として述べていることです。この「ホモイオーマ」は同一であることを強調しています。これは8章3節にもう一度出てきますので、そこで詳しく論じます。

つぎ合わされた

では、「つぎ合わされる」とはどういう意味でしょうか。これは新約聖書ではここだけにしか出てこないことばで、文法的には形容詞です。しかし、動詞形がルカの福音書8章の種まきのたとえの中に一回だけ出てきます。それは、ある種が茨の中に落ちて、種は芽を出して成長してきたが、茨も一緒に生え出てきてだめになってしまった、という箇所です（7節）。その「一緒に生え出る」というのがこのことばなのです。これは、「一緒に生まれたり、一緒に成長したり、互いに非常に深く結びついていること」を意味することばです。種は茨の中に植えられたために一緒に芽を出し、一緒に成長しますが、最後は茨によって窒息させられてしまうのです。片方はもう一方と無関係でいることができません。生死を共にするまでに密接に関係しています。そういう関係を表すことばです。

私たちもそれと同じように、キリストと非常に密接な関係を持つようになりました。私たちはキリストと共に、キリストと一緒に成長していくのです。それはあまりにも深く結びついていて、ついには一体となってしまうことです。これが「つぎ合わされて」の意味です。この特別なことばは、キリストとの密接な、確固たる一体を表すために用いられたことばです。それは主イエスが、「わたしはぶどうの木、あなたがたは枝です」（ヨハネ15・5）と言われたのとちょうど同じことを意味しているのです。

はたして、私たちはキリストと一体とされたこの事実を自覚しているでしょうか。特に、キリストの死と一つにされたという意識の中にあるでしょうか。これこそパウロの日々の実感だったのです。

古い人は十字架に

さらに、パウロは同じテーマを6節で詳しく説明していきます。これも一つ一つのことばの意味を考えていきたいと思います。

最初に、「私たちの古い人」という言い方が出てきます。これは救われる以前の私たちを指すことばです。私たちは救われる前、「アダムにある者」でした。私たちは例外なく罪の性質を持ち、罪と罪過の中で死んでいて、永遠の滅びに向かっていたのです。誰も神から栄誉を受けるに値しない者でした。自分中心に生き、自分を誇り、自分に信頼する。そのような私たちのことを、パウロはここで「古い人」と呼んでいるのです。

パウロはほかにあと二か所でこのことばを用いており、それを読むと「古い人」の意味をもっとよく理解することができます。一つはエペソ人への手紙4章22節です。「人を欺く情欲によって腐敗していく古い人」と言っています。もう一つはコロサイ人への手紙3章9節です。「あなたがたは古い人をその行いとともに脱ぎ捨てて（新しい人を着た〔10節〕）」とあります。ですから「古い人」とは、クリスチャンになる前の、罪に支配され、滅んでいく人のことです。

そして、この「古い人」が十字架につけられたと言うのです。ここでパウロはもう一度、不定過去を用いています。前に述べたように、これは過去において一度だけ起きたことを表す時制です。パウロは、私たちの古い人が十字架につけられたことを歴史上の事件として述べているのです。

私たちの古い人は十字架につけられました。それはすでに起きた事実です。そこから何が言えるでしょうか。それは、私たちが古い人とすでに決別しているということです。その決別は完了したということです。

これは、私たちにとって本当に大きな慰め、励ましです。私たちは、かつての自分自身と決別したのです。これから古い自分に決別するように努力する必要はありません。古い人を十字架につけようとする必要もありません。それはすでに起きた出来事であり、私たちは古い人との関係をすでに清算したのです。

ですから、ある人々が次のように主張するのは正しくありません。「クリスチャンは、一部は古い人、一部は新しい人で、両方を兼ねている。あるときは古い人が優勢になり、あるときは新しい人が優勢になる。その継続的戦いである。」

そのように考えることは、少なくとも正確な言い方ではありません。私たちの古い人は十字架にかかってすでに死んでいるのです。私たちはもはやアダムにあるのではなく、キリストにある者とされました。新しい人にされたのです。それが私たちの現実です。

そして、最後に考えるべきことは、このことを信仰によって受け取らなければならないということです。私たちは、主イエスのように実際に十字架にかかっていません。その十字架上での痛みも苦しみも知らないのです。肉体の苦しみも、息が途絶えた瞬間も、埋葬されたことも、私たちは経験していません。しかし、キリストにあることによって、すべては私たちのものとされました。ですから、私たちの古い人が十字架にかけられたことは事実です。そして、この事実は信仰によって受け取らなければならないのです。

これは驚くことではないはずです。たとえば「信仰によって義とされる」ことも、私たちは実際は何も経験していません。しかし、神に赦されたこと、神に義と認められ、受け入れられたこと、それらが事実であることを信仰によって知って、私たちは喜んでいます。それと同じように、私たちはキリストと共に十字架にかけられたことを、信仰によって事実として受け入れるのです。

言い換えれば、それは決して体験として私たちのところにこないということです。そして、それでよいのです。あるグループのクリスチャンたちは、信仰の生涯において自我を十字架につけるという体験を求めます。しかし聖書は、それはすでに起きたこととしていつも描いています。私たちはそれを体験として求めるのではなく、信仰の事実として受け取ること、しかも中心的なこととして受け取ることが必要です。このことを徹底して知らなければなりません。私たちの古い人はすでに十字架につけられ、私たちは新しい人とされたのです。それを知り、はっきりと自覚することは、信仰の生涯にとって決定的なことだからです。大切なのは、罪との戦いにおいて無駄な戦いをしないこと、要はキリストにあること、幹なるお方につぎ合わされていることなのです。

「私たちは、いつもイエスの死をこの身に帯びています。それはまた、イエスのいのちが私たちの身に現れるためです。」（Ⅱコリント4・10）

21　罪のからだが滅び――6章6～7節

私たちは知っています。私たちの古い人がキリストとともに十字架につけられたのは、罪のからだが滅ぼされて、私たちがもはや罪の奴隷でなくなるためです。死んだ者は、罪から解放されているのです。（新改訳２０１７）

私たちの内の古い人がキリストと共に十字架につけられたのは、罪の体が無力にされて、私たちがもはや罪の奴隷にならないためであるということを、私たちは知っています。死んだ者は罪から解放されているからです。（協会共同訳）

ヘブル人への手紙の著者は、「あなたがたは、罪と戦って、まだ血を流すまで抵抗したことがありません」（12・4）と言いました。私たちも自分の罪と血を流すまで戦ってきたと言えるでしょうか。教会の中で罪との深刻な戦いをしている方の話を聞かされるとき、牧会者として襟を正される思いをすることがあります。以下は私が以前受け取った、真剣な叫びを綴った便りです。

「私は本当にクリスチャンでありたい、敬虔なクリスチャンでありたいとの一心で教会へ伺い、少しでも多くを知りたいと勉強し、少しでも神様に近づきたいと念じながらも、一寸もそうなれない。表面だけで、心の奥はいつもしらけているこの頃です。本当にごめんなさい。私は先生ご夫妻をだましていたのでしょうか。私の心の中にサタンが住み、サタンが力を増しているのでしょうか。私はものすごく苦しんでおります。私のように過去から罪の塊のような人間は、クリスチャンになれないのでしょうか？

……少なくとも洗礼を受けさせていただいたときのあの証しも、あの喜びも、あの誓いも、本当に真実だったのです。私は神様を信じているつもりです。これからももっと信じていくつもりです。このように書いて思うことは、やはり『私は、私は』と自己中心的で何も彼も足りないことばかりですね。助けてください。大きな声で叫びたいくらい苦しんでいます。こんなこと誰にも言えません。先生、分かってください。」

これはまさに血を流すような罪との戦いです。

それに比べて、私たちはいつの間にか罪との戦いをいい加減のところで済ませて、信仰において妥協的に生きているということはないでしょうか。そういう意味では、このような叫びを聞くことは牧会者として逆に励ましでもあります。でも、このような深刻な罪との戦いにおいて、何を語って差し上げることができるでしょうか。そのような罪との戦いを続ける中で、このローマ人への手紙6章6節は、ずっと私の心をとらえて放さないみことばでした。なぜなら、ここでパウロはこう言っているからです。「私たちの古い人が……十字架につけられた。」しかもそれは、「罪のからだが滅」びるためであった。

協会共同訳では、「罪の体が無力にされて」と訳されています。それが本当なら、私たちはもはや罪を犯さないはずだ、あるいは、罪を犯すことができなくなるはずだと結論してよいのではないでしょうか。しかし、私たちの現実は今なお罪人としてのそれです。罪をやめることができません。いったいなぜなのでしょうか。これは私たちクリスチャンにとって重大な問題です。ですから、この6節を正しく理解することは、すべてのクリスチャンにとって、特に罪に悩むクリスチャンにとって不可欠で、無限に意味あることだと言えるでしょう。

罪のからだとは何か

6節でパウロは、「私たちの古い人」と言っています。この「古い人」とは、アダムにある古い人間性です。キリストに出会う以前、すべての人は例外なく「アダムにある人」でした。ですから、私たちもアダムの持っていた罪への傾向、罪に従う奴隷的性質を持っていたのです。しかし、その「古い人」は十字架につけられました。その結果、私たちはキリストにある人、すなわち「新しい人」になったのです。ここまではすでに考えてきたところです。

さらにパウロは、古い人が十字架につけられたことには二つの目的（あるいは結果）があったことを明らかにしています。第一は罪のからだが滅びる（無力とされる）ためであり、第二は私たちが罪の奴隷でなくなるためです。そこで最初に考えなければならないのは、「罪のからだ」とは何かという問題です。そして、それは「古い人」とどういう関係にあるのか、古い人と同じなのか、それとも何か別のことを指しているのかということです。

二つの見解

有名なカルヴァンの注解書では、「罪のからだ」の「からだ」ということばは比喩的表現であって、罪のからだとは要するに「罪の塊」のことであり、それは非常に大きく、組織立って、強力な罪の総体を意味すると理解されています。しかしそう考えると、罪が滅んだということになってしまいます。この6章では、罪自体が滅びるということは言われていません。これは重要な点です。罪との戦いが記されているけれども、死んだのは私たちであって、罪のほうではありません。しかも「からだ」ということばは通常そのようには用いられないのです。

次に、これも有名なロイドジョンズの講解説教を開くと、この点でなかなかユニークです。彼は、この「からだ」とは文字どおり「私たちのからだ」、つまり身体を指すというのです。私たちの身体は罪の支配下にある。罪を犯すための道具となっている。私たちは罪を犯すとき、この身体を用いて罪を犯す。だからパウロはこの身体を「罪のからだ」と呼んだ、と解説しています。そして、それこそがこの6章全体を通しての「からだ」の意味だというのです。ですからロイドジョンズによれば、この「罪のからだ」というのは「古い人」とは別のことを指していることになります。彼はこの点を強調して、もし「古い人」と同じならば、なぜ「古い人」と言わなかったのかと問います。そしてこう答えます。何よりも違うことばを使ったのは、違うことを意味しているからだ。それが彼の理解です。しかし、それは少々機械的な理解になってはいないでしょうか。「からだ」ということばがいつも決まって身体を意味するかというと、決してそうではありません。それは、魂を含めた人間全体をしばしば意味することばなのです。「私たち」というのと同じ意味で使われたりもします。

もう一つの理解

では「罪のからだ」とは何のことでしょうか。私は、この「罪のからだ」というのは、結局「古い人」と同じことを意味するのだと理解しています。「古い人」が十字架につけられたのは、もちろん古い人が滅びるためだったでしょう。Ａさんが十字架につけられたのにＢさんが滅びるのがおかしいように、十字架につけられる人と十字架で滅びる人が別人だというのはおかしなことです。古い人が十字架につけられたのなら古い人が滅びるはずです。ですから、ここでは「古い人」と「罪のからだ」とは根底において同じことを指しているのではないでしょうか。

それならば、ロイドジョンズが指摘したように、なぜパウロは違うことばを使ったのでしょうか。それは別のことを指していたからではなく、同じものを指していながら、その同じものの違った側面を強調しようとしたからでしょう。「古い人」はかなり一般的な言い方です。しかし、その古い人の最も大きな特徴は何かといえば、それはアダムにあって罪に支配されていることです。ですから「古い人」を「罪のからだ」と言い換えたのです。古い人は、罪のからだと言わざるをえないほどに罪と密接につながっているからです。それは罪に所有され、コントロールされている人であり、罪の奴隷です。これこそ古い人の特徴です。私たちは誰ひとり、罪に勝つことができない、哀れな状態にあったのです。それは身体だけではありません。私たちの心、魂、思考力、理性も知性もすべては罪の支配下にあり、罪にコントロールされ、罪に仕えていたのです。

罪のからだの滅び

そのような私たちの罪のからだが「滅ぼされた」と言われています。この「滅ぼされた」とはどういう意味でしょうか。

実は「滅ぼされた」と訳すのは、少し意味が強すぎるかもしれません。もし罪のからだが滅ぼされてなくなってしまったなら、当然罪を犯さなくなるでしょう。しかし、ここでいう「滅ぼされた」というのはそういう意味ではありません。これはパウロが好んで用いたことばで、新約聖書に二十六回現れるうちの二十四回はパウロが使っています。ローマ人への手紙3章や4章では「無にする」とか「無効になる」と訳されていることばです。3章31節では「律法を無効にする」、4章14節では「約束は無効になってしまいます」となっています。「無効になる」と「滅びる」とではだいぶニュアンスが違います。無効になるというのは、力を失い、もはや以前と同じようには機能しないこと、無力なものとなって役に立たない状態です。この点では、協会共同訳の「無力にされて」が適切な訳と言えるでしょう。

さらに、このことばの意味を探るためにパウロ以外の書物を見ると、ルカの福音書13章7節にこのように出てきます。

「そこで、ぶどう園の番人に言った。『見なさい。三年間、このいちじくの木に実を探しに来ているが、見つからない。だから、切り倒してしまいなさい。何のために土地まで無駄にしているのか。』」

ここで「無駄にしている」と訳されたのが、この「滅びる」と同じことばです。これは畑の土地自体が滅んでなくなってしまうことではありません。土地は本来、作物を実らせるためにありますが、その土地に実が一つもならないいちじくの木が植えられているので、その結果、土地は実を結ぶという本来の機能を果たせないでいる状態です。いちじくの木が土地を無駄に使い、台なしにして、土地としての機能を失わせている。そういう意味で、土地は無力にされているのです。

以上がローマ人への手紙6章6節の「滅び」の意味です。つまり、これまでは、私たちの「罪のからだ」は罪の働く場所であり、罪の実を結ぶ場所でした。罪に支配され、罪に仕え、罪の所有物のようになっていました。私たちの罪のからだでは、罪を犯すことがごく普通の状態だったのです。私たちが罪の力に逆らえなかったからです。しかし、罪が働く場所である罪のからだは無力となりました。本来の役割である罪の実を結ぶことができなくなってしまったのです。あたかも死んでいるかのように無力化されました。これが罪のからだが滅んだということです。キリストを信じたとき、私たちの古い人はキリストと共に十字架につけられて死に、葬られ、そのとき、罪のからだは罪に対して無力となり、罪に対して反応しなくなったのです。これが「罪のからだが滅んだ」という状況です。

もはや罪の奴隷ではない

その結果、何が言えるでしょうか。最後にパウロは、もう一つのことを語ります。古い人が十字架につけられたのには二つの目的があったと言いましたが、もう一つは6節の最後にあるように、「私たちがもはや罪の奴隷でなくなるため」です。

かつて、私たちにとって罪というのは、私たちを支配する主人でした。その力に打ち勝つことは誰にもできなかったのです。罪の力が働くと、私たちはほとんど無抵抗にそれに従っていました。逆に正しいことをしようとすると、それが困難であることにしばしば気づきました。赦さなければならないとわかっているのに赦すことができない。愛さなければならないはずなのに愛せない。逆に憎んではいけないと分かっていても、憎しみが湧き上がってきてしまうのです。だから、主イエスはこう言いました。

「罪を行っている者はみな、罪の奴隷です。」（ヨハネ8・34）

「悪い木は悪い実を結びます。」（マタイ7・17）

悪い木が悪い実を結ぶことは避けられません。罪の奴隷だから罪を避けられないのです。しかし、今や古い人は十字架につけられて死にました。その結果、私たちは罪から解放されたのです。7節でパウロは続けてこう言っています。

「死んだ者は、罪から解放されているのです。」

そうです。死はすべての関係を終わらせるものです。死んでしまえば、もはやすべての関係が終了するのです。罪がどんなに積極的に関係を持とうとしても、それに反応しなくなるのです。死んだ人の体を蹴っても、どなっても、何の反応も返ってきません。すでにその人は別の領域に移ってしまったのです。ですから「死んだ」私たちも、罪に対して反応しなくなったのです。言い換えれば、私たちと罪との関係は決定的に変わったのです。決して一部の特殊な罪との関係ではありません。すべての罪に対して私たちは死に、それゆえ罪との関係は完全に終了したのです。これは重い決定的な出来事でした。洗礼を受けたとき、主イエスを信じたとき、これが私たちの身の上に実際に起きたのです。私たちはもはや罪の中を歩めなくなっているのです。なぜなら、罪に死に、罪とは無縁になり、そこから解放されたからです。

最後に、次のことを確認したいと思います。パウロは6節で、これらのことを「私たちは知っています」と言っています。このように言うことができるかどうかを、自分自身に問いかけていただきたいと思います。私たちは、キリストと共に十字架につけられたことを知っているでしょうか。頭の知識としてではなく、日々、信仰の生涯を生きるにあたって、最も大切な出来事としてこのことを認識しているでしょうか。この事実の上に立って歩んでいるでしょうか。それがパウロの福音を生きることなのです。そうでないなら、罪に対する勝利はありえません。救われたときに私たちの中に何が起きたかを知ることから、罪に対する勝利は始まっていくのです。

22　認めなさい――6章8～11節

私たちがキリストとともに死んだのなら、キリストとともに生きることにもなる、と私たちは信じています。私たちは知っています。キリストは死者の中からよみがえって、もはや死ぬことはありません。死はもはやキリストを支配しないのです。なぜなら、キリストが死なれたのは、ただ一度罪に対して死なれたのであり、キリストが生きておられるのは、神に対して生きておられるのだからです。同じように、あなたがたもキリスト・イエスにあって、自分は罪に対して死んだ者であり、神に対して生きている者だと、認めなさい。（新改訳２０１７）

私たちは、キリストと共に死んだのなら、キリストと共に生きることにもなると信じます。そして、死者の中から復活させられたキリストはもはや死ぬことがない、と知っています。死は、もはやキリストを支配しません。キリストが死なれたのは、ただ一度罪に対して死なれたのであり、生きておられるのは、神に対して生きておられるのです。このように、あなたがたも、自分は罪に対しては死んだ者であり、神に対してはキリスト・イエスにあって生きている者だと考えなさい。（協会共同訳）

キリストと共に死んだ

6章の出発点にあったのは、1節の「恵みが増し加わるために、私たちは罪の中にとどまるべきか」という問題でした。これはいつの時代も教会にとって大きな問題です。罪ときっぱり手を切ろうとしない現代の私たちの中に、ひっそりと無意識のうちに侵入してきている危険です。

そこでパウロは、クリスチャンが決して忘れてはならない一つのこと、キリストの十字架の時に起きた出来事を語っています。それは信仰による事実です。目で確認できない、しかし確かな事実です。しかもパウロは、それをすでに起きた歴史的事実として語っています。それは私たちがキリストと共に死んだということです。キリストが十字架で死なれたとき、私たちもキリストにあって死にました。パウロはそれを1節ごとに繰り返し語っています。3節「その死にあずかるバプテスマを受けた」、4節「キリストとともに葬られた」、5節「キリストの死と同じようになって」、6節「キリストとともに十字架につけられた」、7節「死んだ者」、そして8節でもう一度、「私たちがキリストとともに死んだのなら」と繰り返しています。すでに述べたように、これは仮定ではなく、事実を仮定的に表現したものです。ですから私たちは、このことを事実として信じて受け取らなければならないのです。

キリストと共に生きる

しかし、これはパウロがここで言いたかったことの半分です。8節の後半で、パウロはさらにこう続けています。

「キリストとともに生きることにもなる、と私たちは信じています。」

キリストと共に死んだので、必然的に「キリストとともに生きることにもなる」のです。しかしこれも決して新しいことではなく、すでにパウロは何度か繰り返して語ってきました。4節では「私たちも、新しいいのちに歩むためです」と言い、さらに5節では「キリストの復活とも同じようになるからです」と言っています。このようにパウロは、キリストと共に生きることも繰り返し強調しているのです。ただ、キリストと共に生きることについては、本書ではこれまで触れてきませんでした。このことは8節を取り上げる際にまとめて考えようと思っていたからです。ここで改めて、キリストと共に生きるとはどういう意味なのかを考えましょう。

いつキリストと共に生きるのか

最初に私たちが考えたいのは、私たちは「いつ」キリストと共に生きるのかということです。注意深くこの6章を読むと、このことがいつも「未来形」で語られていることに気がつきます。「私たちがキリストとともに死んだ」というときは、いつも過去形で語られていました。たとえば6節では、「私たちの古い人がキリストとともに十字架につけられた」と過去形です。しかし「キリストとともに生きる」は、この6章ではいつも未来形なのです。ですから、これが将来のキリストの再臨の時に深く関係していることは間違いないでしょう。キリストが再び来られるとき、これは最も完全な形で実現します。では現在の私たちには関係ないことなのかというと、そうではありません。それは11節を見ると明らかです。

「同じように、あなたがたもキリスト・イエスにあって、自分は罪に対して死んだ者であり、神に対して生きている者だと、認めなさい。」

この節の意味は後で考えますが、パウロはここで私たちに、今、キリストにあって生きた者だと認めなさいと言っています。将来認めなさいというのではありません。今そう認めよとパウロは命じています。ですから、キリストと共に生きるとは現在にも深い関わりのあることです。

このことは、パウロ書簡の他の箇所を見るとますます明らかになります。パウロがこのことを過去形で語っているところが二か所あります。まずエペソ人への手紙2章5～6節です。

「背きの中に死んでいた私たちを、キリストとともに生かしてくださいました。あなたがたが救われたのは恵みによるのです。神はまた、キリスト・イエスにあって、私たちをともによみがえらせ、ともに天上に座らせてくださいました。」

ここでは過去形です。厳密には不定過去と呼ばれる時制です。ですから歴史上のある時点を指しています。

さらに、コロサイ人への手紙2章13節にはこうあります。

「背きのうちにあり、また肉の割礼がなく、死んだ者であったあなたがたを、神はキリストとともに生かしてくださいました。」

ここでもやはり過去形が用いられています。ですから、やはり歴史上のある時点を指していると考えるべきでしょう。この場合、私たちはいつキリストと共に生き始めたのでしょうか。それはキリストの復活の時点を指しています。キリストが復活したとき、私たちもキリストの復活のいのちにあずかり、その新しいいのちによって生き始めたのです。ちょうどキリストの十字架において私たちの古い人が死んだように、キリストの復活において、私たちの新しい人が生きたのです。私たちは新しいいのちをすでに与えられ、それによって生きています。私たちは、この事実をはっきりと自覚しているでしょうか。これが私たちの日々の意識となっているでしょうか。私たちのうちに働くキリストのいのちと力を自覚しているでしょうか。それはキリスト者の現実です。

キリストの事実

どうしてそのようなことがありうるのでしょうか。パウロは9節で次のように続けます。

「私たちは知っています。キリストは死者の中からよみがえって、もはや死ぬことはありません。死はもはやキリストを支配しないのです。」

パウロの答えは、「なぜなら、死と復活が実際にキリストに起きたことだからである。キリストは神の御子なのに、死の支配する領域に入り、罪人の立場に立たれた。一人の罪人になられたこの方が、死を経験し、さらに死を打ち破って復活されたからだ」ということです。

コリント人への手紙第二、5章21節には、「神は、罪を知らない方を私たちのために罪とされ」

たとあります。イエス・キリストは罪を犯しませんでしたが、私たちの罪を背負い、罪人と全く等しくなられました。罪人であるゆえに、彼は十字架で処刑されたのです。一人の完全な罪人として死なれました。「罪とされた」という表現の中に、御子の贖いのわざの深遠さを見る思いがします。

しかし、キリストが死なれたとき、これまでと全く違ったことが生じました。キリストの死は、これまでの普通の人間の死とは全然違った意味をもっていたのです。これまでの死は、単なる人間の罪の結果です。罪の刑罰としての死です。それは、すべての人間が神の前に支払わなければならない死でした。しかしキリストの死は、これまでの人類の罪を償うものとなったのです。律法の要求を満足するものとなったのです。ですから罪が償われました。そして罪が償われたとき、キリストは復活しました。復活は罪が償われた結果です。もはや死は何も要求できなくなりました。死は私たちを支配することができなくなったのです。

なぜなら、死は罪を利用して人間を支配してきたからです。「死のとげは罪であり、罪の力は律法です」（Ⅰコリント15・56）とパウロが語ったとおりです。死は罪というとげ、あるいは武器・手段を使って人間を攻撃し、そして支配していました。しかし、キリストの死によって罪は償われ、死はその力を失いました。実にキリストは、ご自分の死によって死を滅ぼしたのです。ですから、「キリストは死者の中からよみがえって、もはや死ぬことはありません。死はもはやキリストを支配しないのです」（9節）と言っています。そればかりかキリストは、今や神に対して生きています。それは、これまでの地上の生涯のように罪と死の制約の中ではありません。よみがえって神とのま

った き交わりを持ち、神の右に座しておられるのです。これがキリストに起きたことです。10節にこう書いてあります。

「なぜなら、キリストが死なれたのは、ただ一度罪に対して死なれたのであり、キリストが生きておられるのは、神に対して生きておられるのだからです。」

～と認めなさい

そこで、私たちはどうしたらよいでしょうか。パウロは11節で一つの課題を提示します。パウロはこれまでの全部を要約して、こう言いました。

「同じように、あなたがたもキリスト・イエスにあって、自分は罪に対して死んだ者であり、神に対して生きている者だと、認めなさい。」

キリストにある者として、私たちもまた罪に対して死んだ者であり、神に対して生きています。もはや罪から解放され、罪とは別の世界に生きるようになりました。神に対してのみ責任をもって生きる存在になりました。だからそう認めなさい、と命じています。

ここでパウロは、私たちが罪から逃れる方法を語っているのではありません。罪に対する勝利の秘訣を明らかにしているのでもありません。キリストの十字架と復活の時に、キリストを信じる私たちの身に起きた事実を客観的に語っています。キリストの事実を私たちの事実とする聖霊の働きについて語っているのです。主を信じる者にとっては、これが主にある事実です。その事実の上に立って、私たちがなすべき最も基本的なことは、その事実を認めるということなのです。

ここで「認めなさい」というのは「見なす」ことを意味します。協会共同訳のように「考える」というのではなく、もっと能動的です。旧約聖書のギリシア語訳（いわゆる七十人訳）で、アブラハムが義と「認められた」（創世15・6）というときに使われていることばです。これは認めるべき事実であって、私たちが努力してたどり着く目標ではありません。パウロは「罪に死ぬように」と命じているのではなく、また「神に生きるように」と要求しているのでもありません。これはすでに私たちの事実です。私たちが認めるので事実となるのではなく、事実だからそれを事実と認めなさい、と言っているのです。

はたしてこれが私たちの日々の意識であるかどうか、そのようにパウロの福音を生きているかどうか、吟味したいものです。私たちは、罪に対して死んでいることを自覚しているでしょうか。神に対して生きていることを認めているでしょうか。これが私たちの信仰の出発点です。ここにしっかりと立たないと、12節以後のみことばはおよそ意味がなくなってしまうでしょう。次の信仰のステップに進み行く前に、このことをしっかりと「認めている」者でありたいと思います。

23　義の器・不義の器――6章12節

ですから、あなたがたの死ぬべきからだを罪に支配させて、からだの欲望に従ってはいけません。（新改訳２０１７）

ですから、あなたがたの死ぬべき体を罪に支配させて、体の欲望に従うようなことがあってはなりません。（協会共同訳）

あるご婦人が、こんな話をしていました。

夏期聖会に参加してたいへん恵まれ、良い心持ちで自宅に戻った。ところが台所に入ると、なんと食器の山が洗われずに放ってある。そこでつい、かっとして家族にどなってしまい、聖会で頂いた恵みは一気に吹き飛んでしまった。

聖会で得たあの確信、あの喜びはいったい何だったのか、そう考え込んでしまったというのです。しかし、そもそも神様の目的は聖会自体にはありません。毎日の生活こそクリスチャンとして生きる場所です。私たちの信仰が生きて働くのは日々の現実の中でなければならないのです。聖会において得た恵みをどう生かすか、実際生活への応用と適用が重要です。この12節は、ちょうどそれと同じことです。これまでの恵みをどう用いるかという「応用」の箇所です。

恵みの現実

まず、これまでの流れを思い出してみましょう。パウロは6章1節で、「クリスチャンは罪の中にとどまるべきか」という問題を設定しました。そして11節までその問いに答えてきました。どう答えたかというと、クリスチャンとは何か、クリスチャンとはどういう恵みを神から与えられているのか、キリストの十字架と復活を信じるとはどういうことなのか、それは何を意味するのか、これらを明らかにすることで答えてきました。その答えを要約して言うなら、クリスチャンは、キリストにあって罪に対しては死に、神に対しては生きている。だから罪の中にとどまるべきではない、ということです。そして、クリスチャンはここに徹しなければならない。これがパウロの答えでした。

しかし、これは私たちの経験することではなく、私たちが現に立っている状態です。私たちが信仰によって義と認められたというのと同じように、これは聖書が教えている教理であり、神学です。パウロはこれまで教理を語ってきました。事実を語ってきました。それで11節で、そのことを考えなさい、理解しなさい、認めなさい、そのように把握しなさいと命じたのです。ここまでは恵みです。それなら、私たちはどうすべきなのか、この事実の適用は何か、それをパウロは12～14節で語っています。

ですから

12節は新改訳も協会共同訳も「ですから」と始まっています。「それゆえに」と訳してもよかったでしょう。事実（教理）を語り、それをよく把握してほしいと訴えた後に、「ですから、その事実に立って」という意味でパウロは接続詞をつけています。これまでのことから結論を引き出し、それを適用しようとしているのです。

まず次のことを確認しましょう。この救いの教理は、私たちに新しい行動を要求しているということです。キリストは罪に死に、復活し、神に生きるようになりました。キリストを信じて洗礼を受けたとき、私たちも罪に死に、よみがえり、神に生きるようになりました。そこで、この事実のゆえに、私たちは新しい生き方というものを要求されているのです。もはやこの事実がなかったかのような生き方はできません。これまでの古い生き方を続けることもできません。むしろこの事実から、私たちは正しい結論を引き出して、この事実と一致するように生きなければならないのです。それでパウロは「ですから」とこの節を書き始めたのです。

言い換えれば、私たちのクリスチャンとしての生き方全体は、このキリストの死と復活の事実によって決められていなければならないということです。キリストの事実、キリストに何が起きたのか、そこから私たちの行動が生まれてきます。私たちの生き方は、要するにこの事実を適用することなのです。私たちを本当に動かしているのは、キリストの死と復活の事実でなければなりません。私たちの行いの動機がここになければならないのです。自分がどう思うか、自分がどう感じるかではありません。そのようなことはもはや役に立たず、キリストの事実こそ私たちの動機であり、そこから私たちの行動が生まれてくるはずです。

これがどんなに困難かということは、少し考えれば分かるでしょう。一つの例を挙げましょう。しばらく前のことでしたが、教会にいろいろな問題があり、そのゴタゴタの中で深く傷ついたある方が、私にこう言いました。「私は教会に裏切られた。」私は彼がそう言ったことを忘れることができません。おそらく、ずいぶんつらい経験だったのでしょう。彼は、そこから教会とどう関わりを持つか、結論を引き出しました。教会に集わなくなったのです。その気持ちは分かります。しかし、それは誤ったところから結論を出したのです。教会にはいろいろな問題がありますが、そこから教会を去るという結論を引き出すべきではありませんでした。むしろ聖書が教会について何と言っているか、そこから結論を引き出すべきでした。主イエスは「わたしは……わたしの教会を建てます」（マタイ16・18）と言われました。エペソ人への手紙5章25節には、「キリストが教会を愛し、教会のためにご自分を献げられた」とあります。さらにパウロはコロサイ人への手紙1章25節で、「私は……教会に仕える者となりました」と言っています。そのようなみことばから結論を引き出していたら、その行動は違ったものになっていたはずです。

私たちが結論を引き出すところは、いつもキリストでなければなりません。聖書に明白に語られている正しい教理から、どう行動すべきなのか、どう教会に仕えるのか、結論を出すべきなのです。これは本当に困難なことです。私たちは、どう結論を出していますか。自分がどんな扱いを受けたかではないし、自分がどう感じるかでもありません。もう一度言います。私たちを本当に動かすものは、キリストの死と復活の事実です。もはや十字架と復活がなかったかのような生き方をしないようにしたいものです。

戦いへの召し

パウロはこの事実からどういう結論を引き出しているでしょうか。12～13節でこう言っています。「ですから、あなたがたの死ぬべきからだを罪に支配させて、からだの欲望に従ってはいけません。また、あなたがたの手足を不義の道具として罪に献げてはいけません。」

これは奇妙に思われるかもしれません。11節まででパウロは、「私たちは罪に死んだ」と言ってきました。6節では、私たちの古い人がキリストと共に十字架につけられ、罪のからだは滅んだと言っています。そうなると、私たちは次にパウロがこのように言うことを期待するのではないでしょうか。「ですから、もう罪に悩まされることはありません。あなたがたは普通の人々とは違います。今や罪に死んだ人です。ですから罪との戦いは終わりました。これからは、きよい、一段高い生活を送りなさい。」そうパウロが言ってくれるように思えるでしょう。しかし、そのような考えはパウロには全くありません。「ですから、あなたがたの死ぬべきからだを罪の支配にゆだねてはいけません。」これがパウロの引き出した結論です。

この12節でパウロが言っている中心は、「罪の支配」ということです。この節はたいへんうまい日本語になっていて、そのために中心的意味が見失われてしまう危険があります。実はここの中心は「罪の支配にゆだねてはならない」という命令です。本当は「罪」が主語になっています。つまり日本語ではそういう言い方がないのですが、本当は「罪が、あなたがたのからだを支配することがないようにしなさい」とパウロは言っているのです。もっと正確には「罪をしてあなたがたの体を支配させてはならない」と命じています。

なぜでしょうか。それは、ひとたび罪が私たちを支配すれば、私たちはからだの情欲（あるいは欲望）に従うようになるからです。パウロは、私たちクリスチャンでも罪によって支配される可能性が実際にあることをはっきりと語っています。なぜなら、私たちのからだの中に罪の欲望があるからです。それはまだ完全に処理されていません。取り除かれてはおらず、まだ私たちのうちに残っているのです。復活のからだを頂くまで、罪の欲望が取り除かれることはありません。つまり、私たちの体の中には罪の力が働いているのです。それは私たちを支配することさえできるものです。

パウロはこれまで注意深く、「罪が死んだ」というような言い方を避けてきました。なぜなら罪は現に生きているからです。誰もそれを否定することはできないでしょう。もし私たちがキリストにあって罪に対して死んでいることを忘れるなら、罪はいつでも私たちを再び支配するようになるのです。ですから、罪との戦いはなくなりません。私たちは一生戦い続けていくのです。これこそクリスチャンの姿です。パウロは至るところでそのことを書いてきました。エペソ人への手紙６章では、「悪魔の策略に対して堅く立つことができるように、神のすべての武具を身に着けなさい」（11節）と命じています。「真理の帯、正義の胸当て、平和の福音、信仰の大盾、救いのかぶと、御霊の剣である神のことば」を身に着け、「どんなときにも御霊によって祈りなさい」と（同14～18節）。これが私たちの戦いです。それは一生の間続くのです。

ヘブル人への手紙の著者もこう言っています。

「あなたがたは、罪と戦って、まだ血を流すまで抵抗したことがありません。」（12・4）

罪が生きて働いている間、私たちがこの地上にいる間、キリストが再臨してすべての悪が滅ぼされるまで、私たちがキリストのよみがえりの体を頂くまで、この戦いは続いていきます。ですから、きよめが地上の生涯で完成することもありません。パウロの最初の結論は、「罪に対して死んでいるので罪と戦いなさい。罪はあなたを支配しようと狙っているので、罪に支配させないようにしなさい」ということでした。

では罪が支配するとはどういうことでしょうか。ルターが言った有名なたとえをもう一度思い起こしてください。

「あなたは頭の上を飛ぶ鳥を追い払うことはできないが、鳥が頭に巣を作ることは阻止することができる。」

鳥が頭に巣を作るというのは、まさに罪が支配することです。鳥が頭にとまって巣を作り始めたら、それを手で追い払うのは当然です。罪が私たちの内側に働くことは避けて通れません。誘惑もいつもあります。しかし罪が私たちの内側にとどまり、私たちの関心を奪い取り、私たちを占領してしまうことは避けなければなりません。罪にコントロールされてしまうことは避けることができるのです。

私たちは、おそらく目に見えるところでは、このような罪の支配を逃れているかもしれません。しかし、すでに習慣となってしまった行動についてはどうでしょうか。特に、私たちの心の中、想像の領域ではどうでしょうか。やはり罪にコントロールされていることがあるのではないでしょうか。パウロはそれをここで禁じたのです。ここは、実は現在形の命令形で書かれています。これは大切な点です。つまりパウロは、「罪が支配するのを止めなさい」と言っているのです。「現在やっているそのような罪の支配を、もうそこでストップするように。」これがパウロの引き出した結論です。

どうしてそう命じるのか、すでにお分かりでしょう。もし私たちが罪の中に引き続きとどまるなら、それはキリストの十字架と復活の否定になるからです。この教理から出てくる正しい結論は、私たちが罪にとどまるべきではない、罪に支配されるべきではない、支配されるならばそれはクリスチャンの自己矛盾である、ということです。この結論については、後でもう少し考えたいと思います。

私たち一人ひとりがパウロと同じ結論を導き出すことを願っています。私たちの生活の全体が、キリストの十字架と復活から正しく結論されたものであるように。もはや私たちの生活の全領域は、キリストの十字架と復活から切り離しては存在しえないのです。二度と罪にとどまり、罪にコントロールされることがないように、罪と分かっていることといつまでも関係を続けることがないように。それがパウロの福音を生きることです。

24　神に献げなさい――6章13節

　また、あなたがたの手足を不義の道具として罪に献げてはいけません。むしろ、死者の中から生かされた者としてあなたがた自身を神に献げ、また、あなたがたの手足を義の道具として神に献げなさい。（新改訳２０１７）

　また、あなたがたの五体を不義のための道具として罪に献げてはなりません。かえって、自分自身を死者の中から生かされた者として神に献げ、自分の五体を義のための道具として神に献げなさい。（協会共同訳）

　前節はそれまで語られてきたことから生じてくる最初の適用でした。「私たちは罪の中にとどまるべきか」という修辞疑問からスタートし、そのような考えがいかに救いの教理と矛盾するかを述べ、「では私たちはどう生きるべきなのか」という適用を引き出したのが12節です。教理から結論を引き出すことの重要性をもう一度強調しておきたいと思います。ここでパウロが語っているのはまさにその問題です。教会の中に、「神の恵みを豊かに経験するために罪にとどまろう」という新しい考え方が入ってきたのです。パウロはどうしたでしょうか。彼は2節から11節まで、キリストの十字架と復活の教理を考察して、そこから結論を引き出しました。教理を実際問題に適用しているのです。彼が引き出した第一の結論はこれでした。「ですから、あなたがたの死ぬべきからだを罪に支配させて、からだの欲望に従ってはいけません」（12節）。続く13節で、パウロは二番目の結論を引き出します。

不義の道具として

パウロは13節で、「あなたがたの手足を不義の道具として罪に献げてはいけません」と言っています。「あなたがたの手足」あるいは「五体」とは、12節の「からだ」とほぼ同じ意味でしょう。からだの各部分を強調しているのかもしれません。しかし意味するところは、からだと同じです。つまり私たちの全人格、全存在であって、身体としての「からだ」ではありません。心も感情も、意思も肉体も含めた全体を指しています。それらを「不義の道具として」罪に献げてはいけませんと命じているのです。

この「道具」というのは本来、戦う武器や手段を意味することばです。つまり「不義、不正、悪を行うための武器あるいは手段として」あなたの手足を用いてはならない、というのがこの節の意味です。前の12節でパウロは、「罪があなたを支配することがないようにせよ」と警告しました。

12節では主語は「罪」でした。しかし今度は「あなたがた」を主語にして、私たちも罪との積極的な関わりを持つことや、罪への奉仕になるような思いや行動を慎重に避けるべきだと教えているのです。両者は表裏一体です。

パウロは、キリスト者としての生涯を通してあらゆる罪への積極的な関わりを避けるべきことを教えています。別の箇所でも同じことをこう言いました。

「ですから、地にあるからだの部分、すなわち、淫らな行い、汚れ、情欲、悪い欲、そして貪欲を殺してしまいなさい。」（コロサイ3・5）

また「主イエス・キリストを着なさい。欲望を満たそうと、肉に心を用いてはいけません。」（ローマ13・14）とも言っています。

このような罪のために、私たちのからだ、心、想像力、力やエネルギー、口、手や足を用いてはならないということです。もし私たちが心を罪に献げ、その結果、心の想像の中で罪を許すなら、自分の心を不正の道具として罪に献げたことになります。また私たちの口が他人の悪口を言うとき、自分の口を罪に献げたことになります。心が人を憎むとき、その心は不正の手段として罪に献げられたことになるのです。罪のためには自分のものを一切用いてはならない、ということです。

神のために

しかし、これはパウロが言っていることの半分です。この13節でパウロが本当に言おうとしたのは、むしろその後半部分でしょう。

「むしろ、死者の中から生かされた者としてあなたがた自身を神に献げ、また、あなたがたの手足を義の道具として神に献げなさい。」

これこそパウロの言わんとする中心です。罪を犯さないように注意するだけでは全く不十分です。それは消極的な側面です。私たちには、もっと積極的な行為が求められています。それが「神に自分を献げる」ことです。

「献げなさい」はこの節の中心で、二度繰り返されています。初めは現在形の命令形で「あなたがた自身を神に献げなさい」と命じ、二度目は一種の過去形（不定過去）で「あなたがたの手足を神に献げなさい」と命じています。あまりない用例です。不定過去を使うことでパウロは何を言いたかったのか、いろいろに理解されますが、おそらく、現在の私たちがなし続けるべきことを命じているというより、決定的・全的に私たちのすべてを神に献げることを命じているのでしょう。

「献げる」は祭壇に動物のいけにえを献げるときにも使われることばです。私たちは、そのように自分自身を神に献げたでしょうか。たとえ伝道者や牧師になることを決心したからといって、それで本当に献げたとはいえません。牧師や伝道者でも献げていない人はいます。結局は自分の野心のために、自己実現のために、伝道者や牧師をする人もいるのです。私たちは本当に自分自身を献げているでしょうか。神に自分自身を献げたのでしょうか。

神に献げるとは

このことに関連して、次の項目について考えることで、本当に自分を神に献げたのかどうかを点検することができるでしょう。

(1) まず第一に、神に自分を献げるとは、自分を否定することから始まります。自分の関心、自分の興味、自分のこだわり、自分自身というものを放棄し、捨てることです。

主イエスは、はっきりとこう言われました。

「だれでもわたしについて来たいと思うなら、自分を捨て、自分の十字架を負って、わたしに従って来なさい。」(マタイ16・24)

このことは、私たちがキリストと共に死んだという事実とぴったり一致します。自分に死ぬという教理を受け止めるならば、そこから出てくる結論は、当然自分を捨て、自分を無にして生きるということでしょう。私たちがキリストの死の事実に生かされているなら、自分を捨てることは意外な結論ではなく、当然のことなのです。それは、ヘアスタイルから靴の種類の選択まで、あらゆる分野に及びます。

(2) しかしそれだけでは、まだ不十分です。第二に、神に白紙の委任状を差し出すことです。白紙に自分の名前を署名して、それを神に手渡す。そこに神が何を書こうと、それを行い、従うと決めていること。これが神に献げるということです。私たちは、神にこの白紙委任状を提出したでしょうか。神の命じることなら何でも行おうと決めているでしょうか。これは私たちにとって最も大切なことです。パウロが言うように、もし私たちがキリストと共に死に、共によみがえったのなら、そしてそれを信じているなら、これは当然のことではないでしょうか。それ以外の生き方があるとは思えません。

ですから、献げるとは自分のために何も留保しておかないことを意味します。私たちの能力、賜物、時間、お金、何もかも自分のために取っておかないことです。自分を所有する所有者が交代したことを認めて、自分に対する自分の権利を一切放棄することです。この点について、パウロはコリント人への手紙第一、6章でこう言っています。

「あなたがたはもはや自分自身のものではありません。あなたがたは、代価を払って買い取られたのです。」（19～20節）

ですから私たちは、もはや自分自身を自分のものと主張すべきではありません。神の所有となったのです。

(3)　さらに、神に献げるとは神の御旨に生きることです。カルヴァンはこの聖書箇所の注解で、こう言っています。

「使徒はここで、われわれに、……『神の御意志のほかは何ごとをもかえりみず、神の定めを聞きもらさないために注意を傾け尽し……』ということを命じるのである。」（『カルヴァン新約聖書註解Ⅶ　ローマ書』渡辺信夫訳、新教出版社、一九五九年、161頁）

神の御旨と分かっているのに従うことを躊躇したり、思いとどまったりしないことです。むしろ神の御旨を求め、神の栄光のために歩み続けることです。これが神に献げるということです。『ふくいん子どもさんびか』（いのちのことば社、一九六五年）の68番は、これを見事に言い表しています。

「ちいさいわたしのては　イエスさまのよろこぶしごとを　するためにある
わたしのすべては　イエスさまのもの　じゅうじかでしなれた　イエスさまのもの
ちいさいわたしの　ふたつのあしは　かみさまのみちを　あるくためです
わたしのすべては　イエスさまのもの　じゅうじかでしなれた　イエスさまのもの」
（「すべてはイエスさまのもの」1、4節）

はたして、私たちは「わたしのすべてはイエスさまのもの」と心から賛美することができるでしょうか。これが神に献げるということなのです。これこそ、主の十字架とよみがえりの教理から出てくる私たちの生き方です。それは決して自分を愛するとか、自分のために何かをすることではありません。自分を放棄し自分を捨て、神の義の器として自分を献げることです。主の十字架と復活の教理は、究極的にはすべてを神に献げることを要求します。それが福音です。

マタイの福音書12章に悪霊についての不思議なたとえ話があります。
ある人から汚れた霊が出て行ったが、どこにも休む場所が見つからなかったので、もとの人のところに戻って行った。するとそこはきれいに掃除してあり、以前より住み心地がよくなっていた。そこで自分より悪い七つの霊を連れてきて、一緒に住むようになった。するとその人は前よりもっとひどい状態になった。

これには幾つかの理解の仕方があるようですが、個人に当てはめる場合は、せっかく救われ、悪霊を追放したのに、その空いた心をそのまま真空状態にしていた人と言えるでしょう。心はきれいに片づいた空き家同然の状態にある。そこに前より多くの悪霊が住み着くようになる。そして救われる以前よりもっと悪い状態になっていく。そういうことを意味しているようです。

では、悪霊を追い出され、救われた人は何をすべきだったのでしょうか。それは、新しくされた心を神に献げることです。そして聖霊に内住していただき、神の支配にゆだねることです。もしそれをしないなら、私たちの心は以前より悪くなる。これはパウロがローマ人への手紙で言っていることと全く同じです。

私たちは、自分を神に献げることを恐れていないでしょうか。躊躇してはいないでしょうか。白紙委任状を出したら、神はとんでもないところに自分に遣わすのではないかと恐れているということはないでしょうか。事実は逆です。自分を捨てるとき、私たちは本当に得ることになるのです。献げるとき、神はそれを用いて私たちに最善をなそうとされます。しかし、私たちの献げ方が中途半端なために主の最善を逃してしまうのです。

私たちがキリストの十字架と復活の教理にしっかりと立つならば、すべてを献げる以外に道はありません。そしてそれはエレミヤが言ったように、結局、「平安を与える計画であり、あなたがたに将来と希望を与えるためのもの」です（エレミヤ29・11）。

「あなたがた自身とその手足を、義の器として、神の御旨を行う武器として、神に献げなさい。」

この招きに日々応答して歩みたいと思います。

25　恵みの下にある――6章14節

罪があなたがたを支配することはないからです。あなたがたは律法の下にではなく、恵みの下にあるのです。（新改訳２０１７）

罪があなたがたを支配することはありません。あなたがたは律法の下ではなく、恵みの下にいるからです。（協会共同訳）

この14節で6章の前半が終了します。というのは、次の15節からパウロは二番目の問題に取り組んでいくからです。そういうわけで、この14節はこれまでの議論の締めくくりです。これまでパウロが語ってきたことを簡単に振り返り、この14節の恵みのみことばを味わいたいと思います。

これまでの流れ

6章における第一番目の問題は、これまでも確認してきましたが、「恵みが増し加わるために、私たちは罪にとどまるべきでしょうか」（1節）でした。いわば、クリスチャンと罪との関係は何かということです。パウロの答えは、罪に対して死んだ私たちは、罪の中に生きることができるわけがないということでした。このキリストにあって死んだ「死」を、パウロは1～11節で語りました。キリストの十字架と復活を語り、そのとき私たちに何が起きたのかを語ったのです。これは「救いの教理」です。私たちが罪に対して死んだこと、私たちの罪のからだが滅んだこと、しかし、イエス・キリストのよみがえりにより新しいいのちによって生きるようになったこと。これらについて十分な理解が必要です。そうでなければ、罪に打ち勝つことはできません。私たちが経験した救いをはっきり理解しなければ、新しい現実を生きることはできないのです。

それでは、私たちはどうすべきでしょうか。パウロはその教理に基づいて、三つのことを命じました。それもすでに考えてきたことですが、第一は、「キリスト・イエスにあって、自分は罪に対して死んだ者であり、神に対して生きている者だと、認めなさい」（11節）。事実でないことを事実だと無理に思い込むのとは違います。私たちの身に起きた事実を事実として受け止めることです。

第二の命令は否定的命令です。「あなたがたの死ぬべきからだを罪に支配させて……はいけません」（12節）。もちろん、罪から解放された者が、もう一度罪の支配に自分を任せるということはしないはずです。そうするのであれば、自分がキリストにあって何者か分かっていないのです。

そして第三の命令は、「あなたがた自身を……義の道具として神に献げなさい」（13節）です。ここで、神と罪は共に働き人を求めていることが分かります。罪は不義の道具となるように私たちを招く。一方で神は、義の道具となるように私たちを招く。今や私たちは、二つの招きの中間に立たされているのです。自分を罪に献げて罪の道具となって働くこともできるし、自分を神に献げて義の道具となることもできるのです。

このように、地上においてはなお戦いがあります。ここには戦うクリスチャンの姿があります。ある説教者がこのように言っています。

「今日の教会の主な問題は、教会が病院のようになってしまったことだ。それゆえにこの世は地獄に向かっている。」

クリスチャンはもはや兵士のようではなく、みな病人のようになってしまった。だから教会に慰めや励ましや心の手当てを求めてやって来る。しかしそれは、新約聖書の教会の姿からは掛け離れています。

聖書に出てくる教会の姿を見るならば、それは戦う教会です。それは一人ひとりにおいても同じことです。私たちは事実、戦いの渦中にいます。もはや自分のことに関わっていることはできません。大切なのは、自分の問題にこだわるのをやめ、私たちの全体を神に献げること、神の器として献身していくことにほかなりません（ローマ12・1）。

パウロは、このような三つの命令を経てこの14節にたどり着きました。そして締めくくりとして、私たちクリスチャンの最も大きな慰めと励ましを語っています。

罪の支配の終了

14節は、「罪があなたがたを支配することはないからです。あなたがたは律法の下にではなく、恵みの下にあるのです」となっていますが、実はここには理由を示す接続詞が二回も繰り返されています。新改訳2017も協会共同訳も省いていますが、新改訳第三版では、「というのは、罪はあなたがたを支配することがないからです。なぜなら、あなたがたは律法の下にはなく、恵みの下にあるからです」となっており、最初の接続詞は「というのは」、二番目は「なぜなら」と訳出されています。しかし二つは同じことばで、理由を指す接続詞（ガル）です。

最初の「というのは」は、直前の13節を受けています。そこでは、「あなたがたの手足を義の道具として神に献げなさい」と命じて、その理由が述べられています。なぜ神に自分自身を義の道具として献げるべきなのでしょうか。それは、「罪があなたがたを支配することがないから」です。罪はもはや私たちを支配しない、罪の支配的な力から私たちは解放されている。これは確かな事実です。でもパウロは、私たちクリスチャンは二度と罪を犯さないと言っているのではありません。罪が消えたと言っているのでもありません。客観的な事実として、罪は私たちを支配しないと言っているのです。パウロは、現にある事実、私たちが立っている現状をここで宣言しています。かつて私たちは罪の支配下にあり、罪の奴隷でした。罪から離れたくても離れられなかったのです。しかし今は違います。罪はもはや私たちを支配することができないのです。

それがどのように実現したのかについては、すでに見てきました。それは、私たちがキリストにあって死んだからです。そのとき、私たちは罪に対して死に、罪との関係が終わりました。私たちの古い人は十字架につけられ、罪のからだが滅びて死ぬことによって、罪の支配から解放されたのです。そのことは、必然的に自分を義の道具として神に献げるように導くでしょう。それ以外の選択肢はありえません。罪から解放された者が罪の下にいることはありえないからです。

律法の下にはない

それでは、なぜ罪が支配することはないと言いきれるのでしょうか。その理由を述べるために、14節にもう一度、接続詞が入っています。節の後半で「なぜなら」とパウロは理由を述べます。それは「あなたがたは律法の下にはなく、恵みの下にあるからです」（新改訳第三版）。

パウロは、ここで二つの理由を述べています。最初の理由は否定的で、次は肯定的です。最初の理由は、「あなたがたは律法の下にはない」ということです。これはどういう意味でしょうか。これは7章で全面的に展開される「律法からの解放」という重要な問題です。ここでいう律法とは「モーセの律法」だけでなく、あらゆる種類の律法、法律、道徳律、規律、規則、良心の声までも含んでいるでしょう。そして、すべての人は生まれながらにしてその法の下にあります。法と無関係に生きている人は誰もいません。国家にも法律があり、違反すれば罰せられます。私たちもイエス・キリストを知る前は律法の支配下にいました。その法は私たちに絶えず、「あなたはあれをすべきだ。これをすべきだ」「これもできていない。あれもできていない」「なぜこれをしないのか。

なぜ愛がないのか」と要求します。これが律法です。

しかも律法は、様々な要求をするだけで、それを成し遂げる力は与えてくれません。私たちはただ自分の力で努力して、その律法の要求を全部果たさなければなりません。それは人間的努力の世界です。そればかりか、律法にはさらに恐るべきもう一つの側面があります。律法は私たちがそれを守れないとき、私たちを容赦なく罪に定め、刑罰とのろいをもたらし、永遠の死と地獄へと定めるのです。

これがすべての人の置かれている危険な状況です。律法のもとでは、すべての人が有罪判決を受けて滅びるのです。ガラテヤ人への手紙3章22節で、パウロは「聖書（律法）は、すべての人を罪の下に閉じ込めました」と語りました（新改訳第三版、括弧内筆者）。なぜなら、律法は「違反を示すためにつけ加えられたもの」（同19節）だからです。違反を示しますが、違反した者を救うことはできず、ただ滅びへと定めるのです。これが律法の下にある人々の現実です。

しかし、パウロは高らかに宣言します。

「あなたがたはもう律法の下にはいない！」

どうしてそんなことがありうるのでしょうか。それはキリストにあって可能になりました。今はこのテーマに深入りすることはできませんが、パウロはこのことを7章で詳しく取り扱っています。今は、とりあえず7章4節だけを見ておきましょう。

「ですから、私の兄弟たちよ。あなたがたもキリストのからだを通して、律法に対して死んでいるのです。それは、あなたがたがほかの方、すなわち死者の中からよみがえった方のものとなり、こうして私たちが神のために実を結ぶようになるためです。」

パウロは、私たちが罪に対して死んでいるように「律法に対しても死んだ」と主張します。どうしたらそのようなことが可能なのでしょうか。それは「キリストのからだを通して」です。あるいは、キリストにあって死んだことにより、罪の支配だけでなく、律法の支配からも解放されたのです。もう戒律を守るような生活が私たちの生き方であってはなりません。規則に縛られて自分を律するのは、キリスト者の生き方ではないのです。この恵みを忘れてはならないでしょう。

恵みの下にある状態

しかし、これは14節で語っている否定的な理由にすぎません。確かに律法の支配から解放されることによって、罪が支配することはなくなります。しかし、もっと重大な、もっと積極的な理由が存在します。それは「あなたがたは恵みの下にある」ということです。

私たちはキリストにあって死んだとき、律法の支配する世界から、神の恵みが支配する世界に移されました。そこは律法の世界とは別世界です。どのように違うでしょうか。「恵みの下にある」とは、主イエスが十字架と復活によって獲得したすべての恵みのご支配の中にあるということです。そこは、十字架の血によってもたらされた恵みの契約、新しい契約が支配する世界です。神に義と認められるために、そこでは何の努力もいりません。神はキリストを信じる信仰によって、私たちを義と認めてくださるのです。私たちは救われるために律法的な努力をする必要は全くなくなりました。救いの努力から解放されたのです。それぱかりか、私たちが罪を犯しても、その償いを要求されることもありません。神は全く自由に、価なしに、無限に私たちの罪を赦してくださったのです。神はもはや私たちの罪を数えることをせず、罪を覚えていないのです。

それぱかりか、神は私たちに新しいいのちを与えてくださいました。キリストの復活のいのちです。生きるために必要な新しい力を与えてくださったのです。神はすべての霊的祝福をもって私たちを祝福してくださいました。こうして私たちをキリストにある者とし、主イエスの十字架と復活からもたらされたすべての恵みの下に置いてくださったのです。

これらの恵みの圧倒的な現実のゆえに、罪はもはや私たちを支配することがないのです。罪の力が働く余地はありません。私たちは今、神の恵みの下に移されています。神は私たちを祝福へと定めてくださったのです。

私たちのなすべきこと

この二つの事実、すなわち、律法の下にはない、恵みの下にある、という二つの事実のゆえに、罪はもはや私たちを支配することがありません。だからパウロは、義の道具として神に献げることを命じたのです。罪に対する勝利が保証されているのだから献げよと言っているのです。パウロは先ほど挙げた7章4節で、このすべてを要約してこう言っています。

「私の兄弟たちよ。あなたがたもキリストのからだを通して、律法に対して死んでいるのです（＝律法の下にはない）。それは、あなたがたがほかの方、すなわち死者の中からよみがえった方（＝キリスト）のものとなり（＝恵みの下にある）、こうして私たちが神のために実を結ぶようになるためです。」（括弧内筆者）

ですから私たちは、「死者の中からよみがえった方のものとなり」生きるのです。それは結婚を意味する言い方です。古い夫である律法と死別し、新しく死者の中からよみがえったお方と結ばれて生きるのです。

クリスチャンが罪との関係を考えるとき、この二つは決して忘れてはならないことです。いろいろな誘惑との戦いの中に置かれても、この事実に目を留めて歩んでいただきたいと思います。それは、ただ主イエスとますます固く結びつくということであり、受けた救いの恵みの中を生きることにほかなりません。

26 もう一つの問題――6章15～16節

では、どうなのでしょう。私たちは律法の下にではなく、恵みの下にあるのだから、罪を犯そう、となるのでしょうか。決してそんなことはありません。あなたがたは知らないのですか。あなたがたが自分自身を奴隷として献げて服従すれば、その服従する相手の奴隷となるのです。つまり、罪の奴隷となって死に至り、あるいは従順の奴隷となって義に至ります。

（新改訳２０１７）

では、どうなのか。私たちは律法の下ではなく恵みの下にいるのだから、罪を犯そう、ということになるのでしょうか。決してそうではない。知らないのですか。あなたがたは、誰かに奴隷として従えば、その人の奴隷となる。つまり、罪に仕える奴隷となって死に至るか、神に従う奴隷となって義に至るか、どちらかなのです。（協会共同訳）

6章は15節を境に二つに分割できます。パウロは6章で同じような言い回しを二度繰り返しています。1節は「それでは、どのように言うべきでしょうか」と始まり、15節では「では、どうなのでしょう」と始まっています。よく似た導入句です。次に問いかけがきます。1節では「恵みが増し加わるために、私たちは罪にとどまるべきでしょうか」と問い、後半は15節で「私たちは律法の下にではなく、恵みの下にあるのだから、罪を犯そう、となるのでしょうか」と問います。

これはいわゆる修辞疑問文で、答えは「ノー」であることが決まっています。ですから、前半も後半もその直後に非常に強い否定詞がきています。

「決してそんなことはありません。」

これは二度全く同じ言い方が繰り返されています。そしてそこから、なぜ「ノー」なのか、その説明が展開されていくのです。

ですから、私たちはここから「もう一つの問題」に取り組んでいくことになります。ただ、最初の問題とは非常に微妙な違いで、何が違うのかほとんど分からないほどです。

両者の相違

まずは両方の問題を比べてみましょう。前半では、「恵みが増し加わるために、私たちは罪にとどまるべきでしょうか」（1節）という問いでしたが、後半は、「私たちは律法の下にではなく、恵みの下にあるのだから、罪を犯そう、となるのでしょうか」（15節）と言っています。表現は違いますが、本質的には同じことを問いかけていることが分かるでしょう。根本にある問題とは、「神の恵みが私たちを罪に導いていくかどうか」ということです。あるいはこう言うこともできます。「神の恵みが罪を引き起こす原因となるかどうか。」

両方ともよく似ていますが、しかしここには微妙な違いがあることも確かです。1節では「恵みを増大させる」という目的のために罪にとどまるべきかということでしたが、15節では「私たちは恵みの下にある」という理由のゆえに罪を犯すべきかと問うています。私たちが罪を犯すことは同じですが、そのときに神の恵みがどのように関与するかということです。前者では恵みを増大させる目的を果たすために罪を犯すのですが、後者では、恵みの下にあるという立場が逆に私たちを罪に導いていくかどうかという問題を扱っているのです。

前半では、私たちが信仰によって義と認められたので、そのことが私たちを罪（放縦）へと導いていく危険について論じていました。神の恵みの大きさが、あるいは救いが、あまりにも単純なので、そのことがかえって罪を助長することはないか、罪を犯すように私たちを励ますおそれはないか、ということです。そのことはすでに考えましたが、パウロの答えを要約するならば、私たちはキリストにあって罪に対して死んでいるので、罪から解放されているので、罪にはとどまれない、ということでした。そこではパウロは「罪からの解放」を論じたのです。

何を受けているか

このようなパウロの前半の問いは、直接的には5章20節の「罪の増し加わるところに、恵みも満ちあふれました」を受けていました。「罪が増し加われば恵みも増し加わる。それならば、罪の中にとどまっていたほうがよいのではないか」という誤解です。それに対して後半の問いかけは、直前の「あなたがたは律法の下にではなく、恵みの下にあるのです」（6・14）を受けています。その言明を受けて、次のような発想が出てくるのです。

「私たちは律法の下にはない。法の支配下にはない。今や私たちは恵みの下にある。それなら、罪を犯しても大丈夫だ。」

「律法の下にあると、罪を犯せばさばかれてしまう。しかし恵みの下にあるならば、いくら罪を犯してもさばかれることはない。神は恵み深い方である。無限に赦しを与えてくださる。だからむしろ罪を犯そう。」

このように、神の圧倒的な恵みが私たちを罪に導いていく誘惑になるのではないか、という問題が生じるのです。前半の問いでは「罪にとどまるべきか」と消極的表現でしたが、後半は「罪を犯そう」と、もっと積極的な表現になっています。もし律法の下にあれば、罪を犯したときは当然刑罰を受けることになるでしょう。しかし恵みの下にあれば、罪をいくら犯しても刑罰がないばかりか、祝福が保証されているのです。それならば罪を犯そうじゃないか、ということになるのです。いずれにしても、神の恵みは私たちを罪に導くかどうかという問題を扱っており、二つの問いは本質的には同じです。

このような問いかけは、それ自体おかしいと誰もが直感的に考えますが、だからといって私たちに無縁のことかといえば、そうでもありません。これは私たちも身に覚えのある誘惑ではないでしょうか。恵みの下にあることから自分の罪に対して厳密に向き合うことを避ける。救いは保証されているという事実から、罪に対して曖昧になっていく。神は愛であることが強調されすぎて、結局神の律法がおろそかにされていく。そのような数々の現実は、このことが原因となっているでしょう。すでに救われている、永遠のいのちがある。そこから罪についていつの間にか誤った結論を引き出してしまう。そのような状況に対してパウロは警告を発しているのです。

奴隷であることを知らないのか

パウロは、そのような問いに対して再び明快な答えを出します。まず15節の最後で「決してそんなことはありません」と全面的に否定して、それからその理由を述べていきます。これも前半と同じような展開になっています。次の16節を考えたいと思います。

「あなたがたは知らないのですか。あなたがたが自分自身を奴隷として献げて服従すれば、その服従する相手の奴隷となるのです。つまり、罪の奴隷となって死に至り、あるいは従順の奴隷となって義に至ります。」

「あなたがたは知らないのですか。」これは、相手が当然知っていることを前提として問う修辞疑問で、パウロのお気に入りの論法です。その背後にあるのは「まさか知らないということはないですよね。みなさん全員がすでによくご存じのことですよね」というパウロの理解です。

パウロが指摘しているのは、「あなたがたは奴隷である」という事実です。パウロの文章は長くてしばしば分かりにくいのですが、16節で言われている枝葉の要素を全部取り除いて主文章だけにすると、パウロがここで主張しているのは「あなたがたは奴隷であることを知らないのですか」ということです。

解放か奴隷か

この答えは、最初の問いに対する答えと比較するとたいへんおもしろいと思います。1節にある問いに対して、パウロは「あなたは罪に対して死んでいて、罪から解放されていることを知らないのですか」と答えています。たとえば7節を見ると「死んだ者は、罪から解放されているのです」と言っています。前半では「解放」ということが答えだったのです。ところがこの16節では全く正反対に、あなたは「奴隷」であることを知らないのですか、と問いかけています。奴隷であることが答えとなっているのです。解放されることと奴隷であることは正反対のことですが、この二つの現実を生きているのがクリスチャンなのです。私たちは、罪から解放されているけれども、奴隷でもある。この両方を兼ね備える立場に立っているのがクリスチャンの真実です。クリスチャンは罪から解放された者ですが、なお奴隷なのです。

私たちは、自分が奴隷であるということを意識しているでしょうか。このことが曖昧にされているために、クリスチャンとしての生き方が曖昧になっていることはないでしょうか。自分が奴隷であることを心に深く刻んでおきたいと思います。奴隷であるということは、自分の願うようには、自分の好きなようには、生きられない者であるということです。主人がいて、その命令に従って生きるのが奴隷です。ですから、私たちはまさに奴隷ではないでしょうか。

奴隷の一般原則

「あなたがたは奴隷である」ということから、パウロは何を言いたいのでしょうか。パウロはそこからクリスチャンの生き方について重要な原則を導き出しています。

まず16節でパウロは、奴隷とはどのようなものか、どのような生き方をする者なのか、奴隷のありようを描いています。そして、それをクリスチャンの生き方に適用しているのです。16節で「あなたがたが自分自身を奴隷として献げて服従すれば、その服従する相手の奴隷となるのです」と言っています。これが奴隷に関しての一般原則です。「あなたがたは奴隷となるのです」と言っていますが、文字どおり訳すなら「あなたがたは奴隷です」となります。協会共同訳では「あなたがたは、誰かに奴隷として従えば、その人の奴隷となる」となっていますが、これはだいぶ省略した訳です。そして「奴隷として従う」よりは、「奴隷として献げる」としたほうがはるかに原意を表しています。日本語に訳しにくい文章ですが、直訳するなら「あなたがたが自分自身を奴隷として従順に至るように献げるならば、あなたがたは聞き従う人の奴隷です」となるでしょう。いずれにしても、パウロは奴隷とはどのような者かを描いているのです。奴隷とは、主人への全面的な服従によって自分自身を献げている人です。自分の願いや目的のために自分を献げず、ほかの人に自分を献げて生きている、それが奴隷です。

パウロはローマ帝国の時代に生きていました。ローマ帝国で奴隷はごく普通の身近な存在であり、人々は日々、奴隷と接して生きていました。そして、その奴隷の姿にパウロは自分自身を、そしてすべてのクリスチャンの生き方を見ていたのです。

この6章後半で鍵を握っているのは「献げる」ということばです。すでに13節に出てきましたし、16、19節にも出てきます。古代ローマ社会において、人々は破産を避けるため、自分を奴隷として売ることがありました。そのように、ここで当然の前提とされているのは、誰でも自分を従順に献げるならば、その人の奴隷となるということです。

ここでパウロは、そのことを非常に強調しています。16節は複雑で分かりにくい文章ですが、パウロの言いたいのはこういうことだと思います。パウロは「あなたがたは奴隷です」と言った後に、誰に対して奴隷かということを語ろうとしました。そのために奴隷について二つのコメントをつけ加えた。一つは「あなたがたは、自分自身を（従順に至るために）奴隷として献げているお方に対して奴隷です」。もう一つは「あなたがたが従っているそのお方に対して奴隷です」。このように二重に言っていると考えられます。

このような繰り返しによってパウロが強調しているのは、誰でも従うお方に対して奴隷であるということです。単純に従うというのではなく、奴隷として自分を献げたならば、ひたすら服従していくはずです。そのような奴隷の姿に、パウロはクリスチャンの生き方を見ているのです。問題は従い方であり、従順の程度です。私たちも神に従うと言いますが、その従い方は奴隷的でしょうか。それとも、自分が従いたいときだけ、従える程度に従っているのでしょうか。私たちの従い方が問われているのです。

二つの道　罪と義

奴隷の場合、従い方だけではなく、次に誰に従うかという問題があります。16節の後半で、パウロは二つの選択肢を示しています。

「つまり、罪の奴隷となって死に至り、あるいは従順の奴隷となって義に至ります。」

二つの選択肢とは、罪の奴隷か、それとも従順の奴隷かということです。もし罪の奴隷となるならば、つまり罪という主人に自分を献げれば、それは死に至る。その最終のゴールは死であり、滅びるということです。もう一方で、「従順の奴隷」とされるならば、その最終ゴールは義であるということです。人は罪の奴隷か、従順の奴隷か、どちらかでしかありません。その中間はありえないのです。

ここでパウロが対比しているものに注目すると、少し不思議な感じがします。パウロは、「罪の奴隷」と「従順の奴隷」を対比しています。でも普通なら、「罪の奴隷」と「義の奴隷」（18、20節参照）、あるいは「罪の奴隷」と「神の奴隷」（22節参照）が対比されるべきでしょう。事実、20節以降ではそのようになっています。しかしここでは、「罪」と「従順」が対比されています。

この場合の従順とは何のことでしょうか。それは従順ということばの意味から、積極的な行為を意味しているはずです。ある人は、従順を「信仰の行為」と考えます。信仰から生まれてくる行いです。それはローマ人への手紙1章5節にある「信仰の従順」ということばによって支持されるかもしれません。しかしパウロは、そこまで遡って語っているわけではないと思います。むしろ、パウロはクリスチャン生活における神への従順の重要性を強調しているのでしょう。クリスチャンの自由とは自分が行いたいことをする自由ではない。むしろ神に喜んで従う自由である。神に進んで従う従順こそキリスト者の特徴です。

死と義

さらにパウロはここで、「死」と「義」を対比させています。罪の奴隷ならば死に至る。しかし従順の奴隷ならば義に至る、というように、死と義が対比されています。これも対比にしてはバランスを欠いているでしょう。普通「死」の反対は「いのち」であって、「義」ではありません。ですから「死に至る」ことと「いのちに至る」ことが対比されているならよく理解できますが、なぜ「義に至る」と言ったのでしょうか。この場合の義とは何でしょうか。

この「義」もなかなか定義が難しいことばです。この場合の「義」とは、おそらく従順によってもたらされるもので、包括的に理解するべきでしょう。それは「救いの完成」とか「新しい天と地の完成」において頂点に達するものです。

パウロはそれぞれ、罪の奴隷となった場合の結果と、従順の奴隷となった場合の結果を語っています。それは死と義という違いです。死とは肉体的な死も霊的な死も含む包括的、最終的な死です。それはまた永遠の死である滅びも含んでいます。しかし、従順の奴隷であれば義に至ります。義はいのちと同義ではありませんが、いのちに至る手段です（5・21参照）。ですから、従順の奴隷であれば「永遠のいのち」「永遠の祝福」「救いの完成」に至るのです。

キリスト者の自由

私たちは、自分のことを奴隷とは考えていないかもしれません。奴隷ではなくて、むしろ自由だと思っているのではないでしょうか。それは、罪との関係においてはそのとおりです。私たちはみな罪の奴隷でした。イエス・キリストが言われたように、「罪を行っている者はみな、罪の奴隷です」（ヨハネ8・34）。しかし、イエス・キリストの救いにあずかったとき、私たちは罪の奴隷から解放されたのです。それは確かに罪からの解放でした。ただしそれは、今後自由に何でもしてよい自由ではありません。新しい主人の奴隷となるための自由でした。罪の奴隷から従順の奴隷となったのです。主人がいない人間は誰もいません。クリスチャンもノンクリスチャンも、結局は奴隷です。そのことを知らないのですか？　とパウロは問うているのです。

そこで、私たちの選択は誰の奴隷となるかということです。それは最終的には、罪の奴隷か神の奴隷か、ということです。そう考えてくるならば、ここでの問題、「私たちは律法の下にではなく、恵みの下にあるのだから、罪を犯そう」という愚問に対して自ずと答えが出るでしょう。どのようなものの下にあっても、罪の奴隷でない限り、「罪を犯そう」というような発想は生まれてこないのです。それが生まれてくるのは、自分が神の奴隷であることを知らないからです。自分が何者なのか、それを知らないゆえの悲劇です。

このみことばを通して、私たちはもう一度、自分の信仰を振り返る必要があります。恵みの下にあっても、神に従うための義務は生じます。人間は罪の下にあるのか、神の下にあるのか、どちらかでしかないからです。その中間にとどまることはできません。絶えず神に献げていくことが私たちの生き方です。罪に仕えれば死に向かい、神に従えばいのちに至ります。罪を犯すということは、自分を奴隷として罪に引き渡すことです。もし誘惑の声にいつも屈服しているならば、私たちは再び罪の奴隷となっているのです。しかし、どのような状況であっても、神に従って生きようと願っているならば、それは従順の奴隷の姿です。そのような熱心が自分のうちにあるかないかを探っていただきたいのです。

奴隷は二人の主人に仕えることはできません。奴隷というのは一人の主人にだけ服従する存在であって、主人以外の者に仕えることはできません。私たちの歩みも、そのようなものでありたいと願います。

27 奴隷から奴隷へ――6章17～18節

神に感謝します。あなたがたは、かつては罪の奴隷でしたが、伝えられた教えの規範に心から服従し、罪から解放されて、義の奴隷となりました。(新改訳２０１７)

しかし、神に感謝すべきことに、あなたがたは、かつては罪の奴隷でしたが、伝えられた教えの基準に心から聞き従って、罪から自由にされ、義の奴隷となったのです。(協会共同訳)

パウロは、救いを経験したクリスチャンたちには二つの特有な危険がつきまとうことを知っていました。第一は律法主義です。これについては7章で詳しく扱いますが、クリスチャンであっても律法の奴隷となりうる危険に警告を発しています。もう一つは律法廃棄主義、無律法主義で、救われているのだから何をしてもよいと考えて、律法を無視していく考え方です。6章でパウロが扱っているのは、この後者のほうです。

これまで私たちは、6章における二番目の問題「恵みの下にあるのだから、罪を犯そう」(15節)

を考えてきました。恵みの下にあるので、もう罰せられることはない。それならば罪を犯しても大丈夫であると考えて、罪との関係を断とうとしない、私たちの弱さの問題です。それに対してパウロは、決してそうではないことを示すために「奴隷」を引き合いに出して語りました。それが16節です。16節の文章の骨格は「あなたがたは奴隷であることを知らないのか」ということで、これがパウロの中心的な主張でした。「クリスチャンはみな奴隷である。」この大前提のもと、パウロはそのことを17節と18節で具体的に私たちに当てはめて語っていきます。

感謝とその理由

17節の冒頭、パウロはいきなり「神に感謝します」と声を張り上げています。これは救いを経験した、すべてのクリスチャンの叫びでもあります。パウロは何を感謝しているのでしょうか。それはローマのクリスチャンたちが経験した大きな救いの変化です。それは私たちが知らないものではありません。このあと18節にかけて、パウロは三つの動詞を使って三段階でその変化を語ります。まず、あなたがたはかつては罪の奴隷で「あった」ということです。それは救われる以前のすべてのクリスチャンの状態です。しかし、そんな奴隷に何が起きたでしょうか。二番目の動詞は「服従した」です。「教えの規範に服従した」のです。それは心からの服従でした。そしてさらに三番目に、義の奴隷と「なった」のです。それらの詳細はこれから考えていくとして、パウロはこの一連の変化を神に感謝しているのです。なぜなら、その変化をもたらしたのは神だからです。それがローマのクリスチャンたちが経験した救いであり、私たちの救いです。この救い、この変化を私たちのうちに起こしたのは、すべて神の一方的なあわれみのみわざです。私たちの中に誰ひとり、自分の力や決断によってクリスチャンになった人はいません。誰も自分でクリスチャンになることはできません。それは神のあわれみであり、神の恵みのみわざです。

ここでの「感謝」は、通常「恵み」と訳されることばです。そして、これは動詞ではなく名詞です。ですからパウロは、「ただ神に感謝！」と叫ぶように言っているのです。これはパウロが特別に神への感謝を表すために用いた表現で、ローマ人への手紙では7章25節にも出てきます。

「私たちの主イエス・キリストを通して、神に感謝します。」

さらに、コリント人への手紙第一、15章57節もそうです。

「しかし、神に感謝します。神は、私たちの主イエス・キリストによって、私たちに勝利を与えてくださいました。」

そのほかにもあります（Ⅱコリント2・14、8・16、9・15）。

私たちも、救いのみわざをなしてくださった神に対して、「ただ神に感謝」と叫びたい。それは、すべて神が私たちのうちに働いて実現してくださった神のみわざです。

かつては罪の奴隷

次に、改めてパウロの語るこの変化について考えたいと思います。パウロは最初に、「かつて、私たちは罪の奴隷であった」と語ります。これ自体は新しい主張ではなく、すでに16節でも「罪の奴隷となって死に至る」と言っています。「罪の奴隷」とは、罪という主人に仕えて生きている奴隷です。奴隷ですから逆らうことはできず、罪の命じることをそのまま行い、罪の願うままに行動します。罪に抵抗しようにも抵抗できず、唯々諾々と罪に従っていくのです。それは強制力を伴う主従関係です。パウロはそんなあわれな奴隷状態を、次の7章でこのように描写しました。

「私には、自分のしていることが分かりません。自分がしたいと願うことはせずに、むしろ自分が憎んでいることを行っているからです。」（15節）

これが罪の奴隷の正直な告白でしょう。奴隷は、自分の願いに反して従っていかざるをえないのです。それは、生まれながらの罪の性質が、非常に強く根深く私たちを支配しているからです。また、主イエスもこう言われました。

「まことに、まことに、あなたがたに言います。罪を行っている者はみな、罪の奴隷です。」（ヨハネ8・34）

私たちが罪を犯すのは、私たちが罪の奴隷だからです。罪を犯すから罪の奴隷なのではありません。罪の奴隷なので、必然的に罪を犯すのです。

主イエスはまたこのようなたとえを話されました。

「良い木はみな良い実を結び、悪い木は悪い実を結びます。良い木が悪い実を結ぶことはできず、また、悪い木が良い実を結ぶこともできません。良い実を結ばない木はみな切り倒されて、火に投

げ込まれます。」（マタイ7・17～19）

これも罪の奴隷であることをよくたとえています。木が根元から腐っていれば、どんなに努力しても悪い実しかならない。そういう意味で、私たちは罪の奴隷でした。

パウロは「罪の奴隷であった」ことを、文法的には未完了形で語っています。その意味するところは、過去における継続です。私たちは、決して一時的に罪を犯したのではありません。過去においてずっと罪の奴隷であり続けたのです。

教えの規範

そのようなみじめな生活をしていた私たちに、神は働いてくださいました。そして、私たちを「義の奴隷」としてくださったのです。それはどのようにして起きたのでしょうか。パウロはここでクリスチャンがどのように誕生するのかを語ります。それが17節の後半です。「伝えられた教えの規範に心から服従し」たのです。これがクリスチャンの回心です。クリスチャンになるということは、これ以下のことであってはならないと思います。

ここでまず気になるのは「教えの規範」という表現です。「教え」とは要するに教理のことです。ですから教理の規範です。キリスト教とはどのような教えなのか、初代教会は、ごく早い時期からまとまった教理の規範をきちんと持っていました。初代教会にそのような体系的教理があったということを認めない人々は、この箇所を後代に挿入されたものと考えます。しかし、このことは新約聖書のあちこちに見当たる表現です。たとえば使徒の働き2章42節には、「彼らは……使徒たちの教えを守り」と書いてあります。「使徒の教え」というものがすでにまとまっていたのです。パウロもこのことを繰り返し語りました。「健全な教えをもって励ます」（テトス1・9）とか「私から聞いた健全なことばを手本にしなさい」（Ⅱテモテ1・13）とか、特にコリント人への手紙第一にはこう書いてあります。「あなたがたは……私があなたがたに伝えたとおりに、伝えられた教えを堅く守っているからです」（11・2）。キリスト教には、ごく初期の頃から「これがキリスト教です」と伝えられてきた教理があったのです。

そのことはその後の教会の歴史を見ても分かります。二世紀に生まれた「信仰規範」と呼ばれるものが幾つも残っています。それは、私たちが使っている「信仰告白」よりもずっと詳しいもので、一つにまとめられた教理体系でした。その教えは一定の形式をもつ「規範」となっており、教理だけでなく、クリスチャンはいかに生きるべきかという倫理上の規定も入っていたのです。キリスト教信仰とは、信じる者の日々の生活に表れるべきものだからです。

パウロはここで、「神のみことば」に服従するというだけでは満足しませんでした。そうではなく、「教えの規範」にきちんと従うことがクリスチャンになるということなのです。初代教会は、洗礼を志願する人々にそのような一定の教えを提示し、学ぶ期間を持ちました。洗礼の前に、それを信じ受け入れることを求めていたのです。

それは今日も同じです。私たちも洗礼を受けるときに、洗礼準備クラスで教会の信仰告白を学びます。キリスト教は一つの真理の体系です。それはユダヤ教や他のローマ時代の異端的教えとは明確に区別されるべきものでした。

心からの服従

そのような教えの規範に「心から服従する」ことが、クリスチャンの回心です。イエス様の十字架を信じればそれで完了なのではありません。伝道集会で決心を表明すればそれで十分なのでもありません。それは出発点であって、その後、真理全体を学び、その真理に「心から服従」することが不可欠です。パウロがここで「服従」ということばを用いることは、私たちの信仰をよく表しているように思います。それは「聞き従う」という意味です。信仰とは「心からの服従」であって、曖昧な決心ではありません。預言者エリヤが、曖昧な信仰に立つイスラエルの人々にどのようにチャレンジしたか思い出してください。エリヤはこう言いました。

「おまえたちは、いつまで、どっちつかずによろめいているのか。もし主が神であれば、主に従い、もしバアルが神であれば、バアルに従え。」（Ⅰ列王18・21）

しかし、民はこのエリヤの挑戦に一言も答えることができませんでした。彼らはどっちつかずでした。心からの服従とは、これと正反対のことです。パウロは徹底した服従を説いています。そして、ローマのクリスチャンたちは心から服従していったのです。

規範にゆだねられた者

この「規範」に関して、パウロは少し不思議な表現（形容詞）を用いています。この規範は「伝えられた」教えの規範だと言っていますが、この「伝えられた」というのは、「教えの規範がローマの信者に伝えられた」とか「この教えが信者に届けられた」ということを言っているのではありません。どの日本語訳も真意が十分に表現されていませんが、「伝えられた」のは「教えの規範」ではなく「信者」のことです。つまり信者自身がこの教えの規範に「伝えられた」、もっと正確には「引き渡された」と言っているのです。それは非常に不思議な言い方ですが、パウロが意味しているのはそういうことです。

クリスチャンになるとは、キリスト教の教えに、あるいは教理に、その人が引き渡されることです。その教理の権威にゆだねられることです。私たちこそ教理に引き渡された者なのです。そういう意味で、私たちは心から服従した者です。奴隷のことを想像してください。奴隷というのは、自分の所有権を自分で持っていません。奴隷の所有権はほかの人に引き渡されています。同様に、私たちも罪の奴隷でしたが、今その所有権は、罪から「教えの規範」に移されたのです。ですから、私たちが心からこの教えの規範に服従するのは当然のことでありましょう。私たちはそのような回心をし、そのようにしてクリスチャンになったのです。これが第二段階です。

義の奴隷

では、回心して救われて、私たちは最後にどのようになったでしょうか。いよいよ第三段階です。

「罪から解放されて、義の奴隷となりました。」（18節）

なんと幸いなことでしょうか。私たちは今や義の奴隷なのです。でも、普通の流れからすると、私たちは「罪の奴隷」から解放されたので「自由になりました」という表現がふさわしいと考えるでしょう。パウロがそのように語っているところもあります。たとえば、ガラテヤ人への手紙5章1節で、パウロはこう言っています。

「キリストは、自由を得させるために私たちを解放してくださいました。ですから、あなたがたは堅く立って、再び奴隷のくびきを負わされないようにしなさい。」

奴隷から解放されたのであれば当然自由ですが、パウロはここでは「自由」と言わずに「義の奴隷」と語ります。つまり、クリスチャンは奴隷から奴隷になったのであって、奴隷という立場は変わらない、ただ仕える主人が替わっただけだというのがパウロの主張です。クリスチャンは、主人を取り替えた奴隷です。「義の奴隷」と言うとき、それはことばの上でのことで、罪に関しては確かに自由になったのです。だから18節で、最初に「罪から解放されて」と言っています。それは6章の前半ですでに考えてきたことです。

私たちは主イエスと共に十字架で死ぬことによって罪との関係が断たれました。罪からは解放されて自由になったのです。しかしこの自由とは、自立的な自由ではありません。奴隷となるための自由です。神のみこころを行い、神の真理の中を歩むための自由です。それは、神に結びつき、神に従う自由であり、それ以外のことに用いることができない自由です。ですから、クリスチャンの自由とはある意味で奴隷であることです。しかし神に結びつき、神のみこころを行うことの中に、本当の自由があることを私たちは知っています。ですから、それを自由と呼ぶか、奴隷と呼ぶかはもはや重要ではありません。これからは「義の奴隷」として生きていくことが私たちには求められているのです。

このみことばを改めて学ぶ中で、自分がクリスチャンであることをどのように考えているか、自問自答していただきたいと思います。自分が「奴隷」であることを認めますか。そして、そのように生きていますか。その場合、主人は「義」であり「神」です。私たちは、自分のアイデンティティーをそこに見いだしているでしょうか。これは熟慮に値することです。私たちは与えられた自由を何のために用いているでしょうか。もはや自分のためではなく、神のために生きる。それが義の奴隷であり、神の奴隷の姿です。

最後にパウロは、「義の奴隷となりました」と言っていますが、ここにも翻訳の限界があります。文法的に忠実に訳すならば、「義の奴隷とされました」と受身形になります。「義の奴隷」となったのも、実は神のみわざであったのです。罪から解放されたのもまた、神のみわざです。ですからパウロは、まず「神に感謝します」と語り出したのでした。私たちのうちにこの大きな変化を引き起こしてくださった神に、心から感謝と賛美を献げたいと思います。

28　今は神に献げなさい——6章19節

あなたがたの肉の弱さのために、私は人間的な言い方をしています。以前あなたがたは、自分の手足を汚れと不法の奴隷として献げて、不法に進みました。同じように、今はその手足を義の奴隷として献げて、聖潔に進みなさい。（新改訳２０１７）

あなたがたの肉の弱さを考慮して、私は分かりやすい物言いをしています。かつて、五体を汚れと不法の奴隷として献げて不法に陥ったように、今は、五体を義の奴隷として献げて聖なる者となりなさい。（協会共同訳）

パウロはこの19節を弁解から始めています。19節前半で「あなたがたの肉の弱さのために、私は人間的な言い方をしています」と言っていますが、これは一種の弁解です。協会共同訳では「分かりやすい物言い」と意訳していますが、確かに人間的な言い方をすることによって、分かりやすくなっています。ではパウロはいったい何を弁解しているのでしょうか。それはおそらく、16節から「奴隷」のたとえを用いて語ってきたことを指しているのだと思います。日本語の聖書では、16節で四回、17節と18節でそれぞれ一回ずつ、それ以後も含めると合計十回、パウロは「奴隷」ということばを使っています。当時のローマ社会はまさに奴隷制社会でした。貧乏になって身売りしたり、戦争捕虜として売り飛ばされたり、いろいろな事情で人々が奴隷として扱われていた時代です。しかし、あまり感じのよい表現ではなかったのだと思います。だから「人間的な言い方をしています」と釈明しているわけです。しかし、それを悪いことだと思っているわけではありません。その証拠に、19節でも20節でも引き続いて「奴隷」を使っています。実際パウロは、それを使う以外に十分な説明ができないと感じていたのでしょう。ではなぜ人間的言い方だと承知しながらあえてそのように説明したのでしょうか。その理由について、パウロは「あなたがたの肉の弱さのため」と言っています。

肉の弱さ

この「肉の弱さ」とは何のことなのか、これは意見が分かれるところです。同じ言い方が8章3節に出てきますので、そこにヒントがあるように思います。

「肉によって弱くなったため、律法にできなくなったことを、神はしてくださいました。」

この場合「肉」とは、私たち人間の生まれながらの罪の性質を指しています。肉によって弱くなったとは、罪の性質のゆえに律法を行えなくなった人間の現実です。6章19節の「肉の弱さ」もこれと同じ意味だと思います。つまり、生まれ持った罪の性質のゆえに、霊的な真理に鈍くなっている状況を指しているのです。このことをパウロは、コリント人への手紙第一で、もっとはっきりと、こう語りました。

「生まれながらの人間は、神の御霊に属することを受け入れません。それらはその人には愚かなことであり、理解することができないのです。御霊に属することは御霊によって判断するものだからです。」（2・14）

私たちがイエス・キリストの救いを知ることができたのは、私たちの理解力によったのではありません。生まれながらの人間にはできないことなのです。十字架のことばは、普通の人々には愚かなものでしかないので、この世は自分の知恵によって神を知ることはできないのです。私たちがそれを知り、信じることができたのは、神のみわざにほかなりません。そのように、生まれながらの人間にはこの「肉の弱さ」というものがあって理解することができないので、パウロは「奴隷」という表現を使って、可能な限り分かりやすく教えようとしたのです。ですから、これは全体の議論から言えば大して重要なことではありません。しかし奴隷ということばは、パウロの主張を明らかにするうえできわめて有用だったのです。

では、「奴隷」ということばを用いることで、パウロは何を私たちに語っているのでしょうか。パウロは、クリスチャンになる前の奴隷状態と、クリスチャンになった後の奴隷状態とを比較しながら語っています。

13節との類似性

19節の意味を考える前に、この節が13節と非常によく似ていることに注目しましょう。これはすでに考えてきたところですが、19節を考えるにあたって、改めて思い起こしたいと思います。

「また、あなたがたの手足を不義の道具として罪に献げてはいけません。むしろ、死者の中から生かされた者としてあなたがた自身を神に献げ、また、あなたがたの手足を義の道具として神に献げなさい。」（13節）

この13節は6章前半の結論部分で、19節は後半の結論部分です。罪に対して死んだ私たちがどうするべきなのか、パウロは二重の言い方で、最初は否定的に、次には肯定的に結論を述べています。まず否定的に、13節では「自分の手足を不義の道具として罪に献げてはいけない」と言いました。ちょうど同じことを19節では、「自分の手足を汚れと不法の奴隷として献げてはいけない」と言い換えています。さらに肯定的には、13節では「自分の手足を義の道具として神に献げなさい」と命じ、19節でも「自分の手足を義の奴隷として神に献げなさい」と命じています。

ですから、前半の問題も後半の問題も、結局は同じ結論に行き着いているということです。鍵となるのは「献げる」ということばで、「これに献げてはいけない。あちらに献げなさい」ということです。私たちは、クリスチャンになる以前も以後も、とにかく自分というものを献げて生きてきたのです。

以前の奴隷状態

クリスチャンになる以前の私たちはどのように自分を献げてきたのか、パウロは19節でこう言っています。

「以前あなたがたは、自分の手足を汚れと不法の奴隷として献げて、不法に進みました。」

これがクリスチャンになる前の私たちの生き方です。ここでは罪に服従している様子を描いています。不信者の普通の生き方です。それはそのまま、かつての私たちの姿でもありました。私たちは、このようなパウロの言い方に心から賛同するでしょうか。救われる以前は、私たちはみな「汚れと不法の奴隷」でした。罪が一つの力として私たちを征服し、私たちはそれに服従して生きていたのです。

しかしおそらく、私たちはみな、自分が奴隷だとは考えていなかったでしょう。むしろ自由だと考えていたかもしれません。しかし、では罪から離れられるかと問われれば、離れることはできませんでした。いや、離れたくなかったのです。人々は自分の意思に反して罪に服従しているとは思っていません。むしろ自由に、自発的に罪を選び取っていると思っています。罪の奴隷というけれども、そこに強制的なものは何もないと思っていたのです。言い換えれば、罪人は、究極的には罪を犯すことを願っているのです。その意味において奴隷です。そのような奴隷状態から救い出せるのは、ただ神だけなのです。

しかしパウロはここで、それ以上のことを語っています。「私たちは手足を汚れと不法に献げてきた」と言っているからです。「手足を」と言う意味は、単に心の中だけでなく、実際の行為において具体的に「汚れと不法」に手を染めてきたということです。「汚れ」とはしばしば性的な罪と深く関係していることばです。それは不潔で、それ自体卑しく、人をおとしめるものです。「不法」とは法に反すること、法を犯すことです。使徒ヨハネは、「罪とは律法に違反することです」と言っています（Iヨハネ3・4）。罪というのは、神の法、律法を犯すことです。ですから「汚れと不法」とは当時のローマ世界を支配していた罪の包括的な表現であり、罪の二つの側面を示しています。罪とは神の律法を犯し、それゆえに汚れて悪臭を放つものです。そして、汚れと不法に自分を献げていく結果、私たちはますます不法に進んでいったのです。罪は、私たちをさらなる罪へと導いていった。だから、私たちは罪の奴隷でした。これがパウロの描く、救われる以前の私たちの姿です。

今の奴隷状況

しかし、私たちは救い主イエス・キリストと出会い、その福音を知らされ、罪が赦され、罪から解放されました。その救いのみわざの中で、パウロは次に、救われた私たちの姿を19節の最後の部分で描いています。

「同じように、今はその手足を義の奴隷として献げて、聖潔に進みなさい。」

パウロは信者に、今や自分を義の奴隷として献げるように命じています。神は罪の力、圧政から救い出してくださった。だから今度は神に自分を献げて生きよと命じています。

ここで鍵となるのは「献げる」ことです。これは日本語に訳された文章だと分かりにくいのですが、ここでの主たる命令文は「自分を献げなさい」ということであって、「聖潔に進みなさい」ではありません。そもそも「進みなさい」というのは原文にはないことばで、翻訳の都合上、つけ加えられたものです。パウロが言っているのは、自分を聖潔に至るように、聖潔に向かって献げることです。それは直前の文章でも同じです。「不法に進みました」とありましたが、「進みました」は翻訳者の付け足しで、本当は「不法に向かって、自分を献げていた」となっています。ですからここでの中心的テーマは聖潔ではなく、むしろ献げることだと言えるでしょう。

この「献げる」は、パウロが好んだことばでした。新約聖書に三十九回出てきますが、手紙の中でこのことばを使っているのはパウロだけです。彼は十四回使っていて、そのうちローマ人への手紙で八回、そのうち五回が6章に出てきます。ですから、これがこの章の鍵となることばと言えます。

「献げる」とはいろいろな意味をもつことばです。もともと「そばに置く」とか「そばに近づける」とか「前に持っていく」という意味でした。神のところへ持っていくという場合は、神に献げることになります。神の所有として、神に属するものとして自分を考えることを表します。ローマ人への手紙12章1節で、パウロはこう言っています。

「ですから、兄弟たち、私は神のあわれみによって、あなたがたに勧めます。あなたがたのからだを、神に喜ばれる、聖なる生きたささげ物として献げなさい。それこそ、あなたがたにふさわしい礼拝です。」

動物のいけにえが神に献げられて神のものとなるように、私たちも生きたささげ物として、神のために生きるようになるのです。

19節でパウロが強調しているのは、言うまでもなく「義の奴隷として献げなさい」ということです。「義の奴隷」とは要するに、「神の奴隷」と同じことです。パウロは、そのことをすでに18節でこう言っています。

「(あなたがたは) 罪から解放されて、義の奴隷となりました。」

ですからこのことを根拠にして、「義の奴隷」として自分自身を献げるように命じているのです。義の奴隷であるということが前提にあって、「義の奴隷として献げなさい」と命じているのです。

その結果どうなるかといえば、「聖潔に進む」のです。「不法に進む」と対比されていることから、さらに聖さに進む、聖化のプロセスを指しています。聖潔とは、神の使用に特化されていくことです。正しいことをするための奴隷として自分を献げれば、その結果、当然のように徐々に神中心の生き方となっていき、この世のものを放棄する生き方へと変えられていくでしょう。

聖化について

ここでパウロは、聖化という問題について重要なことを教えています。聖化とはクリスチャンの成長と言い換えてもよいでしょう。クリスチャンの成長とは、聖化されていくことです。いよいよきよく、ますます神のものとされていくことです。聖化についての考えは多様ですが、聖書は一貫しているように思います。聖化とは、「献げなさい」との命令に応答し、自分を実際に献げていくことです。それは自分で行わなければならないところのものです。しかし、それを行うことができるように、神はすでに私たちを罪から解放し、義の奴隷としてくださったのです。ですから、義の奴隷として献げるように命じています。このように、聖化においては人間の側にもなすべきことがあります。それが救いと違うところです。私たちは救いに関しては全く無力でした。罪の奴隷だったので、悔い改めることさえできなかったのです。しかし、聖化においては人間の側の役割が取り除かれることはありません。あるいは人間の決断が無意味だとか、不必要だということもありません。義の奴隷として自分を献げることを自分で選択するのです。ただその根底にすでに「義の奴隷、神の奴隷」であるという事実があり、それに基づいてなされます。すでに義の奴隷であり、義の奴隷として自分を献げることができるようにされているので、義の奴隷として献げるのです。自分の置かれているそのような立場を自覚し、それに応じた行動をとるということです。それが聖化についての新約聖書の教えです。

パウロはピリピ人への手紙2章12～13節でも同じことを言っています。

「愛する者たち、あなたがたがいつも従順であったように、私がともにいるときだけでなく、私がいない今はなおさら従順になり、恐れおののいて自分の救いを達成するよう努めなさい。神はみこころのままに、あなたがたのうちに働いて志を立てさせ、事を行わせてくださる方です。」

あるいは、私たちは聖化についてこう聞かされてきたかもしれません。「自分で努力してもきよくはならない。自分のすべての努力をあきらめて、完全に主にゆだねることである。きよくするのは神のわざである。私たちがすることはゆだねることである。そのとき、神がなしてくださる。それが聖化である。聖化は救いと同様、主のわざなので、主の働きを妨げないことである。」

しかし、そのようなことを聖書は教えていません。聖書は、すでに到達したところに自分自身を置くように私たちに命じています。そのための決断を促しているのです。

ある信徒が牧師に、朝のディボーションをきちんと守れるように祈ってほしいとお願いしたとき、その牧師はこう答えたといいます。「もしあなたが片足を布団から出したなら、もう片方の足も出せるように祈ってあげます。」この牧師の主張は健全です。寝過ごしてしまう人自身の決断と実行も、神に自分を献げるための重要な要素なのです。それをしないで天から恵みが降ってくるように聖化を求めていてもだめなのです。それは不健全な食生活をしながら健康でいられるように祈るようなものです。

今も以前と同じように

最後に、パウロが二つの文章を結び合わせていることを観察して終わりたいと思います。以前は汚れと不法の奴隷として献げていたように、それと「同じように」今は義の奴隷として献げなさいと言っています。パウロは過去の罪人としての生き方と、今の信仰者としての生き方をあえて対比させています。私たちは、かつては偶像に仕え、お金に仕え、野心に仕え、自己実現を追求し、そのためにどれほど熱心に自分を献げてきたことでしょうか。「同じように」今も献げなさいと言います。私たちは今も献げる存在なのです。だからある意味で、信仰を持つ以前も以後も、献げることに変わりはありません。替わったのは献げる相手です。

今こそ私たちは、自分にこう問いかけて自省すべきです。かつて罪に対して熱心であったのと同じように、今、神の奴隷としてすべてを献げて生きているだろうか。違いは行き着く先です。かつては不法から不法に至りました。しかし、今や不法に至るのではなく、いよいよ聖化され、聖潔に至るのです。その恵みを日々味わう者でありたいと思います。それはどこからくるかといえば、献げることからくるのです。手足を用いて具体的に神に献げること。心だけではなく、実際に時間を用いて手足を使って神に献げること。そこから聖潔はやってきます。

「神が私たちを召されたのは、汚れたことを行わせるためではなく、聖さにあずからせるためです。」（Ⅰテサロニケ4・7）

29　罪の奴隷であったとき――6章20～21節

あなたがたは、罪の奴隷であったとき、義についてはは自由にふるまっていました。ではそのころ、あなたがたはどんな実を得ましたか。今では恥ずかしく思っているものです。それらの行き着くところは死です。（新改訳２０１７）

あなたがたは、罪の奴隷であったときは、義に対しては自由の身でした。では、その時、どんな実りがありましたか。あなたがたが今では恥とするものです。その行き着くところは死です。（協会共同訳）

20～21節を考える前に、パウロが6章後半で取り扱ってきた問題を再度確認しておきましょう。パウロは15節で、「私たちクリスチャンは、律法の下にあるのではなく恵みの下にあるのだから（つまり、救われているのだから、信仰によって義とされているのだから）、罪を犯そうということになるのでしょうか」と問いかけました。パウロの答えは、「とんでもない。そんなことは絶対にありえない」ということでした。なぜなら、私たちはみな罪から解放されて義の奴隷となっているからです。だから罪にとどまってはいけない、自分を義の奴隷として献げて聖潔に進みなさい、と勧告しました。私たちが19節までで考えてきたのはそういうことでした。それを受けて、パウロは20～22節を書いています。

前節との関係

まず確認しておきたいことは、これまで考えてきた事柄（15～19節）と、これから考えようとしている事柄（20～22節）がどのような関係にあるかということです。実はその関係は、訳出されていませんが、20節冒頭にある接続詞「なぜなら（ガル）」によって明示されています。この20節は、19節で語られた事柄の理由を語っていると考えられます。少なくとも19節と何らかの関係があるはずです。19節の後半ではこう言っています。

「今はその手足を義の奴隷として献げて、聖潔に進みなさい。」

これに続いて、「なぜなら、あなたがたは、罪の奴隷であったとき、義については自由にふるまっていたからです」となっているのです。しかし、この続き具合はあまりしっくりきません。「義の奴隷として献げ、聖潔に進みなさい。なぜなら、義については自由にふるまっていたから」というのは、どこか文の流れが不自然な印象を受けます。でもこの不自然さを生み出している一つの理由は、19節の翻訳の問題にあります。文末を「聖潔に進みなさい」とすると、主たる動詞の命令が

「(聖潔に) 進みなさい」であるかのようになってしまいます。しかし実際は、「聖潔に向かって義の奴隷として献げなさい」と命じていて、主たる命令は「(義の奴隷として) 献げなさい」です。そう考えると、次の20節とのつながりが見えてきます。なぜ義の奴隷として献げるのか、その理由は「あなたがたは、かつて義については自由にふるまっていたからです」となります。かつては義に対して自由であったということが、今、義の奴隷として献げるべき理由となっています。こうしてパウロは19節で述べた勧告の理由を示しているのです。それは20節だけでなく、20～22節全体がその理由となっているように思います。そこで、その理由を確認していきましょう。私たちが今日、積極的に自分を義の奴隷とし、献げる必要があるのは、私たちがかつて行っていたことと無関係ではありません。パウロはここでも過去と現在を対比させています。それは6章における、一貫したパウロの言い方でした。

かつての自由

その点を意識して改めて20節を見ると、「あなたがたは、罪の奴隷であったとき、義については自由にふるまっていました」とパウロは言っています。まず、私たちはかつてどのような状態だったのかを述べます。「罪の奴隷であった」のです。これは救われる以前の私たちの状態です。

この意味することは、すでに考えてきました。私たちは罪に抵抗することができず、罪に服従して生きてきたのです。それだけではなく、そのとき、私たちは「義」とどのような関係であったでしょうか。義に関しては「自由にふるまっていました」。人間は一人の主人にしか仕えることができないので、罪の奴隷である者が同時に「義の奴隷」であることはできません。ですから義との関係においては自由だったのです。罪に仕える奴隷であれば、罪以外のものに対しては自由です。だから義についても自由でした。

しかし、ここで「自由」と言うとき、義について自由にふるまうことができるという積極的な意味ではおそらくないでしょう。ここでの自由とは、解放されていること、縛られていないことです。義に関しては、「義を行わなければならないというような義務や束縛のもとにはない状態」を自由と言っているのです。

実は、主イエスもこのことばを一度用いました。マタイの福音書17章で、主イエスの一行がカペナウムに着いたとき、取税人たちがペテロに「あなたがたの先生は神殿に税を納めないのか」と問うと、主イエスはこのようなことを言いました。「王様は自分の子どもから税金を集めるだろうか。いや、集めない。それならば、神の子である自分も税金を納める義務はない。」この「義務がない」は「自由」と同じことばです（26節。この後、主は「彼らをつまずかせないために税を払いなさい」と命じました）。

義に対して自由であるとは、義を行う義務はない、だから義を行わなければならない責任も負ってはいないということです。なぜなら「義の奴隷」ではないからです。義からは解放されていたのです。

自由である

「義については自由にふるまっていました」という新改訳2017の訳は誤解を与えます。「自由にふるまう」というと、いかにも積極的に自由を謳歌しているようですが、ここは単純に「自由であった」でよかったでしょう。協会共同訳の「義に対しては自由の身でした」は、より原語に忠実です。しかし、義からは自由なので全く義を行わなかったかといえば、そうではありません。罪人も義を行うことに関して一定の自由を持っているのです。すべてのノンクリスチャンがいつも悪だけを行うわけではありません。この世にありながら善行に励むノンクリスチャンはいくらでもいます。たとえばスーパーボランティアと呼ばれるような人はどうでしょうか。わずかな年金だけで、一年中各地の被災地を飛び回ってボランティア活動をしている、まさに善意の人です。それが罪であるはずはありません。善を行うことにおいて自由です。ですから罪の奴隷でありながら、義に対しては自由なのです。

ただこれは、彼らが神を完全に満足させるほどの義を行っているという意味ではありません。神のかたちに造られているがゆえに良心に従って生きることはあっても、それは神の目から見ればなお不十分な義です。根本は罪の奴隷だからです。それは最終的には自分の栄光のために行うものであり、その動機が根本的には自分の内側から発しているのです。それは立派な人の行う善行に潜む危険で、立派な、しかし根本的に義とは言えない「正しい行為」のことです。主イエスはルカの福音書16章15節で、そのことをパリサイ人に対してこう指摘しました。

「あなたがたは、人々の前で自分を正しいとするが、神はあなたがたの心をご存じです。人々の間で尊ばれるものは、神の前では忌み嫌われるものなのです。」

これはかつてのパウロの姿そのものでした。パウロはピリピ人への手紙3章5～6節でこう告白しています。

「私は……ヘブル人の中のヘブル人、律法についてはパリサイ人、その熱心については教会を迫害したほどであり、律法による義については非難されるところがない者でした。」

パウロは、自分は非難されるところがないとまで言えたのです。しかし、その後でパウロはこのようにつけ加えています。

「しかし私は、自分にとって得であったこのようなすべてのものを、キリストのゆえに損と思うようになりました。それどころか、私の主であるキリスト・イエスを知っていることのすばらしさのゆえに、私はすべてを損と思っています。」（同7～8節）

神を無視している限りは、人間の目にいくら善と見えても、神の前には忌み嫌われるものです。それが単なる倫理的宗教とキリスト教の大きな違いです。神の栄光を現すのでなければ、義でも善でもないのです。

ですから、「義についてては自由にふるまっていた」というのは、罪人が善行を行う余地があることを積極的に評価しているわけではありません。義に対して自由である、義を行う責任がない状態は、通常は恥ずべき罪の行動を生み出す自由となっていくのです。カルヴァンはこの自由のことを、私たちを悪魔の奴隷とする「肉の自由」「みじめで呪われた自由」と呼びました。罪の奴隷として生きているので、神の喜ぶ義を行うかどうかはその人の自由である。様々な程度に応じて正しいこと悪とを識別することができても、罪の奴隷であるゆえに、神に受け入れられるような正しいことを行うことも、悪から遠ざかることもできない。すべての人は罪のもとにある。それゆえに神のみこころを行うことはできない。それが、罪の奴隷であったときの私たちの状況でした。ですから、19節で「義の奴隷として自分を献げる」ことが命じられ、それに関連してこの20節が語られました。

そう考えてくると、義について自由であるということは、義の奴隷として献げることの直接的な理由ではないことが分かります。これは直接的な理由というより、むしろ読者に向けて訴えているのでしょう。義の奴隷として献げる理由というよりは、パウロがここでこのような命令を与える理由を述べているのです。

翻訳の問題

では、そのような生き方から何が生まれてきたでしょうか。そこからたどり着く結末が、次の21節に展開されます。

「ではそのころ、あなたがたはどんな実を得ましたか。今では恥ずかしく思っているものです。それらの行き着くところは死です。」

新改訳では、この21節は第三版と２０１７年版とで大きく訳が違う箇所ですが、協会共同訳は新共同訳を受け継いでおり、結果として、新改訳２０１７と協会共同訳は非常によく似た訳となりました。以前の新改訳第三版はこうなっていました。

「その当時、今ではあなたがたが恥じているそのようなものから、何か良い実を得たでしょうか。
それらのものの行き着く所は死です。」

第三版では21節全体を一つの疑問文と見なしています。そして、その答えは当然のことなので記されていません。あえて答えるならば、「良い実を得ることはできませんでした」となります。それは当然なので省略されていると考えているのです。それはパウロの文章によく見られる手法です。しかし、２０１７年版や協会共同訳では、21節を疑問文と答えの二つに分割しました。「ではそのころ、あなたがたはどんな実を得ましたか」と尋ね、その答えは「今では恥ずかしく思っているものです」と自ら答えています。文法的には両方の訳が可能ですが、ギリシア語原文には疑問符がないので、どこに「?」をつけるかは明確ではありません。ここは別訳が必要な箇所ですが、欄外に別訳は提示されていません。２０１７年版の訳のほうが分かりやすいように見えますが、実際は困難もあります。質問に対する答えとしては不十分ですし、パウロという人は「実」ということばを悪い意味で使ったことがありません。パウロの用例を見ると「御霊の実」（ガラテヤ5・22）とか「義の実」（ピリピ1・11）というように、良い意味で使うのが普通です。ですが、もし疑問文と答えの二つに分割すると、「実」を悪い意味で使っていることになってしまいます。もっとも第三版の「何か良い実を得ましたか」の「良い」は翻訳者によってつけ加えられたものです。それは十分可能な推測ですが、本来はないものです。両方の訳とも決定打に欠けますが、どちらで訳しても意味はほとんど変わりません。

文章の問題はここまでにしておいて、その意味のほうを考えたいと思います。

罪の奴隷の結果

21節の最後では、罪の奴隷として生きる結果が「それらの行き着くところは死です」と明らかにされています。罪の奴隷のとき得ていたのは、今では思い返すのも恥ずかしいようなもの、そういうものを得ていただけです。それは私たちが救われる以前の罪の生活です。聖書の観点から見れば罪であっても、それを罪とは知らずに、あるいは罪と意識することもなく、日々、罪の生活を送っていたのです。この世の一時的な楽しみに喜びを見いだし、時間とお金を費やしてきました。神を喜ばせるというようなことは一切関係なく、自分のやりたいように生きていた、その自己中心的な生き方です。それは今も多くの人々が追い求めているものです。そして毎日、新聞やテレビをにぎわせています。今となっては恥じる以外にないものを追い求めていたのです。

その結果はどうでしょうか。「それらの行き着くところは死です。」肉体の死だけでなく、霊的な意味で死んでいるということです。そして最終的には永遠の滅びに至るのです。それは神との永遠の分離であって、もはや一切の回復の見込みのないことです。これが私たちのかつての状態、「罪の奴隷」としての歩みがもたらす最終的な状況です。

これもまた、19節で「義の奴隷として献げなさい」と命じたことの理由であるはずです。なぜ義の奴隷として献げなければならないのか、それは、消極的に言うならば、義について自由であったので、恥となるような実を刈り取ることしかできなかったからです。積極的に言うならば、最終的には永遠の死に至るからです。こうして15節に提示された根本的な問題、「救われているのだから罪を犯そう」という論理を、パウロは完膚なきまでに論破しました。

私たちがここから確認すべきことは、はたして自分を義の奴隷として自覚しているかということです。この自覚が大きければ大きいほど、徹底していればしているほど、今の生き方は変わってくることでしょう。なぜなら、私たちは義の奴隷であるとき（現に私たちは義の奴隷です！）、罪に対して自由であるからです。いや、この新改訳の訳を用いるなら、「義の奴隷であるとき、罪について自由にふるまう」ことができるからです。そのことは次回、考えたいと思います。

30　しかし今は――6章22節

しかし今は、罪から解放されて神の奴隷となり、聖潔に至る実を得ています。その行き着くところは永遠のいのちです。（新改訳２０１７）

しかし、今や罪から自由にされて神の奴隷となり、聖なる者となるための実を結んでいます。その行き着くところは永遠の命です。（協会共同訳）

すでに見てきたようにパウロは、「私たちは恵みの下にあるのだから（つまり、救われているのだから）、罪を犯そうということになるか」という問題を設定して、議論を開始しました。それに対してパウロは、「とんでもない。あなたがたは自分が何者なのか分かっていない。あなたがたは義の奴隷なのだから、自分を義の奴隷として献げなさい」と答えました。

これまでのパウロの議論の中心になっているのは「奴隷」という概念です。それは多少耳障りな表現だったので、「人間的な言い方で申し訳ない」と断りました（19節）。しかし、だからといってそのことばの使用をやめるようなことはなく、22節に至るまで一貫して「奴隷」「奴隷」と十回も言い続けています。こうしてパウロは私たちが奴隷であることを、これでもか、これでもかと繰り返し主張しているのです。

もちろん、クリスチャンが奴隷であるのは、以前と同じ意味で奴隷なのではありません。救いを知る以前は「罪の奴隷」でしたが、今は「義の奴隷」です。19節でも、「以前あなたがたは不法の奴隷だったが、今は義の奴隷として献げるように」と語っています。パウロはこの20～22節にかけても全く同じように論じました。20節では、以前「罪の奴隷であったとき」と言い、22節では「しかし今は神の奴隷となった」と言います。「かつて」と「今」の状況を描き分け、両者がいかに正反対の状態であるかを明示しています。20節と22節を比較するとこうなります。

以前の状態（**20～21節**）

「罪の奴隷」であり、「義についていは自由」です。

その結果は「恥をもたらす実」であり、

その結末は「死」です。

今の状態（**22節**）

「神の奴隷」であり、「罪から解放されて」います。

その結果は「聖潔に至る実」であり、その結末は「永遠のいのち」です。

クリスチャンは主イエスを信じたとき、このような大きな変化を経験しましたが、「奴隷である」という立場は以前も以後も変わることはありません。パウロは「奴隷」の中にクリスチャンの生き方を見ているのです。

罪から解放された

改めて、22節を考えていきます。22節は「しかし今は」と始まります。救われた今は、クリスチャンとなった今は、罪から解放されて神の奴隷となっているのです。かつては「罪の奴隷」でした。罪の奴隷であれば、罪に逆らうことはできません。自分の罪の欲望のまま罪に仕えていくのです。「しかし今は」罪から解放されて神の奴隷となりました。神の奴隷であれば、ひたすら神に仕えるのです。神に逆らうことはありえません。それが奴隷の生き方です。

私たちは、そのような奴隷としての十分な自覚を持って歩んでいるでしょうか。「奴隷」ということばを使うことで、パウロは私たちクリスチャンの神に対する絶対的服従、神への奉仕を表現しようとしています。神の奴隷である、というのが私たちの現在の状態です。パウロはコリント人への手紙第一でも同じことを述べています。

「あなたがたは、代価を払って買い取られたのです。ですから、自分のからだをもって神の栄光を現しなさい。」（6・20）

「あなたがたは、代価を払って買い取られたのです。人間の奴隷となってはいけません。」（7・23）

なぜなら、神がご自分の血をもって買い取られた神の奴隷だからです。

では、罪から解放された今、私たちは罪とどのような関係にあるでしょうか。罪との関係も変化しています。罪から解放されたので、罪については自由になりました。以前は、「義については自由」（20節）でした。しかし今は、神の奴隷となっているのです。神の奴隷とは、義の奴隷と同じことです。18節でパウロはこう言っていました。

「（あなたがたは）罪から解放されて、義の奴隷となりました。」

今は義の奴隷である。だから当然、罪に対しては自由です。罪は行わなければならないものではありません。ただ誘惑に負けたときだけ罪に陥ることがあっても、罪を行う必要はないのです。罪に対しては自由だからです。これが私たちに起きた最も重大な変化です。それを図示すると次頁のようになります。

ここで確認すべきことは、私たちはこのような変化をどこまで自覚して生きてきたかということ

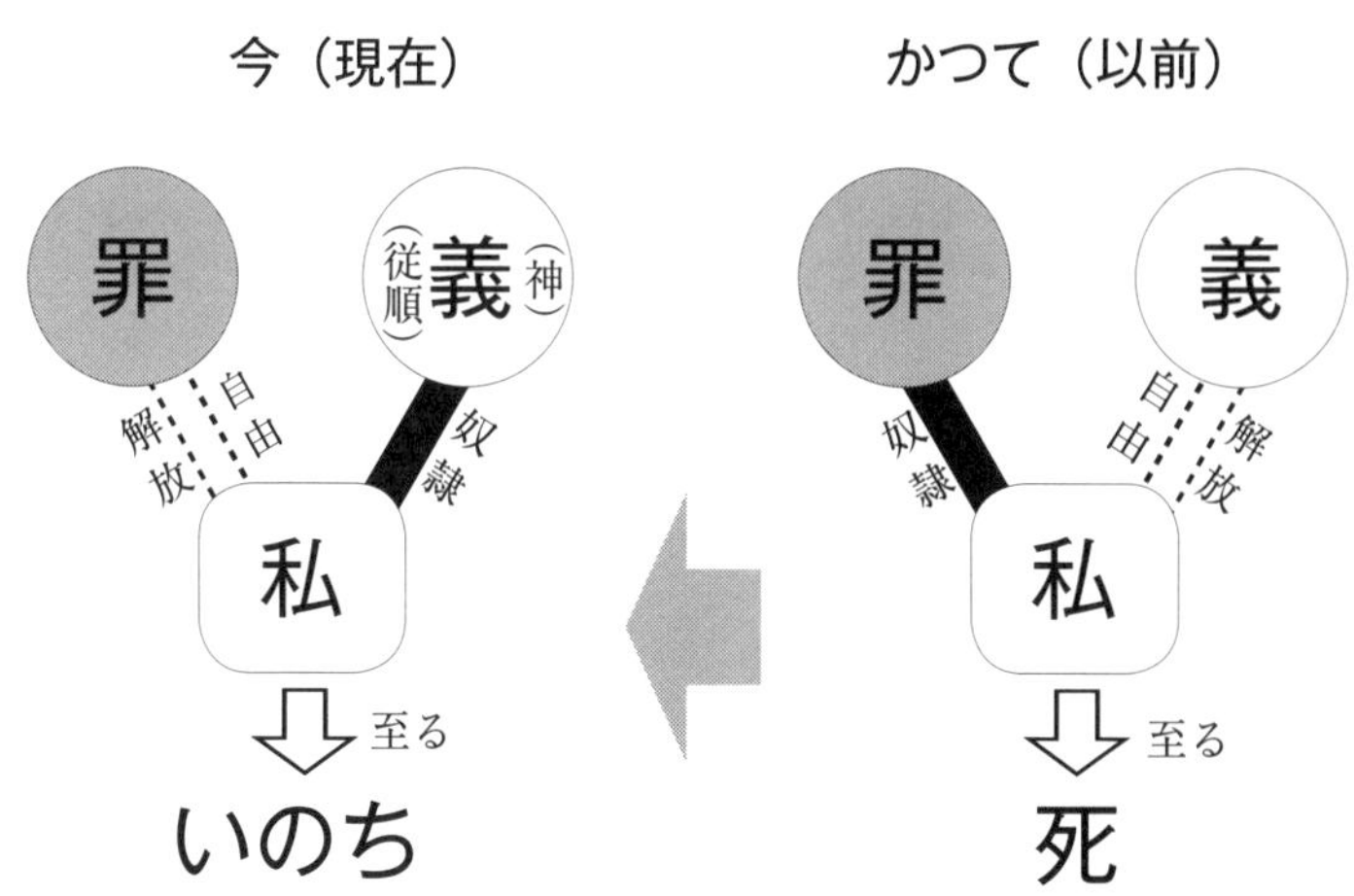

です。最初に信じたときは必ずしも意識していなかったかもしれませんが、私たちのうちに、客観的に、このような驚くべき出来事が起きていたのです。罪の奴隷が罪から解放され、神の奴隷とされているのです。

日々の現実

この重大な変化は、私たちの日々の生活において事実となっているでしょうか。私たちは本当に罪に対して自由であると言えるでしょうか。ひょっとしたら、まだ捨てきれない罪の習慣にとどまっていることはないでしょうか。あるいは罪に対する奴隷的関係を続けているということはないでしょうか。全面的にそうでなくても、ある領域において、罪に対してまだ勝利できない分野があるのではないでしょうか。それは私たちが罪との戦いを続けているという現実の中に表れているでしょう。ですから、罪に対して自由となっているという現実は、なかなか実感しにくいかもしれません。なぜ救われてもなお罪を犯すのか、不思議に思うことでしょう。しかし、救われた私たちが罪を犯すとき、それは以前とは違った意味において犯しているのです。以前は罪の奴隷だったので、罪を犯すのは普通のことでした。しかし今は違います。私たちが罪を犯すとき、それは本当は従う必要がないものにあえて従っているのです。なぜなら私たちは、すでに神の奴隷であり、義の奴隷であるからです。決して罪の奴隷のゆえに罪を犯しているのではありません。ただ自分が神の奴隷であるということについて、十分に自覚していないからです。自分を神の奴隷とすることに、まだ若干の曖昧さが残っているのかもしれません。自分のうちのどこかで、罪との関係を黙認しているからかもしれません。この変化を完全に、十分に自覚していないのです。その結果、19節で考えたように、自分の手足を義の奴隷として献げることに失敗してしまうのです。ですから私たちは、クリスチャンがどのような者であるのか、自分のアイデンティティーを確立する必要があります。信仰によって、そこにしっかりと立つことからすべては始まります。

聖潔に至る実

神の奴隷であることから、以前とは全く正反対の結果が生まれてきます。パウロは私たちが罪から解放され、義の奴隷となって生きるとき、「聖潔に至る実を得ています」と言います。これもまず21節と比較して考えたいと思います。罪の奴隷のときはどんな実を結んでいたのか。「今では恥ずかしく思っている」そのような実を得ていました。私たちは以前、自分のやりたいように生き、今となっては恥じる以外にない実を結んできました。しかし、今はどうでしょうか。パウロは「聖潔に至る実を得ています」と言っています。それは「聖潔に至る」あるいは「聖潔に導いていく」そのような実です。この箇所を字義的に訳すならば、こうなります。「しかし今は、罪から解放され、神に対して奴隷とされ、あなたがたは聖潔に至るあなたがたの実を持っています。」

パウロは、聖潔に至る実ではなく、聖潔に至る「あなたがたの実」と言っています。この「あなたがたの実」が聖潔に至る実なのです。あなたがたの実が、聖潔へと直結している、ということです。ここでいう「聖潔」とはすなわち「きよめ」のことです。聖化であり、ホーリネスです。このことばは、「聖別」「きよさ」「聖」「きよくなること」といろいろに訳されています。その聖化はどこからくるのでしょうか。それは、神の奴隷としての歩みの中で、私たちが私たちの実を結ぶ中で生じてくるものです。その実が私たちを聖化へと導いていくと言っています。神に献げていく歩みの中に、私たちをきよめへと導いていく「実」があるというのです。神に対する奴隷としての歩みの中で、聖化が可能となる。結果として聖潔に至る。聖化のプロセスがそのように進行していくのです。神の奴隷として献げる日々の歩みの中で、私たちは聖潔に至る「自分の実」を持つことができ、そこで聖化が可能となるということです。誰も自分を献げることなくして、真の聖化に至ることはないのです。

「聖潔」もすでに19節に出てきました。そこでは、「今はその手足を義の奴隷として献げて、聖潔に進みなさい」となっています。これはすでに述べたように、「その手足を義の奴隷として聖潔に向けて献げなさい」ということです。献げることと聖化は別々のことではありません。献げることなく聖潔に至ることはありません。献げるのは聖潔に至るためです。神に自分を献げることは聖潔そのものです。それが19節です。しかしここでは、聖潔に進むのではなく、聖潔に至る「実」を得ているとあります。この聖潔は地上で完成することはありませんが、そこに至るまでのプロセスは「聖化」です。私たちが神の奴隷として生き、多くの実を得るので、聖潔に進んでいくのです。

私たちも神の前に「聖潔に至る実」を得ているか、吟味する者でありたいと思います。神の奴隷の最終的到達点は永遠のいのちですが、そこに至る中間的成果は「聖化」です。それが私たちが置かれている現在の状況です。私たちも義の奴隷として、聖潔に至る「私たちの実」を結ぶ者でありたいと思います。

永遠のいのち

パウロは最後に、そのような歩みの最終的な到達点が何かを示しています。

「その行き着くところは永遠のいのちです。」（22節）

これこそ私たちの目指すところ、そして主イエスが十字架にかかられた理由です。これも21節とは正反対です。21節では、罪の奴隷が行き着くところは死だと言われていました。その死は、最終的には永遠の滅びに至る死、神との永遠の分離であって、もはや一切の回復の見込みのない状態に移ることです。しかし、神の奴隷が最後に行き着くところは「永遠のいのち」にほかなりません。絶えることのない栄光の交わりに入れられるのです。

以上までで、パウロは15節で投げかけた問題に対して完全な解答を提示しました。根本の問題は、クリスチャンは罪とどのような関係にあるかということです。恵みの下にあるのだから罪との関係を続けていても大丈夫だと考えるクリスチャンに対して、パウロは私たちが神の奴隷であることを思い起こさせ、神の奴隷とされた歩みのほうがはるかにまさっていることを教えました。罪の奴隷は恥の実を結び、永遠の滅びに至りますが、神の奴隷は聖潔に至る実を生み出し、永遠のいのちへと導かれていくのです。

31　神の下さる永遠のいのち——6章23節

罪の報酬は死です。しかし神の賜物は、私たちの主キリスト・イエスにある永遠のいのちです。（新改訳２０１７）

罪の支払う報酬は死です。しかし、神の賜物は、私たちの主キリスト・イエスにある永遠の命なのです。（協会共同訳）

23節の位置

6章もいよいよ23節を残すのみとなりました。23節は6章全体を締めくくることばです。ある注解者はこの節を「勝利を勝ち誇る結末」と言い、また別の注解者は「6章全体の厳かな結論である」と述べています。これは6章で論じてきたことの要約であり、勝利の宣言です。ですから、23節に現れることばはほとんどこれまでに用いられてきたことばです。しかしここには、これまでになかった新しい要素もあります。それは「報酬」と「賜物」ということばです。この鍵となる二つのことばを手がかりに23節を考えていきたいと思います。23節は新改訳２０１７では若干変更され、直訳に近くなりました。以前の「罪から来る報酬」という訳が「罪の報酬」となり、「神の下さる賜物」は「神の賜物」となりました。ちなみに協会共同訳では「罪の支払う報酬」と「神の賜物」となっています。

この23節は6章全体の結論であると言いましたが、それはこの節が独立しているということではありません。当然、直前の箇所とも深い関係があります。20節では「罪の奴隷であった」とあり、22節では「神の奴隷となった」とあります。この二つの奴隷状態が23節の前提です。「罪の奴隷」と「神の奴隷」が対比されていたように、23節でも「罪の報酬」と「神の賜物」が対比されています。そして、それは聖書の救いは何かということを実に見事に要約しているのです。ですから私たちが受けている救いの恵みについても、ここから共に考えたいと思います。

私たちがクリスチャンなったきっかけは人それぞれでしょう。私の場合は、高校を卒業する直前に教会の門をくぐりました。その理由は「死」の問題です。死が怖いというより、死ぬならばなぜ生きなければならないのか、生きていることの意味は何なのかを問い続けていました。私の知る限り、この「死」の問題に真正面から答えているのは聖書だけです。私は高校一年生の頃から、誰に勧められるわけでもなく聖書を読み始めました。その中で、「わたしはよみがえりです。いのちです。わたしを信じる者は死んでも生きるのです」（ヨハネ11・25）という主のことばに出合ったときの衝撃をよく覚えています。聖書には、死とは何か、人間はなぜ死ぬのか、どうしたら永遠のいのちを得ることができるのかが書かれています。それが聖書の中心的メッセージです。この23節はそれらを完璧にまとめていて、聖書全体の要約のような箇所です。

罪の報酬

まず「死とは何か」という問題から入りましょう。この重大な問題に、23節は明解に答えています。死とは「罪の報酬」である。これは直訳で、以前の訳は「罪から来る報酬」となっていました。これはどういう意味でしょうか。「報酬」というのは「給料」のことです。労働の対価です。特にこれは当時軍隊で使われていたことばで、兵士に支払う給料を意味しました。ここ以外に新約聖書にあと三回出てきますが、そのうち二回は兵士の給料を意味します。たとえば、ルカの福音書3章14節で、バプテスマのヨハネは兵士たちにこう言いました。

「だれからも、金を力ずくで奪ったり脅し取ったりしてはいけません。自分の給料で満足しなさい。」

兵士たちは、王のために自分のいのちを危険にさらし、敵と戦います。ですから兵士は王から給料をもらう当然の権利があります。その給料のことを、この23節では「報酬」と言っているのです。またパウロは、コリント人への手紙第一、9章7節で「はたして、自分の費用で兵役に服す人がいるでしょうか」と言っています。兵士は自費で兵士をするのではなく、ちゃんと給料をもらって兵士をするのです。

問題は誰が給料を払うのかということです。23節は「罪の報酬」と言っています。これは少しわかりにくい表現です。「罪から来る報酬」でもなお分かりにくい。もっと以前の訳では「罪の支払う報酬は死である」となっていました。つまり、私たちに報酬を支払ってくれるのは「罪」なのです。罪という王が、その兵士や部下に給料を払う。これがここでの意味なのです。

これで私たちは、パウロが何をイメージしていたのかが分かります。パウロが頭に描いているのは、私たち人間は罪という王に仕えているということです。せっせと罪のために汗を流し、罪のために時間を費やし、時にはいのちをかけて罪のために生きている、そういう人間の姿です。罪はそういう私たちの働きに感謝して、私たちに給料を払ってくれるのです。これこそ「罪の報酬」という意味なのです。

パウロは全く同じことを20節で次のように語っていました。

「あなたがたは、罪の奴隷であったとき、義については自由にふるまっていました。」

ここに「罪の奴隷」ということばがあります。これこそ、なぜ罪が私たちに報酬を与えるのか、その理由です。私たちは罪を主人とし、罪のために働いてきました。罪から報酬を受け取るような生き方をしてきたのです。私たちが罪の奴隷としてせっせと働いてきたので、その結果、罪は私たちに報酬を与えるのです。

報酬は死

　では、いったいどんな報酬を罪は与えようとしているのでしょうか。言うまでもなく、それは「死」です。私たちが一生涯を生きた結果、当然の報いとして受け取るべきもの、決して拒むことのできない報酬、それが死です。なぜ人間は死を怖がるのでしょうか。それは死が罪の結果だからです。死は罪からくる刑罰です。だから私たちは死を恐れるのです。ある人は、人間は病気で死ぬと考えています。「ガンで死んだ」などとよく言います。でもそれは正しくありません。死因が何であっても、人の死は罪の結果です。人間は病気になってもならなくても、ある年齢以上は生きられないようになっています。私の祖母は九十九歳まで生きて、死の前日まで元気にしていましたが、すっと息を引き取りました。しかしここでパウロは、単に生物学的な死を語っているわけではありません。パウロが語るのは、そして聖書が告げているのは、むしろ「霊的な死」と言うべきものです。それは肉体的な死を含んでいます。

　聖書は、生物としての死だけを死と考えているのではありません。死にはもう一つの側面があります。それは「霊的な死」です。霊的な死の根本は、いのちの源である神から切り離されているということです。神との分離、それこそが死の本質なのです。霊的に死んでいるだけで、まもなく肉体的にも死ぬようになる。それは罪からもたらされた刑罰としての死のことです。だから聖書は、「人間には、一度死ぬことと死後にさばきを受けることが定まっている」（ヘブル９・27）と言っているのです。

いのちの源である神から離れ、神を無視し、神に背いて生きている。その人は聖書の観点からすればすでに死んでいる――。実際、多くの人がどのように生きているか考えてみてください。人間は、会社に頼る、そこからくる給料に頼る、給料で買った食物に頼る、病気になれば薬に頼り、医療に頼る。すべて神ではなく、神の造った被造物に頼り、そしていのちの源である神ご自身からは切り離されている。それは生きていても霊的に死んでいるのです。肉体的な死は少し後にやってきます。このことの具体的描写はヨハネの黙示録20章13～15節にあります。

「海はその中にいる死者を出した。死とよみも、その中にいる死者を出した。彼らはそれぞれ自分の行いに応じてさばかれた。それから、死とよみは火の池に投げ込まれた。これが、すなわち火の池が、第二の死である。いのちの書に記されていない者はみな、火の池に投げ込まれた。」

「罪の報酬」である「死」とは、第二の死のことです。

パウロはエペソ人への手紙2章1節でも「あなたがたは自分の背きと罪の中に死んでいた者で」あったと言っています。それは霊的に死んでいるということです。だからその後、必ず肉体的にも死ななければなりません。20節にあるように「それらの行き着くところは死です」。人間は結局、死ぬために生きているのです。だから聖書は、人は罪の中に死んでいる、死がそのいのちを支配していると言います。その現実を「罪の報酬は死です」と言っているのです。誰もこれを変えることはできません。

神の下さる賜物

これはあまりにも悲しい人間の現実で、何の希望もありません。しかし、私たちは自分の中に希望がないことを認めた後に、聖書のメッセージを聞く準備ができるのです。

「しかし神の賜物は、私たちの主キリスト・イエスにある永遠のいのちです。」

「賜物」とは、無料で気前よく与えられるプレゼントです。その昔、兵士は王様から給料をもらう以外に、時々、臨時の収入がありました。皇帝の誕生日とか、新しい皇帝が即位したときとか、特別な機会に皇帝から一方的に与えられる「贈り物」があったのです。それは、働きに関係なくもらえる無料の贈り物です。そのようなものと比較することができるでしょう。

罪の場合は「報酬」でした。しかし神の場合は「賜物」です。贈り物・ギフトです。すべて無料の気前のよいプレゼントです。神は報酬を払うというようなけちなことはしません。そもそも、誰も神に報酬を求めるほど立派な行いはできません。そこで神は、無料で、自由に、恵みとして与えるのです。言い換えれば、これは人間の努力によるものでも、人間の功績によるのでもない、神のあわれみによることとです。パウロはローマ人への手紙3章23～24節で同じことをこう述べました。

「すべての人は罪を犯して、神の栄光を受けることができず、神の恵みにより、キリスト・イエスによる贖いを通して、価なしに義と認められる。」

神がお与えになるものは、「価なしに」無料で、自由に、恵みとして与えられるのです。これが罪の場合と全く違う点です。

永遠のいのち

では、神は何を与えてくださるでしょうか。それが「永遠のいのち」です。でも「永遠のいのち」とは何のことでしょうか。聖書に慣れ親しんできた者には当たり前のようになっていて、考えることもないかもしれません。改めて、永遠のいのちとは何を意味するのか考えていただきたいと思います。聖書が永遠のいのちと言うとき、それは、百歳、二百歳、三百歳と、ただ時間的にいつまでも続くいのちを意味しているのではありません。

永遠のいのちというのは、いのちの源である神に属するいのちです。「永遠の」ということばはある特別な性質を表すものであって、「新しい」いのちと言い換えてもよいことばです。生まれながらにして持っているいのちとは違った、もう一つ別の、新しい、永遠のいのちです。生まれながらの古いいのちは、罪に染まったいのちです。その特徴は、憎み合い、傷つき、愛のない痛みや悲しみを経験し、そして死で終わります。それが古い、生まれながらにして持っている、死ぬべきいのちの特徴です。しかし、それとは別のもう一つのいのちについて聖書は語っているのです。

このことばは、もともとダニエル書12章1～2節からきています。

「しかしその時、あなたの民で、
あの書に記されている者はみな救われる。
ちりの大地の中に眠っている者のうち、
多くの者が目を覚ます。

ある者は永遠のいのちに、
ある者は恥辱と、永遠の嫌悪に。」

これは、この世の終わり、終末における救いの祝福を表すことばです。それは来るべき世界において生きるいのちのことです。ヨハネの黙示録に書いてあるように、「いのちの書」にその名前が記されている人々が持っているいのちです。神はそのいのちをただでお与えになります。

いのちはキリストにある

そこで最後の問題は、私たちはどこでそのいのちを手に入れることができるのか、どうしたら手に入れることができるのかということです。

その永遠のいのちはどこにあるのでしょうか。23節はそのことをはっきりと語っています。

「私たちの主キリスト・イエスにある永遠のいのち」

そうです。いのちはキリストにあるのです。使徒ヨハネは繰り返しそのことを語りました。ヨハネの手紙第一、5章12節ではこう言っています。

「御子を持つ者はいのちを持っており、神の御子を持たない者はいのちを持っていません。」

ですから、永遠のいのちを持っている人とは、御子イエスを持っている人です。御子を信じている人です。御子を信じているならば、永遠のいのちがあるのです。

ヨハネは福音書で、もっとはっきりとこう記しました。

「永遠のいのちとは、唯一のまことの神であるあなたと、あなたが遣わされたイエス・キリストを知ることです。」(17・3)

神とイエスを知ることが永遠のいのちであるなら、このいのちは新しいいのちであると同時に、時間を超えた永遠のいのちです。このいのちはキリストに属するいのちであり、キリストは永遠であり、いのちそのものだからです。しかしこのいのちは、「将来」私たちに与えられるものではありません。聖書は、そのような永遠のいのちが、イエスと交わりのある人々の中にすでにあることをはっきりと語っているのです。

それは不思議に思えますが、でも考えてみてください。今ある肉のいのちも、私たちはいつ始まったのか、どう始まったのか分かりません。しかし、私たちはいのちがあることを知っています。神が下さる「永遠のいのち」も、イエス・キリストを本当に信じ受け入れたとき、神が与えてくださったものです。それは御子イエスとの交わりの中に確認することができるものです。自分が罪の奴隷であったことを認め、悔い改め、イエス・キリストを自分の救い主として信じるすべての人に、この新しいいのちは神からただで与えられるのです。

以上考えてきたように、パウロは「報酬と賜物」を鋭く対比させることによって、ローマ6章全体のまとめとしました。それだけではありません。この23節は、聖書が与えている救いの福音全体の要約です。日本伝道隊の宣教師であったM・A・バーネット先生は『ロマ書註解』（福音伝道教団、一九五六年）の中で、チャールズ・ホッジのこのことばを引用しています。

「地獄は自分で買い取るものだが、天国は賜物である。」

本当にそうです。今日も、多くの人々が死と永遠の滅びを買い取るためにあくせく汗を流している。でも天国に入る道はすでに、ただで備えられている。私たちはただで神の国に入るこの道を宣べ伝え続けたいと思います。

Ⅲ　律法からの解放　ローマ7章

32　律法との死別――7章1〜4節

それとも、兄弟たち、あなたがたは知らないのですか――私は律法を知っている人たちに話しています――律法が人を支配するのは、その人が生きている期間だけです。結婚している女は、夫が生きている間は、律法によって夫に結ばれています。しかし、夫が死んだら、自分を夫に結びつけていた律法から解かれます。したがって、夫が生きている間に他の男のものとなれば、姦淫の女と呼ばれますが、夫が死んだら律法から自由になるので、他の男のものとなっても姦淫の女とはなりません。ですから、私の兄弟たちよ。あなたがたもキリストのからだを通して、律法に対して死んでいるのです。それは、あなたがたがほかの方、すなわち死者の中からよみがえった方のものとなり、こうして私たちが神のために実を結ぶようになるためです。

（新改訳２０１７）

それとも、きょうだいたち、私は律法を知っている人々に話しているのですが、律法とは、人を生きている間だけ支配するものであることを知らないのですか。結婚した女は、夫の生存中は律法によって夫に結ばれているが、夫が死ねば、夫の律法から解放されます。ですから、もし夫の生存中、他の男のものになれば、姦淫の女と呼ばれますが、夫が死ねば、その律法から自由な身となり、他の男のものになっても姦淫の女とはなりません。それと同じように、きょうだいたち、あなたがたも、キリストの体によって、律法に対して死んだのです。それは、あなたがたがほかの方、つまり、死者の中から復活させられた方のものとなり、私たちが神に対して実を結ぶようになるためなのです。（協会共同訳）

7章のテーマ　律法

ローマ7章は、すべてのクリスチャンにとって非常に興味深い箇所です。特に7章後半で自分の罪に悩むパウロがその罪との戦いを赤裸々に告白し、「私には、自分のしていることが分かりません。自分がしたいと願うことはせずに、むしろ自分が憎んでいることを行っているからです」（15節）と語る姿は、私たちにパウロという人の、そして私たちすべてのクリスチャンの真実の姿を教えてくれます。この7章はクリスチャンとしてのパウロの姿を描いているのか、それとも救われる以前のパウロの姿なのか、そのような議論とともに、罪と戦い続けているすべてのクリスチャンに大きな励ましと共感を与えます。

もっともこの章は、そのことが主なテーマなのではありません。パウロが7章で扱っている主要なテーマは「律法」です。あるいは「クリスチャンと律法の関係」という、やや特殊な問題です。私たちはこれまで、律法の問題に特別注意を払ってこなかったかもしれません。パウロがこのようなことを述べなければ、現代の私たちがクリスチャンになっても、それほど考え込む問題ではなかったかもしれません。実際に信仰の問題として律法との関係で悩み、考えたクリスチャンはどれくらいいたでしょうか。おそらく多くの人々は、パウロがここで論じなければ、ほとんどの場合どうでもよいことと見なしてきたのではないかと思います。しかし使徒パウロにとって、そして初代教会にとって、これは非常に重大な、慎重に対処すべき課題でした。なぜならパウロは、主イエスと出会う前は律法主義のユダヤ人であり、彼の半生はそのために費やされてきたからです。彼は自分についてこう述べています。

「私は生まれて八日目に割礼を受け、イスラエル民族、ベニヤミン部族の出身、ヘブル人の中のヘブル人、律法についてはパリサイ人、その熱心については教会を迫害したほどであり、律法による義については非難されるところがない者でした。」（ピリピ3・5～6）

そのような彼がキリストにとらえられたとき、彼は自分がこれまで信じてきた神の律法、モーセの十戒をはじめとして、ユダヤ社会で慣れ親しんできた旧約聖書の教えをどのように理解したらよいのか、イエス・キリストの福音と律法をどのように調和させることができるのかという大きな問題に直面しました。

それならば、律法はユダヤ的な背景をもつクリスチャンだけの問題であって、私たち異邦人クリスチャンにはあまり重要な問題ではないのかというと、そうではありません。実は私たちにとっても重大な問題なのです。現にパウロは7章の冒頭で、「それとも、兄弟たち、あなたがたは知らないのですか」（1節）と、すべてのクリスチャンに呼びかけて言っています。パウロは自分の関心を離れて、ローマという異教の地にいるすべてのクリスチャンに呼びかけているのです。ですから、これは律法主義者だけに共通する特殊な問題ではなく、私たち全員が知っておくべきことです。クリスチャンとして生きていくためにどうしても知らなければならない、そうでなければキリスト者として歩むことができない、それほど重要な問題なのです。ですからここで言う「律法」とは、決してモーセの律法に限られるものではなく、もっと広範囲にも考えることができる律法です。

律法との死別

では、パウロが私たちクリスチャンにぜひ知ってほしいと願っている律法に関することとは、いったい何でしょうか。それをパウロは1節でこう始めています。

「律法が人を支配するのは、その人が生きている期間だけです。」

律法が人に対して権限をもつ、あるいは人を支配するのは、人が生きている期間だけである。「律法」がピンとこなければ、ここでは「法律」と読み換えてもかまいません。「法律」が有効なのは、その人が生きている期間だけである。逆に言えば、死んでしまえば、律法・法律の効力はもう及ばないということです。日本の社会でも、何か法律を破って罪を犯せば法律がさばきます。しかし死んでしまえば、法律の追及はもはやありません。死によって法律との関係は絶たれ、法律はもう何もできません。以前であれば、凶悪犯罪に時効というものがありました。殺人罪は十五年で時効になるという時代もあり、時効が成立する直前にやっと犯人逮捕にたどり着くというようなドラマがよくありました。時効になれば法律はその効力を失うのです。しかし、死んだ場合にも同じように法律は効力を失います。

パウロはそのことを説明するために、一つのたとえを用います。結婚した女性の例話です。

「結婚している女は、夫が生きている間は、律法によって夫に結ばれています。しかし、夫が死んだら、自分を夫に結びつけていた律法から解かれます。したがって、夫が生きている間に他の男のものとなれば、姦淫の女と呼ばれますが、夫が死んだら律法から自由になるので、他の男のものとなっても姦淫の女とはなりません。」（2～3節）

結婚している女性とは、ここではクリスチャンを指します。その女性には夫、すなわち律法がいます。この女性は、夫（律法）が生きている間は夫に縛られていますが、夫が死ぬと夫からは自由になります。ですから、夫の死後に別の男性と再婚しても、それは問題ありません。死は結婚関係を解消するので、死別によって人は独身に戻るからです。

私はこのことを実感した思い出があります。私が結婚するとき、戸籍謄本を取り寄せました。その謄本を見たとき、父の名前が消されていることに気がつきました。父はすでに召天していたので当然です。しかしもう一か所、母の名前の上にある「妻」という字も消されていたのです。死別したことで結婚関係は解消されたということ、だから母はもう「妻」ではないということを改めて知らされました。パウロが言っているのはそのことです。ですから、これは離婚とは違います。離婚の場合は、これまでの関係が切れているようでつながっています。子どもの養育費はどうするのか、生活費をどう支援するのか、子どもに面会はできるのか、様々な形でつながりが残っています。しかし、死別すれば完全に自由になります。死によって法律はもはや効力を失うのです。パウロはこの事実を私たちの信仰に当てはめました。クリスチャンは律法とは死別したので、律法からは自由である。このことから三つのことを確認しておきたいと思います。

律法の死ではない

第一は、律法が死んだり、なくなったりしたわけではないということです。このことから、パウロの例話には一つの弱点があることが分かります。たとえの中では「夫が死んだ」と二回繰り返しています。ですからそのまま当てはめると、夫、つまり「律法」が死んだことになってしまうのです。しかし実際に死んだのは律法ではなく、女、つまりクリスチャンのほうです。これは、たとえとその後の適用がうまくかみ合っていない印象を与えます。

しかしこの弱点は、同時に私たちが忘れてはならない大切なポイントを含んでいます。それは、律法が消滅したり、無効になったりしたわけではないということです。律法は今も生きて働いており、それがなくなったと聖書には書いてありません。それどころか12節を見ると、パウロは「律法は聖なるものです。また戒めも聖なるものであり、正しく、また良いものです」と言っています。ですから、律法それ自体の役割は残っているのです。それはクリスチャンにとって有益でさえあります。ですから、私たちはなおも十戒を真剣に学ぶべきでしょう。そこには神の規範があるからです。何が正しく良いことで、神に喜ばれることなのかを教えてくれます。しかし、律法はそれ以上のことはしません。ですが私たちも、律法が今日も果たしている役割に関する限りは、律法から学ばなければならないのです。

このたとえによってパウロが言いたかったポイントはただ一つ。死によって妻は夫から解放されるように、死によってクリスチャンも律法から解放されるのだ、ということです。

私たちの死

では、第二に、私たちはどのように律法に対して死んだのでしょうか。４節に書いてあるとおりです。

「あなたがたもキリストのからだを通して、律法に対して死んでいるのです。」

主イエスのからだは、確かに十字架にかけられました。その死において私たちも死にました。私たちはキリストにあって死んだ者です。ここにパウロが目指したキリストとの一体化という教理があります。私たちは、そのことを毎月の聖餐式の中で経験しています。私たちが裂かれたパンを食べるとき、それは、キリストの死にあずかっていることを視覚的に覚えているのです。「私たちが裂くパンは、キリストのからだにあずかることではありませんか」とパウロは語りました（Ⅰコリント10・16）。キリストのからだにあずかるとは、キリストがそのからだにおいて経験したすべてのことを共有することです。キリストの死とよみがえりを共有することです。実に「キリストは、私たちにとって……義と聖と贖いになられ」たのです（同1・30）。

ですから、キリストを信じたとき、私たちはキリストの経験したすべてを共有したのです。キリストが十字架にかけられたとき、私たちも十字架にかけられました。ですから私たちは、キリストのからだによって死んだのです。キリストにあって死んでいるのです。そのとき、律法との関係が解消されました。もはや律法は私たちに対して何も要求する権利はありません。私たちは完全に律法と死別したのです。

結ばれた私たち

しかし、ここに忘れてはならないもう一つのことがあります。これが最も重要なことです。パウロは死ぬことと同時に、もう一つの積極的な側面について語っています。

「それは、あなたがたがほかの方、すなわち死者の中からよみがえった方のものとなり、こうして私たちが神のために実を結ぶようになるためです。」（4節）

私たちが律法に対して死ぬのには目的があります。それは「ほかの方」すなわち私たちの主イエス・キリスト、死者の中からよみがえられたお方のものとなるためです。これは新しい結婚関係を指しています。パウロはここでクリスチャンのことを、再婚して「配偶者が新しくなった人」と考えているのです。

それまでは、完全で非の打ちどころのない夫と結婚生活を送ってきました。その夫は厳格で様々な要求をし、失敗すれば罰を加える人物でした。そのような夫のもとで、妻は自分の足りなさに自己嫌悪しているのです。その夫の名前は「律法」です。妻はその下で支配され、律法に従って生きることを要求されていました。しかし、この関係は死によって終了しました。替わって新しい夫が与えられたのです。その夫の名は「イエス」です。このお方との再婚によって、私たちはもはや律法や規則に縛られることはなくなりました。むしろ自分が誰に属しているのかという点だけが問題となるのです。ひとりのお方に対する関心で生きるのです。従来、妻は夫の差し出すレシピどおりに料理を作ることを求められ、それに従うだけでした。しかし今は、愛する夫の好みの料理を喜んで作ろうとするのです。それは義務ではなく、喜びです。

キリスト者が律法に対して死んでいるのに、なおも律法の下にあるかのように生きるとすれば、それはクリスチャンとして敗北する以外にありません。しかし律法に死んだ者には、死んだ者としての生き方があります。それはキリストと結ばれるという生き方です。そのとき、神のために実を結ぶことができるのです。それは、いたずらに努力をすることによってでもなく、律法を守ろうとすることによってでもありません。律法は基準を示しても、それを実行させる力がないからです。力は、主イエスにいよいよ深く、強く結びつくことによって与えられるのです。主イエスはこう言われました。

「人がわたしにとどまり、わたしもその人にとどまっているなら、その人は多くの実を結びます。わたしを離れては、あなたがたは何もすることができないのです。」（ヨハネ15・5）

重要なのは、主にとどまることです。それは、すでに受けた恵みの中にとどまり続けるということです。そのことをこれから考えていきましょう。ここではローマ人への手紙6章14節のみことばをしっかりと心に留めておきたいと思います。

「罪があなたがたを支配することはないからです。あなたがたは律法の下にではなく、恵みの下にあるのです。」

33　肉に働く律法――7章5節

私たちが肉にあったときは、律法によって目覚めた罪の欲情が私たちのからだの中に働いて、死のために実を結びました。（新改訳２０１７）

私たちが肉にあったときは、律法による罪の欲情が五体の内に働き、死に至る実を結んでいました。（協会共同訳）

パウロが7章冒頭の四節で言いたかったことは、私たちが「律法から解放されている」ということでした。このことがすべてのクリスチャンにとって重要な問題であるということを、もう一度確認しておきたいと思います。パウロは6章で、クリスチャンは「罪に対して死んだ」という問題を扱い、次の8章では、「御霊によって生きる」ことを語ります。その中間の7章で律法からの解放という問題が扱われているのです。つまり、罪に死んだ者が御霊によって生きようとするときに、どうしても考えておかなければならないのが「律法からの解放」という問題なのです。ですから、決して一部の特殊なクリスチャンが経験するような問題を扱っているのではありません。パウロはここで二度にわたって「兄弟たちよ」と呼びかけて、その点を明確にしました。これは1章13節以来、用いられていない呼びかけです。今パウロは私たちに、このことをよく考えるようにと注意を喚起しているのです。そして、これから考える5節と6節は、この7章の中で最も重要な箇所です。この二節で主要な問題を提示し、5節の問題を7章で、6節の問題を8章で、それぞれ詳しく論じていきます。そういうわけで、この5節と6節は全体の鍵となる重要な箇所なのです。

肉にあったとき

さて、4節までで語った「律法からの解放」という考えは、幾つかの問題を引き起こします。たとえば、「もし律法から解放されているならば、もう律法を守る必要はないのだ。クリスチャンは何をしても自由なのだ」という危険な考え方です。もちろんパウロはそんな低次元のことを言おうとしているのではありません。そのことは8章で詳しく論じられます。

しかしその前に、もっと素朴な疑問を私たちは抱くでしょう。それは、そもそもパウロは、なぜこのようなことを突然言い始めたのかという疑問です。クリスチャンにとって、律法からの解放がなぜそれほどまでに重要なのか。罪に死に、御霊によって生きるならばそれで十分ではないか。律法から解放されることがなぜ必要なのか。そんなことが私たちの信仰生活にどういう意味をもっているのか、という疑問です。この箇所でパウロは、実はその疑問に答えようとしているのです。そして、律法の驚くべき実体を明らかにしていきます。

死をもたらす律法

5節でパウロは、それまでの議論を次のように続けています。

「私たちが肉にあったときは、律法によって目覚めた罪の欲情が私たちのからだの中に働いて、死のために実を結びました。」

日本語訳には現れていませんが、この節は「なぜなら」という接続詞で始まっています。つまりパウロは、ここでなぜ律法からの解放なのか、その理由を語ろうとしているのです。その理由が何であるのか、5節を詳しく見てみましょう。

まず彼が語るのは「私たちが肉にあったときは」ということです。これは過去形です。もっと厳密に言えば、過去の継続的状態を指しています。過去において、私たちはずっと「肉にあった」のです。

これがどういう意味なのか、少し説明が必要でしょう。聖書では「肉」ということばが幾つかの意味で使われています。第一は、文字どおり「肉体、身体、手足」という意味です。誰もが肉体を持って生きています。ですから誰もが「肉にある」と言えます。しかしパウロはここで、「肉」をそういう意味で使っているのではありません。

第二に、「肉」は人間全体を指すためにも使われます。「ことばは人となって、私たちの間に住まわれた」というヨハネの福音書1章14節のみことばは、文字どおりならば「ことばは肉になった」と書いてあります。肉になったとは人間になったということです。しかし、ここでの「肉」の意味はそれでもありません。

第三に、もっと特別な意味で「肉」は使われます。それは目に見える肉のことではなくて、目に見えない特殊な状態のことです。それは、私たちが救われる以前の状態、生まれたままの状態を指します。パウロはまさにこの意味で「肉にある」と言っているのです。それは人間の原罪と関係していて、罪を犯す傾向、罪の性質を持った状態です。自分の欲望によって支配され、簡単に罪に陥っていく、コントロールの効かない、そういう私たちの中にある罪の性質のことを「肉」と呼んでいるのです。

誰でもイエス・キリストに出会うまで、このような状況にいました。ですから「肉にある」とは、私たちが罪の支配を受け、罪の性質にコントロールされていたときのことを指しているのです。

罪の欲情が働く

さて、このような罪の肉にあるとき、私たちの中に何が起きていたでしょうか。パウロは続けて5節で、「罪の欲情が私たちのからだの中に働いた」と言っています。単なる欲情、欲望ではありません。罪の欲情が働いていたのです。欲情と訳されたことばは普通、「苦難」を指すことばでもあります。バッハの有名なマタイ受難曲は「マタイ・パッション」と呼ばれています。このパッシヨン（passion）には、情熱、激情の意味もあります。愛、欲望、怒り、憎しみ、悲しみ等、あらゆる激しい感情を指すもので、ここではまさにそれと同じことばが使われています。このことばは、新約聖書ではほとんどの場合、主イエスの受難を指しますが、激しい欲望を表現するためにも使われています。ガラテヤ人への手紙5章24節では「情欲」と訳されています。

パウロは、自分が肉にあったときは、そのような欲望や情欲がからだの中に働いたと言うのです。もちろんすべての欲情、すべての欲望が悪であるというわけではありません。神は私たちが生きていくために様々な欲望を与えてくださいました。代表的なのは食欲と性欲です。それらはそれ自体悪であるわけではありません。それらは人間を祝福するために神が備えてくださったものです。だから感謝して正しく用いるならば、祝福をもたらします。

問題は「罪の欲情」なのです。人間には「罪の欲情」「罪の情欲」というものがあります。それは度を失った欲望です。一部の週刊誌やテレビにあふれている罪の欲情です。それはバランスを失って、コントロールすることのできない欲情です。それが私たちの内側に、私たちのからだの中に働くのです。誰もがそのことを経験を通して知っているはずです。イエス・キリストを知る前に私たちが追い求めていたのは、そのような欲情を満たすことでした。

その結果、何が起きたでしょうか。パウロはこう言います。

「死のために実を結びました。」（5節）

人間が自分の欲望のままに生きることの先には、死が待っているのです。人間は事実上死ぬために、そして滅びて永遠の刑罰を受けるために欲望を用いているのです。これが救われる以前の状態でした。しかし、パウロはそのこと自体を問題にしているのではありません。パウロが言いたいのは、そのような罪の欲情がどのように働くのかということです。

律法によって

では、このような罪の欲情はどのように働いたでしょうか。5節でパウロは、「私たちが肉にあったときは、律法によって目覚めた罪の欲情が私たちのからだの中に働いて……」と言っています。欲情は「律法によって目覚めた」という表現に注意しましょう。協会共同訳と新改訳第三版では直訳調で「律法による」となっています。罪の欲情は律法によって覚醒されて働くのです。この「律法によって目覚めた」は、文字どおりならば「律法を通して」ということで、英語で言えば by ではなくて through です。ですから行為者を表しているのではなく、むしろその行為が行われるとき、媒介となるものを指しています。律法を介して、あるいは律法によって（引き起こされた）罪の欲情が働くのです。

このようにパウロは、肉（からだ、五体）の中に働く律法のことを問題にしています。罪の肉の中には律法が働くのです。私たちは、そのことに気がついているでしょうか。それゆえにこそ、律法からの解放が必要なのです。

これがどういう意味なのかもう少し考える必要があります。パウロはここで、律法が何らかの形で罪に荷担すると見ています。律法は、あるいは法律でも規則でもそういうものは、罪をもっと悪化させ、増幅させる機能があると考えているのです。このようなパウロの言い方は決して珍しいものではありません。パウロはしばしばそういう言い方をしています。コリント人への手紙第一、15章56節では、「死のとげは罪であり、罪の力は律法です」と言っています。これも同じ考えです。なぜ罪の力が律法なのか。それは律法が罪に力を与えるからです。

でも、私たちは疑問に思うことでしょう。いったいどうやって律法が罪の欲情を引き起こすのでしょうか。それはこの後の7節からの大きなテーマです。私はこのことをどのように説明できるか分かりません。このことを本当に理解するためには、パウロのように、真剣に律法を守るという生き方を信仰の歩みの中で実行することが必要です。しかしそれがなくても、ある程度まで理解することができるかもしれません。たとえば、ここに酒が大好きだという欲情を持った人がいるとします。酒自体は別に良くも悪くもありません。ところがそこに禁酒の命令が出されると、禁酒されたことが逆に働いて、その人のうちにある飲酒の欲情を刺激する、ということはあるのではないでしょうか。しかし、問題はそこにとどまりません。禁酒という法律ができることによって、今度はそれを飲むことで、その人の行為は明白な違反になり、その人は刑罰を受けなければならなくなります。法律はまず罪の欲望を刺激し、罪であることを明白にし、その人を断罪し、処罰をもたらすのです。

このように、律法は私たちの罪の深刻さを増大させます。そして、神に対する積極的な違反とすることで、私たちを永遠の滅びへと定めてしまうのです。ここに、私たちがなぜ律法から解放されなければならないのか、その理由があります。それは、律法によっては罪を克服することができないばかりか、律法は私たちをさらにひどい罪の状態へと導いていくからです。

御霊によって生きる

では、どうしたらよいのでしょうか。次の6節に鍵があります。

「しかし今は、私たちは自分を縛っていた律法に死んだので、律法から解かれました。その結果、古い文字(もんじ)にはよらず、新しい御霊によって仕えているのです。」

今や私たちは、自分を縛っていた律法に対して死にました。このことはすでに4節で考えました。「ですから、私の兄弟たちよ。あなたがたもキリストのからだを通して、律法に対して死んでいるのです」とパウロは言っています。

私たちは律法と死別しているので律法は私に対して無効になり、もう私のうちに働かなくなったのです。それに替わって、私たちに新しい状況が生まれてきました。それは御霊の支配による生き方です。そのことは次の6節の学びの中でゆっくり考えたいと思いますが、実はこのこともすでに4節で述べられていました。

「それは、あなたがたがほかの方、すなわち死者の中からよみがえった方のものとなり、こうして私たちが神のために実を結ぶようになるためです。」
このことを、パウロは6節で「新しい御霊によって」と言い換えているのです。私たちの中には、御霊による新しい状況が発生しています。その新しい状況の中に生きるためには、かつての律法との古い関係は邪魔であり、御霊によって生きる新しい生き方を妨げます。その御霊の支配という新しい状況に本当に生きるためには、律法的生き方から解放されていることが必要なのです。

パウロがこのことを結婚にたとえたのは、まことに適切でした。前の夫が生きていては、新しい夫と生きることはできません。ですから律法と死別する必要がありました。それは、「あなたがたがほかの人、死者の中からよみがえった方のものとなる」（4節）ためです。そのためには、古い夫との絆が邪魔になるので、明確に別れる必要があるのです。

私たちも信仰の歩みの中で、このことをしっかりと自覚しなければならないでしょう。自分の罪に悩むのであれば、それはいっそう必要なことです。罪に対して勝利しようと心から願うならば、このことは重要な鍵を握っているのです。私たちは、新しい夫と再婚した者として自分を位置づけなければなりません。そのとき、罪の欲情からの解放があり、勝利が約束されているのです。結婚によって妻が夫の全財産を共有するように、私たちも主イエスと結ばれることによって、主のすべてを共有することになります。ですから、主の死を共有し、主の復活を共有するところに、御霊の新しい状況が生まれてきます。それにもかかわらず私たちが律法に引きずられ、古い生き方をしているならば、それは主の恵みを浪費しているだけです。私たちは無一文ですが、生きるに必要なすべての宝はキリストにあるのです。キリストこそ、私たちのなしうる一切のことのために満ち足りているのです。

34　新しい御霊によって――7章6節

しかし今は、私たちは自分を縛っていた律法に死んだので、律法から解かれました。その結果、古い文字にはよらず、新しい御霊によって仕えているのです。（新改訳２０１７）

しかし今は、私たちは、自分を縛っていた律法に対して死んだ者となり、律法から解放されました。その結果、古い文字によってではなく、新しい霊によって仕えるようになったのです。（協会共同訳）

パウロはこの節を「しかし今は」と始めます。これは5節を受けてのことです。5節はクリスチャンになる以前の「肉にあったとき」の状況を描いていました。「しかし今は」クリスチャンとなりました。そこに決定的な違いを見ているのです。最初に、この違いに少し注意を払ってみたいと思います。クリスチャンは、明らかに以前とは違う人、全く変わった人です。この重大な変化を自覚していないならば、その人はまだクリスチャンではありえないでしょう。クリスチャンは、「以前はこうだったが、しかし今は」と明確に自分を区別し、それを証しすることができる人です。

三つの力

では、クリスチャンになり、何がどう変わったのでしょうか。性格が明るくなったとか、笑うことが増えたとか、そういうレベルのことを問題にしているのではありません。パウロがここで述べているのは、もっと根本的な、霊的な、時にはクリスチャンさえ意識していないような問題です。それは5節との対比の中で語られていますので、まず5節を見てみましょう。

「私たちが肉にあったときは、律法によって目覚めた罪の欲情が私たちのからだの中に働いて、死のために実を結びました。」

ここでパウロは、私たちが以前「肉にあった」ことを指摘します。肉にあったとき、私たちは特殊な状態の下に置かれていました。すなわち、私たちのうちに「三つの力」が働いていたというのです。それは、「罪」の力と「律法」の力と「死」の力です。これらは三国同盟を結成していて、私たちを滅ぼそうとする連合軍でした。最初は「罪の力」です。私たちはみな罪の力に支配された奴隷でした。いけないと分かっていても抵抗することができないで、罪を犯し続けてきたのです。しかし今は解放されています。それはすでに6章で、次のように語られました。

「死んでしまった者は、罪から解放されているのです。」（7節）

しかし、肉にあるとき、罪の力と連動してもう一つの力が私たちのうちに働きます。それが「律法の力」です。パウロは、この律法からも私たちは解放されたと語ります。そして最後に、この律法の力と連動して、第三の力である「死の力」が私たちを支配していたのです。

つまり私たちは肉にある限り、罪と律法と死によって永遠の滅びへと定められているのです。これが私たちの以前の状態でした。それゆえに、どんなにきよく正しく生きようと願ってもそうすることができなかったのです。人間にはこのような力の連合軍に抵抗する力はなく、全く無力でした。

律法からの解放

「しかし今は」とパウロは6節の冒頭で語っています。ここからはイエス・キリストによってもたらされた全く新しい状況を語ろうとしているのです。新しい状況とは、「私たちは自分を縛っていた律法に死んだ」ということです。パウロはこの7章で、このことを繰り返し語っています。ですから私たちも、このことを繰り返し確認しておく必要があります。1節では「兄弟たち、あなたがたは知らないのですか……律法が人を支配するのは、その人が生きている期間だけです」と言いました。次に2節で夫婦のたとえから、「自分を夫に結びつけていた律法から解かれます」と語り、3節でも「夫が死んだら律法から自由になる」、4節でも「律法に対して死んでいるのです」と続けています。さらに6節で「私たちは自分を縛っていた律法に死んだので」と同じことを再び繰り返しています。

なぜ律法から解放されることがかくも繰り返されるのでしょうか。そもそも律法の何がそんなに問題だったのでしょうか。パウロが問題にしているのは、律法の無力さです。律法によっては、人は罪に対して打ち勝つことができないという事実です。律法は無能力です。律法には私たちを変えたり、私たちを救ったりする力はありません。それどころか、律法は逆に罪の欲望を刺激し、罪を犯すことを補助するように働くのです。律法は私たちをきよくするどころか、逆に罪に荷担する力となります。それは、私たちが日々この社会において経験していることではないでしょうか。何か重大犯罪が起きると、評論家たちはその原因についていろいろ論じます。多くの場合、問題の根源は教育や生い立ちや環境のせいにされ、犯人の成長の軌跡をたどることで問題の本質に迫ろうとします。政治家は法律を変えて罰則を強化しようとします。しかし結局は何も改善されません。律法や規則や道徳の教えによっては、根本的には何も変わらないのです。

「しかし今は」（6節）、クリスチャンはそのようなものから解放されました。律法から解放されました。私たちはこのことを明確に覚えていなければならないでしょう。これは非常に重要なことなのです。クリスチャンとして生きるということの意味がここにあるからです。

古い文字

クリスチャンはどう考え、どう生きるのでしょうか。パウロは6節の後半で、その新しい状況を語っています。

「その結果、古い文字にはよらず、新しい御霊によって仕えているのです。」

　ここでは、「古い文字」と「新しい御霊」とが対立的に語られています。ただ「古い文字」と「新しい御霊」とは、いずれも正確な訳ではありません。特に「新しい御霊」というと「古い御霊」があるのかと錯覚してしまいます。ここではもちろんそういう意味ではなく、直訳するなら、「古い文字」とは「文字の古さ」、「新しい御霊」とは「御霊の新しさ」ということです。新共同訳は意訳して「文字に従う古い生き方」と「〝霊〟に従う新しい生き方」としていますが、それではおそらく言いすぎなのだと思います。パウロは手段や方法を述べているのではなくて、むしろ私たちのうちに聖霊がもたらした「新しい状況」「新しい現実」を指して「御霊の新しさ」と言っているのでしょう。これをどう訳すかは難しい課題ですが、要するに文字・律法が生み出していた古い状況ではなく、「御霊が作り出した新しい状況」を指しています。そこにおいては、律法という古い方法によってではなくて、御霊という新しい方法によって仕えるということなのです。

　かつては、文字（律法）という古い手段で仕えていました。それは、旧約聖書の世界を思い起こすならば容易に理解することができます。神はイスラエル人をエジプトから救い出した後に、モーセを通して十戒を与えました。そこには、「これからは、あなたがたはわたしの民として、この新しい基準で生きなさい。カナンの地において、罪深いカナン人と同じように生きてはいけない」という意図がありました。律法を守り行うならば、彼らはそれによって生きると約束されたのです。ところがどうだったでしょうか。その後のイスラエルの歴史を見ていくと、彼らが結局カナン人と同じような偶像崇拝に陥っていったことを知らされます。たびたび預言者が現れて警告しましたが、カナン人のように生きることをやめませんでした。そこで神はアッシリア帝国とバビロニア帝国を用いて彼らを罰し、滅ぼしてしまいました。それは神のさばきでした。

あの時代、イスラエル民族に与えられていたのは文字による律法だけでした。それは外側から人間に語りかけ、基準を示し、命令を与えるものです。それは人間の内側を変えることができません。イスラエル人はカナン人の罪の誘惑に触れ、不道徳を見、禁じられてはいましたが、その誘惑に打ち勝つことができなかったのです。彼らの内側には罪の欲情が働いて、死のために実を結びました。当時の世界としては厳しい道徳的基準を示されることによって、彼らは逆に罪の激しい誘惑を経験し、自分たちを極度に罪深い者とし、滅びる以外にないほどに堕落していったのです。

新しい状況

預言者たちはこのような古い文字の律法が不十分であることを知っていましたが、同時に神がアブラハムに与えた約束を放棄しないことも確信していました。神はあくまでご自分の契約に忠実であり、神がアブラハムと結んだ契約は永遠の契約であって、破棄されることがないからです。そこで預言者たちは、今の契約が破棄されても、神が新しい契約をもたらすことを預言しました。その新しい契約は、エレミヤ書31章33節にあるように、文字として与えられるものではなく、人々のただ中に置かれ、彼らの心に書き記される律法です。それは文字ではなくて霊なのです。

こうして文字による古い状況は終わりを告げ、御霊による生き方が始まります。神は、かつてモーセを通して律法を与えたように、今度はイエス・キリストを通して新しい律法、すなわち聖霊を私たちの心の中に与え、内住させてくださいました。かつては命令が「ああすべき、こうすべき」「あれをしなかった、これをしなかった」と外からやってきて戒めましたが、今やそのような状況は一変し、律法を心の中に置くことによって、神は私たちの心そのものに新しい状況を生み出したのです。

ではどう生きるか

では、文字による生き方と御霊による生き方は、私たちの毎日の生き方に具体的にどのような違いをもたらすでしょうか。たとえば、かつて神は十戒の中で、「安息日を覚えて、これを聖なるものとせよ」と命じられました（出エジプト20・8）。人々は安息日にも商売をして少しでも金をもうけたかったけれども、律法があります。そこでやむなく商売をあきらめなければなりませんでした。なぜなら、それを破った者には刑罰が定められていたからです。しかし、御霊による新しい状況のもとでは、私たちは命じられているから行うのではありません。主日には教会に行きたいので行き、神を礼拝をしたいので礼拝し、それを聖なる日とするのです。そこに強制はなく、命令もなく、主イエスによって救われた感謝から、自ら進んで礼拝に集うのです。

人を愛することも、かつては義務と感じていました。それはしなければならなかったのです。しかし、今や人を愛することは、自分の心の中からの必然的な行為となりました。私たちの心の中に神が律法を書き込んでくださったので、そのような御霊の新しい状況の中で、もっと人を愛して生きていこうとする衝動が湧いてくるのです。そこに文字と御霊の生き方の違いがあります。

ここで、もう一つのことをつけ加えておきます。それは、律法から解放されているにもかかわらず、今なお律法的に生きることの危険です。それは私自身のかつての苦い経験でもあります。私は救われてから、一つの問題で悩みました。それは、救われた私がなぜなおも罪を犯すのかということでした。最初に思いついた解決方法は、聖書に書いてある様々な教え、特に道徳的教訓の箇所を選び出して、それを別紙に書き写し、毎朝繰り返して読むことでした。その戒め（律法）を読んで、それを頭に刻みつけて、罪を犯さないように努力しました。その結果、私が見いだしたのは、自分の罪の深刻な有様でした。律法的努力によってきよくなろうとすればするほど、自分の醜さに気がつくのです。パウロが私たちに教えているのは、まさにそのようなクリスチャンの悲劇です。クリスチャンはそのような方法によってきよくなることはできないのです。それはせっかく御霊が私たちの中に新しい状況を生み出しているのに、文字という古い状況の中に生きていこうとすることなのです。

ではどうすればよいのでしょうか。まず自分の道徳的努力、律法的努力では何も変わらないことを自覚すべきです。「自分はだめなクリスチャンだ」と思い込んでいる多くの人は、この古い文字にとらわれています。私たちは、多かれ少なかれ律法的に歩み、自分をさばいて歩んでしまいます。しかしそれは、何の益ももたらしません。

そしてさらに大切なのは、パウロがすでに4節で語ったように、ひたすら死者の中からよみがえった方と結ばれて生きることです。ただ主イエスを見上げ、このお方に堅く結びつき、そのお方の豊かさによって生きることです。キリストにあって生きることです。それが御霊のもたらした新しい状況です。かつて中国の宣教師であったハドソン・テーラーが言ったように、「キリストこそ、私たちのなしうる一切のことのために満ち足りている」という確信をもって生きることです。私たちに重要なのは、このお方に結びついていることなのです。このような状況の中で私たちが主に仕えるとき、それはもはや重荷とはなりません。

歴代誌第二、20章に出てくるユダの王ヨシャファテの戦いは、このことを実によく教えてくれる箇所だと思います。私が罪に悩んでいるときに、恩師である舟喜信先生が教えてくれた貴重な聖書箇所です。あるとき、モアブ人とアンモン人、および彼らに合流した一部のアンモン人が、ヨシャファテと戦おうとして攻めて来ました。それはおびただしい大軍でした。そのような危機に直面したヨシャファテに、レビ人ヤハジエルを通して告げられた主のことばはこうでした。

「ユダのすべての人々、エルサレムの住民、およびヨシャファテ王よ、よく聞いてください。主はあなたがたにこう言われます。『この大軍のゆえに恐れてはならない。おののいてはならない。

これはあなたがたの戦いではなく、神の戦いである。……この戦いは、あなたがたが戦うのではない。堅く立って、あなたがたとともにおられる主の救い（勝利）を見よ。』」（15、17節。括弧内筆者）

私たちの罪との戦いも同じ原理です。究極において、これは私たちの戦いではありません。それは主の戦いなのです。そして主が勝利をもたらしてくれる戦いです。もちろんヨシャファテが実際に出陣し戦ったように、私たちも戦いますが、勝利を与えてくださるのは神ご自身です。そして、主は確かに勝利を与えてくださるのです。そのとき、私たちはあたかも観客席に座っているかのように主の勝利を見るのです。それが御霊によって生まれている私たちの新しい状況であることを、しっかりと自覚したいものです。

35　律法の真の役割――7章7～8節

それでは、どのように言うべきでしょうか。律法は罪なのでしょうか。決してそんなことはありません。むしろ、律法によらなければ、私は罪を知ることはなかったでしょう。実際、律法が「隣人のものを欲してはならない」と言わなければ、私は欲望を知らなかったでしょう。しかし、罪は戒めによって機会をとらえ、私のうちにあらゆる欲望を引き起こしました。律法がなければ、罪は死んだものです。（新改訳２０１７）

では、何と言うべきでしょうか。律法は罪なのか。決してそうではない。だが、律法によらなければ、私は罪を知らなかったでしょう。律法が「貪るな」と言わなかったら、私は貪りを知らなかったでしょう。しかし、罪は戒めによって機会を捉え、私の内にあらゆる貪りを起こしました。律法がなければ罪は死んでいたのです。（協会共同訳）

7章1～6節まで、パウロの主張を少しずつ考えてきました。その根本にあるのは、クリスチャンは律法から解放されているということでした。それが7章全体のテーマです。しかしそれは単に「そうですか」と聞き流すものではなく、私たちの生き方に深い関わりをもっていることです。律法から解放されているという事実は、私たちがもはや律法に頼って生きるのではなく、御霊による新しい生き方をしなければならないことを意味するからです。

パウロは自らの経験から、クリスチャンに二種類の生き方があることを知ってきました。その二種類の生き方は、外から見る限りそれほど大きな違いは認められないのですが、内面において非常に異なった経験となっています。その二種類の生き方とは、「律法の下」に生きる生き方と「御霊の下」に生きる生き方です。それは6節の言い方を借りるならば、「古い文字」による生き方と「新しい御霊」による生き方、と言い換えることができます。パウロは、クリスチャンでありながら、なお「新しい御霊によって」生きることを知らずに律法の下に生きているクリスチャンに、新しい生き方に目覚めるように促しているのだとも言えます。

律法に死んでいるというこの事実が私たちの実際の歩みの中にしっかりと根を下ろして、この事実に生かされていなければなりません。なぜなら、律法によって生きようとするならば、結局は罪の奴隷として罪の支配の下に生きることになるからです。律法というのは結局は人間の欲望を喚起するだけで、私たちを罪から救い出す力はないからです。そこまでパウロは語ってきました。

律法は罪なのか

そこで当然、次の新しい問題が生じてきます。それは、パウロの律法に対する非常に否定的な主張から生まれてくる質問です。「それでは律法は罪なのか」という疑問です。パウロはこのようなドキッとするような質問を投げかけ、次に「決してそんなことはありません」とそれを強く否定して、次の議論に入っていきます。

このような論理の展開の仕方を、パウロはすでに6章で二回用いました。まず1～2節でこう言っています。

「恵みが増し加わるために、私たちは罪にとどまるべきでしょうか。決してそんなことはありません。罪に対して死んだ私たちが、どうしてなおも罪のうちに生きていられるでしょうか。」

さらに15～16節でも同じように論じています。

「私たちは律法の下にではなく、恵みの下にあるのだから、罪を犯そう、となるのでしょうか。決してそんなことはありません。あなたがたは知らないのですか。あなたがたが自分自身を奴隷として献げて服従すれば、その服従する相手の奴隷となるのです。」

同様にこの節でもパウロは、「それでは、……律法は罪なのでしょうか」と、やや極端と思われる質問を投げかけています。ひょっとしたらパウロは、このような疑問を実際に投げかけられたことがあったのかもしれません。彼がユダヤ人の会堂で律法について議論したときに、聴衆の一人が立ち上がって、「おい、パウロ。それでは律法は罪だと言うつもりなのか」と問いかけたのではないかと推測します。それはパウロの宣教に対する典型的な批判の一つであったでしょう。そのことは、パウロが6節までに語ってきた内容から考えるならば当然の疑問でした。しかしパウロは、ここでもそれを強く否定して答えます。新改訳第三版の訳では「絶対にそんなことはありません」となっていました。これはパウロがよく用いた言い方で、ローマ人への手紙だけで十回も用いています（3・4、6、31、6・2、15、7・7、13、9・14、11・1、11）。そのように強く否定してから次の議論へと移っていくのです。パウロはここから律法そのものを論じていきます。

律法は罪を示す

律法についてパウロが語ることに耳を傾けましょう。

「律法によらなければ、私は罪を知ることはなかったでしょう。」（7節）

つまり、罪を自覚し、罪が何であるかを知るために、律法は不可欠であったというのです。ですから罪を理解し、罪を罪として知らせることが律法の本来の役割ということになります。パウロはガラテヤ人への手紙でも同じことを述べました。

「それでは、律法とは何でしょうか。それは、約束を受けたこの子孫が来られるときまで、違反を示すためにつけ加えられたもので、御使いたちを通して仲介者の手で定められたものです。」（3・19）

律法は違反を示し、それゆえに律法によって私たちは罪を知ることができるのです。ここに律法の本来の役割がありました。

律法とは神の基準です。その基準に照らして私たちは罪を罪として知るのです。基準がなければ、そもそも罪は成立しません。法律がなければ犯罪が成立しないのと同じです。もっと身近なことに置き換えて考えてみましょう。たとえば、帰りが遅い娘に対して、ある日、父親が門限を定めます。「夜九時までに帰宅すべし。」それは父親の基準です。律法です。そこで娘が九時を過ぎて帰ると罪となるのです。しかし時間が決まっていなければ、十時に帰ろうが十二時に帰ろうが、親は何も言う権利がありません。それは罪にはならないからです。しかし一度基準が設けられると、罪が明確になります。「夜九時までに帰宅」という規則は、娘を心配する親の愛から出てきた正しい意思です。しかし娘がそれを守らなければ、そのときは父親の愛と意思を無視し、逆らったことになるので、そこに罪が発生するのです。それは、いつでもどこでも同じ普遍的な原則です。国の法律が殺人を禁じているので、それを犯せば殺人罪となります。しかし、法律がなければ罪は成立しません。だから社会の変化に伴ってどんどん新しい法律を作らなければならなくなるわけです。そうでなければ新しい種類の犯罪をさばくことができないからです。

ですから、罪というのは神の律法を破ることです。神は子を思う親のように、創造者として私たち人間にとって最善が何であるかをご存じです。神は私たちを愛しているので、私たちにどのように生きてもらいたいか、基準を定めたのです。それが律法です。

パウロの実例

このような律法理解に誰もが同意しているわけではありません。そこでパウロは次に、実例を示して同じ真理を繰り返しています。

「実際、律法が『隣人のものを欲してはならない』と言わなければ、私は欲望を知らなかったでしょう。」（7節）

「隣人のものを欲してはならない」というのは十戒の第十番目の引用ですが、「隣人のものを」はローマ人への手紙のほうの原文にはなく、翻訳者の付け足しです。ですから協会共同訳ではただ単に「貪るな」（新改訳第三版でも「むさぼってはならない」）となっています。あえて「隣人のものを」を補足する必然性はないように思われます。

ここでパウロは、「欲しがる」あるいは「貪る」という「強い欲望を抱く罪」を取り上げています。なぜパウロはこの戒めを引用したのでしょうか。パウロの主張はこういうことです。「十戒の中に『欲しがってはならない』と命じられているが、私たちはクリスチャンになる以前、あるいは聖書を読む以前、欲しがることを罪と考えてきただろうか。」ほとんどの人はそう考えてこなかったのではないかと思います。その理由は明白です。「欲しがる」ということ自体は心の中の問題だからです。心の中に抱く欲望です。それはまだ外に現れていませんし、実行されてもいません。しかし、心の中で抱く欲望をすでに罪と見なしているのです。それが神の基準です。十戒を知るまで私たちの良心は、それを罪とは教えてくれませんでした。しかし、それは罪であると十戒は教えているのです。

十戒の性格

この第十番目の戒めは、十戒全体の土台となっています。その直前の第九戒は、「偽りの証言をしてはならない」です。偽りの証言は、心に悪い欲望があるので、その実現のために「うそをつく」のです。第八戒は「盗んではならない」ですが、盗みも心にある物欲がそうさせます。「殺してはならない」「姦淫してはならない」「偶像を拝んではならない」もすべて同じことです。罪はどれも心の欲望から生じてくるもので、すべてはこの第十戒にかかっているのです。ですからモーセの十戒は、心を問題としていると言えます。

クリスチャンになるまで、私たちは心の中で罪を犯すということを真剣には考えてこなかったと思います。あらゆる残酷なこと、不潔なこと、卑猥なことを想像し、空想し、それをもてあそんできましたが、それを罪とは考えなかったでしょう。しかし聖書の律法は、心の中で欲しがることがすでに罪であると教えています。神はいつも人間の心を問題としていることを、律法は教えているのです。主イエスの山上の説教は、そのことの完璧な立証です。

「『姦淫してはならない』と言われていたのを、あなたがたは聞いています。しかし、わたしはあなたがたに言います。情欲を抱いて女を見る者はだれでも、心の中ですでに姦淫を犯したのです。」(マタイ5・27)

主イエスはそのように十戒を理解しています。これが神の基準です。使徒ヨハネも私たちに教えています。ヨハネが「兄弟を憎む者はみな、人殺しです」（Ⅰヨハネ3・15）と言うとき、それは心の中で憎しみを抱くことを禁じているのです。しかし、私たちは罪をそのようには考えてこなかったでしょう。ですから、やはり律法によらなければ、私たちは罪を本当に知ることはできなかったのです。「欲しがってはならない」という十戒の最後の戒めは、まさにそのことの完璧な実例です。ですからパウロは、この戒めをここに提示したのです。律法によらなければ、罪を本当に正しく理解することはできません。律法には、このように罪を知らせ、違反を示す重要な役割があったのです。

罪の機会として

しかし、律法の働きはそこにとどまりませんでした。もう一つの側面が律法にはありました。8節でパウロはこのように言っています。

「しかし、罪は戒めによって機会をとらえ、私のうちにあらゆる欲望を引き起こしました。」

律法は本来の意図とは違って、罪に有利な「機会」を提供したのです。その機会は、あらゆる貪りを引き起こすための機会でした。このことはすでに5節で考えました。

「私たちが肉にあったときは、律法によって目覚めた罪の欲情が私たちのからだの中に働いて、死のために実を結びました。」

パウロは８節で、この５節をさらに詳しく説明しています。罪が機会をとらえたというときの「機会」と訳されたことばは、たいへんおもしろいことばで、「軍事行動の基地」を意味します。つまり、罪は律法が来たときに「チャンス到来」と喜んだのです。この律法を自らの軍事拠点として人間を征服することができると考えたのです。

そのことを理解するために、エデンの園での出来事が助けとなるでしょう。神はアダムとエバにたった一つの律法を与えました。

「善悪の知識の木からは、食べてはならない。その木から食べるとき、あなたは必ず死ぬ。」（創世２・17）

このように人間世界に律法が導入されたとき、サタンは心から喜んだことでしょう。律法は一つで十分でした。サタンは、これによってアダムに罪を犯させることができると考えたのです。それまでは律法がなかったので、アダムに罪を犯させることはできませんでした。攻撃するにも機会がないために手が出せなかったのです。しかしこの律法が来たときに、サタンに絶好の機会が与えられました。実を取って食べてはならないただ一本の木、それはアダムとエバにとって限りなく魅力的に見えました。そんな戒めがなければ特別に関心を払うこともなかったかもしれませんが、この戒めがあることによって、アダムとエバの中に「欲望（貪り）」が引き起こされ、その木の実は一層魅力的に見えたのです。こうして律法は、罪を犯させるための欲望を刺激することになりました。

これは、私たちの間でも珍しいことではありません。「十八歳未満お断り」という看板は、人間の欲望を一層刺激します。未成年者が飲酒やたばこを禁じられていることも、それをしてみたいという欲望を起こさせるでしょう。罪は律法を機会として、欲望を引き起こすのです。

このような律法の力に対して、私たちはどうしたらよいのでしょうか。それは、律法のもつ本来の役割に従って、律法を正しく用いることです。律法は罪を教えるものですから、私たちはそこから罪が何かを学ぶことができます。それは最も厳しい基準です。しかし、その律法によって罪から救われると考えてはなりません。律法は罪に打ち勝つために与えられたのではありません。一度律法に頼るならば、罪が機会を捉えて、罪の支配が襲いかかるのです。

私たちは律法の役割を、あくまで罪を学ぶところにとどめておく必要があります。そして6節で学んだように、御霊の新しい方法によって主に仕えていかなければならないのです。もし律法によって生きようとするなら、そこには必ず敗北が待ち受けています。罪に対する勝利は、主イエスと結びつくところにあり、このお方にだけあるのです。

36　戒めが来たとき――7章8〜10節

律法がなければ、罪は死んだものです。私はかつて律法なしに生きていましたが、戒めが来たとき、罪は生き、私は死にました。（新改訳２０１７）

律法がなければ罪は死んでいたのです。私は、かつては律法なしに生きていました。しかし、戒め来たとき、罪が生き返り、私は死にました。（協会共同訳）

ここでは、まず8節後半と9節をまとめて考えます。7章におけるパウロの関心は、律法が私たちクリスチャンとどのような関係にあるのかということです。パウロはこれまで二つのことを明らかにしてきました。一つは、律法と私たちとは死に別れたということです。次にパウロが語ってきたのは、律法が罪に味方して、私たちをますます罪深い者にするということでした。律法のもっている一種の不思議な力について彼は語りました。それを受けて7節から、「ではどういうことになるのか。律法は罪なのか」という新しい問題を設定します。もちろん律法が罪であるわけはありません。律法は私たちに罪を教えてくれるもので、たいへん有益です。律法が「貪ってはならない」と教えてくれなかったら、私たちは「貪り」という罪を知ることはできません。

しかしパウロは8節で、再び律法の問題点を指摘します。

「しかし、罪は戒めによって機会をとらえ、私のうちにあらゆる欲望を引き起こしました。」律法は、人間がますます罪深くなるための機会を与えるのです。それがどのようにしてなのかすでに考えましたが、パウロはさらにこのテーマを追究していきます。

8～9節全体の構造

8節後半は、原文では再び「なぜなら」という理由を示す接続詞で始まります。どの和訳でも省略していますが、これは省略しないほうがよかったと思います。これまでのパウロの議論の進め方を理解するうえで大切な役割を果たしています。つまりパウロは、8節前半で述べた「罪は戒めによって機会をとらえ、私のうちにあらゆる欲望を引き起こした」ということの意味を、後半でさらに詳しく説明しているのです。戒め（あるいは律法）がどのように罪に機会を提供したか、律法がどのように罪を助けることになったか、その説明を8節後半でしているということを、まず頭に入れておいてください。

次に、少し複雑ですが、8節と9節の全体構造を見たいと思います。ここに「死んだ」「生きた」という言い方がペアとなって二回ずつ出てくることに気がつきます。最初は「罪は死んだものです」と言い、次に9節になって「私は……生きていました」と言っています。次に9節後半では「罪は生き」と言い、10節では逆に「私は死にました」と言っています。全体として言われていることは、かつて罪は死んでいたが、罪はよみがえって生きるようになり、一方、私は生きていたが、死ぬようになった。死んでいた罪が生き、生きていた私が死ぬことになった。罪と私が逆転した、ということです。

いつそうなったでしょうか。それは「戒めが来たとき」と言っています。戒めの到来によって、死んでいたものが息を吹き返し、生きていると思っていたものが死ぬようになった。これがパウロの議論していることです。戒めとは、ここでは律法と同義です。ですから「律法が来たときに」と言い換えてもかまいません。このとき、決定的な出来事が生じたと言っているのです。

次に、律法が来る前と来た後の、二つの時期に分けて考えていきましょう。

律法以前の状態

最初に、律法が来る以前はどんな状態であったでしょうか。律法が来る以前は、罪は死んでいました。「律法がなければ、罪は死んだものです」と8節にあります。しかしそのとき、パウロは生きていたというのです。ここに謎があります。「律法がないとき」とはいったいいつのことで、どのような状況のことを言っているのでしょうか。パウロは9節で、「私はかつて律法なしに生きていました」と言っています。しかし、律法のないときというのは、パウロの生涯になかったでしょう。なぜなら、パウロの時代には「モーセの戒め」もあったし、ローマ帝国には「ローマ法」もありました。律法は十分に発達し、機能していた時代です。おまけにパウロは律法に厳格なパリサイ人です。彼は律法の教師でさえあったのですから、「私はかつて律法なしに生きていた」というのは文字どおりの意味ではないと考えざるをえません。それは客観的な事実ではなく、比喩的な言い方をしているだけです。律法が死んでいたとか私が生きるとかそういうことも、もちろん文字どおりの意味で言っているわけではありません。

ではどういう意味なのでしょうか。「律法なしに」というのは、パウロ個人にとって主観的に律法がなかった時期のことだと推測できます。つまりパウロにとって律法というものが正しく機能していない時期のことです。パウロは律法の教師でしたが、律法の役割を正しく認識していなくて、事実上、律法がないのと同じ状態を生きていた、そういう時のことです。律法に目が開かれていなかったので、律法が正しく機能していなかったのです。それはつまり、彼が主イエスを知る以前、まだキリスト教会を迫害していた時代のことです。

パウロの以前の状態

パウロが以前どんな生き方をしていたかはすでに触れました。律法による義については非難されるところはない、自分は義人であり、罪はないと自信にあふれていたのです（ピリピ3・5〜6）。ですから、罪は自覚されずに死んでいると言えます。パウロはそのようなときには自信にあふれて生きていました。

このような自意識はパウロの時代、珍しいことではありません。聖書にいくらでも登場するタイプの人物です。たとえば「富める青年」はどうでしょうか。彼は、永遠のいのちを求めて主イエスのところへ行きました。そのとき、主イエスは永遠のいのちが欲しいなら戒めを守りなさいと青年に告げましたが、その青年は主イエスにこう答えたのです。

「先生。私は少年のころから、それらすべてを守ってきました。」（マルコ10・20）

彼も自分の行いに自信がありました。律法に照らし合わせるならば、やましいことはないと考えていたのです。自分は完全に正しく生きている。律法の求める義についてならば、非難されるところはない。だから、主イエスは彼の偽善を明らかにするためにこう言ったのです。

「帰って、あなたが持っている物をすべて売り払い、貧しい人たちに与えなさい。」（同21節）

自分の道徳的な生き方は財産に支えられているということに、彼は気づいていなかったのです。

このように、律法というものが正しく機能していないとき、罪は自覚されず、死んでいます。あたかも罪など犯していないかのように、あたかも自分は正しい人間であるかのように考えて生きているのです。それが律法が来る以前のパウロの姿でした。ですから律法がなければ、罪は死んでいるのです。

律法以後の状態

そのような、律法がなく罪の死んでいる状況の中を生きていたパウロでしたが、あるとき「戒めが来た」と言います。それは彼の個人的な回心の時に始まったことでしょう。ダマスコ途上で、彼は主イエスに出会います。そして自分が全く見当外れな生き方をしていることに気がつきました。そして、律法の本当の意味にも気づき、自分自身の罪の現実を悟ったのです。律法を字面どおりに表面的に守っていればそれでよいというのではありません。律法の霊的・内面的な意味、律法は心の中を問題としていること、そこにパウロは気がついたのです。そのときすべてが逆転しました。パウロが述べているように、そのとき「罪が生きた」のです。「罪が生きた」というのは彼の実感だったでしょう。それまで死んでいるかのように機能不全に陥っていた罪が、彼のうちに目覚め、生き始めました。それまで彼にとっては存在せず、事実上無視してきたものが、彼にとって生き生きと活動を開始したのです。その結果、「貪ってはならない」という心の規制は彼を打ちのめしました。彼は罪人のかしらであることを告白するようになったのです。

そして彼は死にました。それは自分の罪の自覚、自分は虫けらのような無価値な存在であることの自覚、永遠の滅びに定められているという自覚、到底救われるに値しないという絶望でした。パウロのそれまでの自信は完璧に打ち砕かれて、「私は死んだ」としか言いようのない状態となったのです。

私たちの経験として

これもまた、私たちすべての経験ではないでしょうか。かつては私たちも律法なしに生きていました。自分で自分のことをかなり立派に生きていると思っていたのです。あの人よりは良い人間だ、自分の妻よりは、自分の夫よりは良い人間だ、そのように考えて自分を判断していました。そこには罪はなく、私たちは「生きて」いました。仮に罪に悩むことがあったとしても、それは聖書の基準とは別のところで、いつも人と比較して悩んでいただけです。律法の基準によって悩んでいたわけではありません。

しかし、聖書を読んで私たちの物差しは変わりました。神の戒めが来たのです。その結果、私たちは完璧に打ち砕かれました。すべての自信は奪い取られ、自分は全く生きるに値しない罪人であることが明白になりました。それは自分でも驚くような瞬間です。自分はそんなに悪くはないと思っていたけれども、自分の醜さにすっかり失望落胆してしまう瞬間です。それは「私は死にました」と言うにふさわしい死の経験でした。それが、パウロがここで語っているクリスチャンの回心です。

私たちも、「戒めが来た」というような経験をしたでしょうか。それは、律法によって罪に目覚める経験です。律法の基準で罪を知ることです。そのような経験をしたことがあるかどうか、自分自身に尋ねるのはよいことだと思います。自分の中に、罪というものを徹底的に知らされた瞬間があったかどうか。それは神の基準によってなされたものだったかどうか。もちろん罪を徐々に知らされていく場合もありますが、同時に、あるとき自分の醜い罪の現実と直面するような経験もあるはずです。それはすべてのクリスチャンの共通した経験です。

教会を訪ねて来る方々に対しても、私たちが最初になしえるのは、律法の提示です。そして、新来者に「戒めが来た」と言えるような経験をしてもらうことです。これがあるべき悔い改めです。律法によらない、偽りの基準による、まがいもののような悔い改めが横行する中で、私たちは、やはりこのパウロの教える回心を追求する者でありたいと思います。戒めが来るとき、罪が生きる。それこそが律法の固有の役割です。そのように、私たちの信仰の歩みの中に律法が正しく位置づけられているなら幸いです。それは単に罪を教えるにとどまらず、最終的には私たちを本当の救いへと導いていくからです。まさに律法は、私たちをキリストのみもとに導いていく養育係なのです（ガラテヤ3・24）。

37　死をもたらす律法――7章10〜11節

それで、いのちに導くはずの戒めが、死に導くものであると分かりました。罪は戒めによって機会をとらえ、私を欺き、戒めによって私を殺したのです。（新改訳２０１７）

命に導くはずの戒めが、私にとっては死に導くものとなりました。罪が戒めによって機会を捉え、私を欺き、その戒めによって私を殺したのです。（協会共同訳）

前節で「戒めが来た」という不思議な表現を考えました。パウロの生涯には「戒めが来た」という明確な経験がありました。それは言い換えれば、律法という絶対的な基準によって照らし出された罪の自覚です。このような意味での罪の自覚が曖昧になりつつあるのが現代の教会の特徴ではないかと思われます。そして教会にこの世と同じような、心理学的、カウンセリング的な罪の理解が浸透しているように思います。今や罪というのは神の律法に違反することと無関係になり、人間関係の問題に還元されています。それは親子関係であり、幼いときの心の傷です。ですから必要なのは赦しではなくて、癒やしなのです。そこに罪の悔い改めはなく、あるのは「癒やし」「励まし」「慰め」です。

私たちの信仰の関心がそのような方向に向かっているとき、パウロが7章で語った律法の問題というのは、とても重要になってくるのではないでしょうか。私たちが、これはあまり興味のない主題だと感じているならば、もう一度、自分の信仰がどの方向へと向かっているのかを吟味する必要があるように思われます。パウロが語っているこの問題は、私たちがクリスチャンとして歩もうとするときに決定的に重要な課題です。

いのちに導くはずの律法

その重要な点とは何かを探るために、次にパウロの律法理解を考えましょう。10節で、パウロはこれまでの議論を要約してこう結論します。

「それで、いのちに導くはずの戒めが、死に導くものであると分かりました。」

これまでの経験を通して、パウロは一つの重要な真理に到達しています。

まず初めに彼は、「いのちに導くはずの戒め」と述べます。直訳では「いのちに至るこの戒め」です。戒めは自分をいのちへ導いてくれるものである、というのがパウロが長い間抱いてきた確信でした。律法学者の彼は、戒めが人をいのちに導くと誤解していたのです。しかし彼だけが間違っていたのではありません。確かに聖書の中には、そのようなことを述べている箇所があちらこちらにあります。

神はイスラエル民族に律法を与えたとき、こう言いました。

「あなたがたは、わたしの掟とわたしの定めを守りなさい。人がそれらを行うなら、それらによって生きる。」（レビ18・5）

それ（戒め）によって生きると約束されています。ですから、律法にはそのような役割があります。このことばを後にパウロはローマ人への手紙10章5節で引用してこう述べました。

「モーセは、律法による義について、『律法の掟を行う人は、その掟によって生きる』と書いています。」

もっと確かなことは、主イエスがそのことをルカの福音書10章ではっきりと約束されたことです。

「さて、ある律法の専門家が立ち上がり、イエスを試みようとして言った。『先生。何をしたら、永遠のいのちを受け継ぐことができるでしょうか。』イエスは彼に言われた。『律法には何と書いてありますか。あなたはどう読んでいますか。』すると彼は答えた。『あなたは心を尽くし、いのちを尽くし、力を尽くし、知性を尽くして、あなたの神、主を愛しなさい』、また『あなたの隣人を自分自身のように愛しなさい』とあります。』イエスは言われた。『あなたの答えは正しい。それを実行しなさい。そうすれば、いのちを得ます。』」（25～28節）

この律法の専門家は、モーセの律法を二つに要約しています。「神を心から愛すること」「隣人を自分自身のように愛すること」です。これはいずれも旧約聖書に書いてあることです。彼は律法の精神をよく理解しており、主イエスは「それを実行しなさい。そうすれば、いのちを得ます」と約束されました。ですから律法はいのちを与えるものです。また主イエスは、金持ちの青年が永遠のいのちを求めて来たとき、その人に「いのちに入りたいと思うなら戒めを守りなさい」と言っています（マタイ19・17）。

ですから、律法を守るならば、そこにはいのちがついてくるのです。ただし、完全に守らなければなりません。それは量においても質においても、完全でなければならないのです。ヤコブの手紙2章ではこう言われています。

「律法全体を守っても、一つの点で過ちを犯すなら、その人はすべてについて責任を問われるからです。」（10節）

一つでも過ちを犯したならば、それで失格です。神の前に自力で義と認められるためには、すなわち自分の努力で律法を守り、いのちを得ようとするなら、完全に守る必要があります。そのような条件つきですが、とにかく律法には、いのちへ導く性質があるのです。神は律法を与えたとき、律法によって救おうとはしませんでした。恵みによって救おうと考えていました。神は救いの手段として律法を与えませんでしたが、とにかく、律法にはいのちを与えるという能力が備わっていました。

ですから、パウロの誤解もやむをえなかったかもしれません。しかしパウロは、いのちへ導くと思っていたものが、実は死へ導くということを発見したのです。誰も神が満足するほど完全に律法を行うことはできないからです。律法の要求している本当の基準に気がついたとき、パウロは自分自身の罪の現実に絶望しました。それればかりか、彼は律法を守れないことを知ったとき、律法ののろいを引き起こし、律法のもっている刑罰によって断罪されていることに気がついたのです。今や彼は、律法が刑罰として死を要求していることを知りました。罪の支払う報酬は死です。律法には、それを守らないときにその人を死と永遠の滅びへと導いていく働きがあります。いのちを与えると同時に、それを守らない者に滅びを与えるのです。このことはすでに前節で考えました。「律法が来たとき、罪が生き、私は死んだ。」律法は私たちを死へと導いていきました。

なぜ死に導くのか

では、いのちへ導くはずのものが、どうして死へと導くのでしょうか。その理由を明らかにしているのが11節です。私たちはここで、パウロが本当に問題にしたかったことに出合うのです。

「罪は戒めによって機会をとらえ、私を欺き、戒めによって私を殺したのです。」

ここで主語が「律法」から「罪」へと転換しています。「律法が」死へ導くと言った後で、なぜなら「罪が」私を欺き、殺したと言っています。つまり律法が悪いのではなく、本当の問題は「罪」だということです。私たちが律法を守ることができないのは、私たちのうちにある「罪の性質」が原因なのです。

その罪が何をしたのでしょうか。パウロは、罪があたかも生き物であるかのように、「罪は戒めによって機会をとらえた」と言っています。このことは8節を学んだときに考えました。8節には「罪は戒めによって機会をとらえ、私のうちにあらゆる欲望を引き起こしました」と、ほとんど同じ言い方が出てきます。

この「機会をとらえた」という意味は前にも述べましたが、アダムとエバの場合を考えるのがいちばん分かりやすいでしょう。二人が神によって創造されたとき、何の律法もありませんでした。ですから蛇（悪魔）は、アダムとエバに手の出しようがありませんでした。ところがある日、「善悪の知識の木からは取って食べてはならない」という律法が導入されて、蛇は彼らを罪の中に導く機会を得ました。罪は戒めによって機会をとらえたのです。

パウロはこのアダムとエバと同じような経験をしたのです。それは律法についての目覚めでした。律法によって、彼は自分が徹底的に罪人であることを知り、その罪が罪であるゆえに刑罰としての死をもたらしたのです。アダムとエバがエデンの園から追放され、死んでいくように、パウロも罪によって死を迎えることになったのです。

罪の欺き

パウロはその経験を、「罪が私を欺いた」と言っています。これはおもしろい表現です。いったいどのように罪がパウロを欺いたのでしょうか。

アダムとエバの場合は明白でした。蛇はまず神の戒めに対して、「神は本当に言われたのですか」と疑いを吹き込みました。女が曖昧な答えを返すと、蛇はすかさず「決して死にません」と、死の刑罰を強く否定しました。さらに「あなたの目が開け、神のようになる」とうそを吹き込んだのです。エバはまんまと欺かれてしまいました。

同じように、パウロも罪に欺かれました。どう欺かれたでしょうか。それは、律法を誤って用いることによってです。罪は律法というものを誤用させることによってパウロを欺いたのです。

神はモーセを通して律法を与えたとき、律法を救いのためには与えませんでした。神の意図は、神の聖さの基準を示すことでした。それまでイスラエル人は四百年にわたってエジプトで奴隷生活をしてきたために、骨の髄までエジプト人の生き方、考え方に染まっていました。神は彼らがご自分の契約の民として生きていくために、神の基準を与えました。しかし、エジプトを脱出しても、彼らのエジプト的生活はなかなか変わらないことを神は知っていました。環境が変わっても、生き方まではそう簡単に変わらない。それは当然です。しかし、彼らは神の民として、神の聖さ、神の基準を知る必要がありました。神はそのために律法を与えましたが、それは救いの手段ではなかったのです。救いは神の一方的な恵みによることで、彼らはすでにエジプトの奴隷状態から救い出されていました。そこで神は、新しい基準（律法）で生きることを求めたのです。

しかし、人々はいつの間にか律法の役割を誤解し、それを守ることによって救われると考えるようになりました。律法が彼らをそのような誤りに導いたのではありません。誤りに導いたのは、彼らの高慢でした。彼らはいつの間にか、このくらいの律法ならば、自分たちの努力で守ることができると考えるようになっていたのです。そして律法主義へと陥っていきました。それによって救いを求めるべきだったのに、自分の義を求めていきました。ですからパウロは、「罪が私を欺き、私を殺した」と告白しているのです。

これは抽象的な神学的議論であって、私たちの毎日の生活と関係ないことだと考えて無視することはできません。この手紙はパウロがローマ教会の異邦人クリスチャンに宛てた手紙、つまり私たちに向けられた手紙と言えるのです。ここには私たちの信仰にとって中心的な問題が含まれています。ここから離れていったところに、今日の教会の根本的な問題があると考えることもできるでしょう。それは、まず罪というものを律法によって正しく知ったかという問題です。

私たちは、自分が罪と感じたことを罪と考えているだけではないでしょうか。「貪ってはならない」という戒めによって深く心を探られ、罪を悔い改めたことがあったでしょうか。「神を第一とせよ」と聞くたびに、そうしていない自分に涙を流してきたでしょうか。「安息日を覚えてこれを聖なる日とせよ」という戒めが主日の過ごし方の基準であったでしょうか。私たちは真剣に律法には向き合ってこなかったのではないでしょうか。そうすることで、聖書の言っている罪は曖昧にされ、罪が曖昧にされることによって、救いも曖昧になっていくのです。

今日、多くの人々がもはや律法について語らなくなり、罪について論じなくなりました。だから罪の赦しではなく、慰めや癒やしを求めて礼拝に参加します。しかし、それではキリスト教でなくなってしまいます。似て非なるものです。キリスト教は、律法による罪を自覚し、そこにメシアの救いを渇望しているのです。それ以外には救いも慰めもありません。

パウロのこのメッセージがもし単なる机上の空論と思え、自分の信仰生活とかみ合わないのであれば、修正すべきは自分の信仰の理解です。律法によって死へと導かれ、「罪が私を戒めによって殺した」ことを自分の信仰の理解としているとき、主イエスの十字架の死が私たちの心に迫り、神の恵みの真実が本当に分かるようになるのです。私たちの信仰がパウロと同じ経験の上にあることを、聖書の信仰と同じものであることを願います。

38　罪を明らかにする律法——7章12～13節

ですから、律法は聖なるものです。また戒めも聖なるものであり、正しく、また良いものです。それでは、この良いものが、私に死をもたらしたのでしょうか。決してそんなことはありません。むしろ、罪がそれをもたらしたのです。罪は、この良いもので私に死をもたらすことによって、罪として明らかにされました。罪は戒めによって、限りなく罪深いものとなりました。

（新改訳２０１７）

実際、律法そのものは聖なるものであり、戒めも聖なるもの、正しいもの、善いものです。それでは、善いものが私に死をもたらすものとなったのでしょうか。決してそうではない。罪は罪として現れるために、善いものによって私に死をもたらしました。こうして、罪は戒めによってますます罪深いものとなりました。（協会共同訳）

12節は「ですから」で始まります。協会共同訳の「実際」は、前文とのつながりが見えにくくなってしまい残念です。パウロは7節で「律法は罪なのか」と投げかけ、この12節で、律法が罪だなんてとんでもない誤解だ、律法は聖なるものであり、正しく良いものだと結論しています。

この結論に至るまでの議論を振り返っておきましょう。7節でパウロが投げかけた問題は、「律法は罪なのか」でした。そんな問題が出てくるのは、前の5節が理由でした。5節では、律法は「罪の情欲」を生み出すと言っています。そこで、律法は罪なのかという問題が設定されました。それを強く否定して、律法の良い点を紹介します。「欲してはならない」という律法があるので、私たちは貪りの罪を知ることができる。律法は罪を教えてくれる。だから律法が罪であるはずはないのです。

しかし、律法はそこにとどまらず、もう一つのことをします。律法に違反した者に「死」という刑罰をもたらす働きです。律法は罪を教えて指摘しますが、罪を克服できないので、私たちに死をもたらすのです。

しかし、これとて別に律法が悪いわけではありません。律法は本来の働きをしただけです。悪いのはあくまで人間の「罪」です。たしかに律法がなければ罪もなく、刑罰もなく、死もありません。けれども律法を悪者扱いするのは筋違いです。律法こそいい迷惑です。自動車を運転する人はスピード違反をすれば罰金を取られますが、それを交通規則があるからいけないのだ、悪いのは規則だと騒ぐのと同じ理屈です。悪いのは規則を守らなかった自分自身なのです。

7節からの議論展開

パウロは11節までそのように論じ、12節で「ですから」と結論を語りました。7節からの議論を図示するとこうなります。

A 導入

それでは、どのように言うべきでしょうか。
律法は罪なのでしょうか。決してそんなことはありません。

B 主題

（ただ）、私は罪を知ることはなかったでしょう。
律法によらなければ、
（すなわち）私は欲望を知らなかったでしょう。
律法が「隣人のものを欲してはならない」と言わなければ、（7節）

C

（しかし）、罪は、私のうちにあらゆる欲望を引き起こしました。
戒めによって機会をとらえ、

→ 説明

D

（なぜなら）罪は律法がなければ、死んだものです。（8節）

（de）私はかつて律法なしに生きていましたが、

（de）戒めが来たとき、罪は生き、（9節）

（de）私は死にました。

死→生　律法がないとき

生→死　戒めが来たとき

結論

（それで）分かりました。

いのちに導くはずの戒めが、死に導くものであると（10節）

C'

（なぜなら）罪は私を欺き、

戒めによって機会をとらえ、

私を殺したのです。

戒めによって（11節）

B'　結論

（ですから）、律法は聖なるものです。

また

戒めも聖なるものであり、正しく、また良いものです。（12節）

律法は聖なるもの

結論は、「ですから、律法は聖なるものです」。聖なるものとは神の完全性を表すことばです。それは神に属するもので、起源は神にあります。神が「あなたがたは聖なる者でなければならない。わたしが聖だからである」（Ⅰペテロ1・16）と言われたように、聖であるとは神のご性質そのものです。そして、すべての律法は神の属性から生まれてきました。ですから、律法に問題があろうはずはありません。

次に、律法は正しいものです。それは正義を要求します。決して不公正を求めたり、悪を要求したりすることはありません。何が正しいか、何が間違っているかを決めるのが律法です。ですから律法が罪であるわけはありません。

最後に、律法は良いものです。神は良い目的のために律法を与えました。神は私たちが良いことをするために律法を与えたのです。人間にとって最も良いことが何か、神はよく知っているので、人間の幸福を願って律法を与えました。この律法に従って生きるならば人間は幸せになる。ですから律法が罪であるわけはありません。それは良いものなのです。

私たちはパウロのこのような結論に賛成するでしょうか。律法や戒めは聖なるもの、正しく、また良いものである。そのことを真剣に考えるとき、律法について説教しないのは誤りであると分かるでしょう。しかし、今日の教会の講壇から律法は消え失せていないでしょうか。十戒をどれだけの人が真剣に取り上げ語ってきたでしょうか。律法にはこのような固有の役割があります。律法にしか果たせない役割があります。しかし、教会で律法が沈黙し眠るとき、福音がゆがめられるのです。牧師は十戒を語りたくない。会衆も聞きたくない。みんな福音で慰めてもらいたい。それは、福音そのものの変質へとつながるでしょう。律法は「聖なる、正しい、良いもの」であり、福音の理解に不可欠なもの。その理解を失ってはならないでしょう。

罪として現れる

しかし、パウロはここで議論をやめませんでした。再びもう一つの疑問を設定します。それこそ、ここで考えたい最も大きな問題です。

「それでは、この良いものが、私に死をもたらしたのでしょうか。」（13節）

この13節前半は、もはや私たちにとって理解が困難な箇所ではありません。「この良いもの」とはもちろん律法です。「この律法が私に死をもたらしたのでしょうか。」この問いもすでに考えてきました。たとえば9～10節でもパウロは同じことを言っています。

「私はかつて律法なしに生きていましたが、戒めが来たとき、罪は生き、私は死にました。」

続く10節後半でも繰り返しています。

「それで、いのちに導くはずのこの戒めが、死に導くものであると分かりました。」

すでに考えてきたように、死をもたらしたのは律法ではありません。律法を行えない人間の罪の性質にこそ問題があったのです。律法はやむなく死を宣告しましたが、それは律法が本来願ったことではありませんでした。ですからパウロの答えは、「決してそんなことはありません」（13節）です。

では何が本当の問題だったのでしょうか。パウロは続けて、「むしろ、罪がそれをもたらしたのです」と言っています。私たちの内なる罪こそが、私たちに死をもたらしたのです。このこともすでに学んできたことです。13節でパウロが言っている新しいことは、その後にあります。

「罪は、この良いもので私に死をもたらすことによって、罪として明らかにされました。罪は戒めによって、限りなく罪深いものとなりました。」

ここでパウロはほぼ同じことを繰り返しています。一つは、「罪は罪として明らかにされた」ということです。それは、「罪が罪としてはっきりと認識された」ということです。これは律法によって明らかになったことです。罪は律法によって罪としてはっきりと認識された、つまり罪というのは神の律法への違反であり、神に逆らっているという理解です。

協会共同訳はここを「罪は罪として現れるために」と訳し、目的を表すと考えています。一方、新改訳２０１７は結果と理解して、「罪は……罪として明らかにされました」と訳しているように思われます。どちらでも可能ですが、ここは目的節のほうがよく意味が通じるように思います。罪が罪として明らかにされるという目的のために、律法によって死をもたらしたのです。

パウロは次に、それをさらに詳しく説明して、律法がもたらしたもう一つの結果を述べています。

「罪は、限りなく（あるいは極度に）罪深いものとなった」ということです。律法は罪の本当の正体を明らかにし、私たちがどんなに罪深い存在であるかを明らかにしました。これも律法によって、戒めによってなされたのです。ここに律法がなすもう一つのことが書かれています。それはこれまでの議論から、必ずしも真新しいものではありません。引き続き律法のもたらす特別な働きに言及しているのです。しかしここで問題にしているのはもはや律法ではなく、罪のほうです。罪のもつ邪悪さを浮き彫りにしようとしているのです。罪というのは、聖なる律法を用いて、さらに悪いほうへと私たちを導いていきました。罪は律法を逆手にとって、律法を糧にして、さらに罪深いものへと変身し、限りなく邪悪なものとなっていったのです。これが14節以降の議論への出発点となっています。

私たちの経験として

このような議論を通して、私たちが自分自身に問いかけるべき問いはこういうことではないでしょうか。

「パウロが自分の経験として語っていることを、私たちも経験してきたか。」

具体的には、「律法によって罪を正しく知り、極度に罪深いものとなる」という経験を経てきたか、律法によって罪というものを考え、教えられてきたかということです。

この章で特徴的なのは、パウロが律法の問題を語るにあたって、頻繁に「私」とか「私たち」と言い、自分の経験として語っていることです。この13節でも、パウロはやはり「私」と言っています。しかし、パウロは自分の経験が決して彼個人の特殊な経験ではなくて、クリスチャン全員に共通した経験であるはずだと確信しているので、一人称で語っているのです。パウロはユダヤ人として、あるいは律法の教師として、このような問題に人一倍敏感でした。それにもかかわらず、これは彼の特殊な経験ではなくて、すべての人が共通して経験するはずだと考えているのです。

一方、私たちは、あまり律法について考えたり、教えられたりしてこなかったのではないかと思います。ですから、このようなパウロの経験を異質なものとして読み過ごしてしまう危険があります。律法は今日、無視され、人々はそのようなものが自分の信仰にとって意味あるものとは思っていません。そのようなキリスト教理解というものが、今日の教会を覆っているのではないでしょうか。

私たちは、自分が罪と感じたことを罪と思っているだけではないでしょうか。しかし、罪とはもっと客観的なものです。パウロが述べたように、律法は「貪ってはならない」と言います。この戒めによって、私たちはかつて深く心を探られ、心のうちにある悪い欲望や「貪り」の罪を悔い改めたことがあったでしょうか。もし私たちが真剣に律法に向き合うならば、自分の罪の問題に直面しないわけにはいきません。そのために律法が与えられたからです。しかし、この点において曖昧ならば、結局罪はいつまでも曖昧にされ、それによって福音も曖昧にされてしまうのです。これは今日の教会にとって重要な問いかけだと思います。

罪についての誤った考え方が教会に忍び込んでいないでしょうか。罪とは、神の律法によって明らかにされる神の意思への反逆です。キリスト教は律法によって罪を自覚し、それによって自分の罪を知らされ、そのうえで主の十字架と出合うことなのです。これがクリスチャンの回心です。

39　根本的問題――7章14節

私たちは、律法が霊的なものであることを知っています。しかし、私は肉的な者であり、売り渡されて罪の下にある者です。（新改訳２０１７）

私たちは、律法が霊的なものであると知っています。しかし、私は肉の人であって、罪の下に売られています。（協会共同訳）

ローマ人への手紙7章について、ある学者はこんなことを言っています。「新しくローマ人への手紙の注解書が出版されると、まず7章の部分を読んでみる。そして7章がしっかりと論じられているならばその注解書を買うし、そうでなければ買わない。」7章の取り扱いがその注解書の真価を表しているというのです。なるほどと思いました。事実、この箇所はローマ人への手紙の中で最も論争されてきた箇所の一つです。その議論の中心にあるのは、「いったいパウロは誰についてこう書いているのか」「パウロが言っている『私』とは誰のことなのか」という問題です。言い換えれば、パウロは自分が回心する以前の、つまり救いを経験する以前の内面の戦いを描いているのか、それとも回心以後の、クリスチャンとしての経験を告白しているのか、という問題です。この問題は、これからこの箇所を考えていくうえで鍵となりますので、初めに少し考えたいと思います。

「私」とは誰か

パウロが誰について書いているのかには、おもに三つの見解があります。

第一は、パウロはまだ回心していないノンクリスチャンの経験として、自分の過去を思い出して書いているのだという理解です。このような理解は、一世紀から三世紀に活躍した教会教父たちによって考えられていました。彼らの考えはこうです。

クリスチャンが罪に対してこんなにみじめな状態であるはずがない、クリスチャンの生涯をパウロがこんなにも低く評価することは考えられない。たとえば19節に、「自分でしたいと思う善を行わないで、したくない悪を行っている」とあるが、そんなクリスチャンがありうるだろうか。私たちは救われる以前、確かにそのような罪人であった。しかしイエス・キリストを信じ救われて以来、そのような罪の奴隷状態から救われたのだ。事実パウロは6章6節でこう言っている。「私たちの古い人がキリストとともに十字架につけられたのは、罪のからだが滅ぼされて、私たちがもはや罪の奴隷でなくなるためです。」続く17～18節でもこう言っている。「神に感謝します。あなたがたは、かつては罪の奴隷でしたが、伝えられた教えの規範に心から服従し、罪から解放されて、義の奴隷となりました。」クリスチャンは罪の奴隷から解放されている。確かに、それこそ6章での議論でした。ですから、7章に入って突然パウロが意見を変えるのはおかしなことだと、彼らは主張します。

それにもかかわらず、この経験をクリスチャンの経験と考えるべき理由があります。それが第二の見解です。それは宗教改革以来、カルヴァンのような改革派の人々によって強く主張されてきました。パウロは5章から一貫してクリスチャンのことを語ってきました。それなのに、ここでいきなり回心前の話に戻るというのはおかしいではないか、むしろこれだけ深く罪の認識をもつのはクリスチャンの特徴ではないか、という主張です。しかもパウロはここで過去形ではなくて、現在形を使っています。たとえば7章15節で、「私には、自分のしていることが分かりません。自分がしたいと願うことはせずに、むしろ自分が憎んでいることを行っているからです」と言っています。「行っていました」ではなく「行っている」と現在形です。しかし、13節までは過去形を使っていました。「……限りなく罪深いものとなりました」(13節)と過去形です。しかし14節から突然、パウロは現在形を使って語り始めます。ですから、ここはやはりクリスチャンの現在の経験と考えたほうがよいのではないかと言えます。

このような二つの強い可能性から、その中間を考えようとする人々もいます。ノンクリスチャンとクリスチャンの中間にいる人々を想定する理解です。これが第三番目の見解です。それはたとえば、罪の意識は非常に鋭く与えられているけれども、まだ心から回心して主イエスを信じていない段階の人とか、信じてはいるけれども成長していないクリスチャンとか、あるいは救われているけれどもまだきよめられていないクリスチャンとか、いろいろに説明されます。そのような中間的状態の人を指すという考え方です。

私たちの経験と理解

私自身は、自らの経験を踏まえて、やはりパウロはクリスチャンとしての経験を語っていると考えています。自分の罪と真剣に向き合うようになるのは、むしろクリスチャンになった後ではないでしょうか。私たちは洗礼を受けたとき、実はそれほど罪について深い理解がなく、むしろその後に自分の罪について気づかされます。ですから、クリスチャンになると自分がますます罪人となったように思えるのです。それは、これまで罪とは考えなかったことまでが次々と罪として認識されるようになるからです。一般常識では罪とは考えられないことまでも、もはや放置することができなくなります。罪について違う尺度が入ってきたからです。それまでは、たとえば一センチ以下のものはみなどうでもよいこととして見逃していたのに、今や一ミリ単位で罪を考えるようになったということです。それまでは外に現れた現象だけを問題としていましたが、今や心の中の動機までが対象となります。そのような罪に対する敏感さこそ、パウロがここで語っていることの前提にあります。ですから、これはクリスチャンが普通に経験することだと言えます。

しかし、この「私」であるクリスチャンは、一つの問題を抱えていたと考えられます。それは、聖霊によって生きるという生き方を知らなかったことです。彼は涙ぐましい努力をしていますが、その努力は自分の力によるものです。ここに登場するクリスチャンは、まだ聖霊の働きについて、十分理解していなかったのです。ですから、そのことは次の8章の重要なテーマとなっていきます。私たちも、罪との戦いにおいて聖霊に目を留めないで自分の力に頼るならば、いくら救われていてもこれと同じ状態に陥っていきます。自分のうちに働く罪の力に自分の力で勝つことは誰にもできません。パウロのこのような経験は、私たちにとって一つの慰めとなることでしょう。

律法は霊的

それでは、14節でパウロが語ったことを考えていきましょう。まずパウロは、自分のことを一般的な言い方で告白しています。すべての問題の根本にあるのは14節で描かれたこの事実です。
「私たちは、律法が霊的なものであることを知っています。しかし、私は肉的な者であり、売り渡されて罪の下にある者です。」（14節）
パウロは「律法は霊的である」、そしてそれを「私たちはみんな知っている」と言うのです。これは別に目新しい考えではありません。すでに12節で、「律法は聖なるものであり、正しく、また良いものだ」と同じようなことを言っています。

律法が霊的であるとは、律法の起源に深く関係していることでしょう。霊的とは「聖霊に由来する、聖霊から出てきた」という意味です。これはパウロが多用したことばで、神の御霊に属することを表すために使いました。それは、神の御霊によって啓示されたもの、だから純粋に霊的なものです。後に人々は聖なる律法をゆがめて律法主義へと変質させてしまいました。そういう意味で肉的なものとしてしまったのです。しかし、律法はその起源から言うならば完全に霊的なものです。神のきよい意思の表現、神の純粋なみことばです。ですから律法それ自体はきわめて霊的です。

詩篇19篇7～9節で、ダビデはこう歌っています。

「主のおしえは完全で
たましいを生き返らせ
主の証しは確かで
浅はかな者を賢くする。」

ですから、律法は霊的なのです。律法には何の非もありません。聖なるものです。

人間は肉的

でもここで、パウロはなぜ「霊的」ということばをあえて用いたのでしょうか。その理由は、その次の「私は肉的な者」であることとの対比のためです。律法は霊的だが、私は肉的である。霊的な律法と肉的な私、これが根本的な問題なのだとパウロは言いたいのです。そこに私たちの戦いがあります。この霊的な律法が人間に出合うとき、人間が肉的であるがゆえに、律法は本来の力を発揮できなくなってしまうのです。

「肉的である」とは、聖霊の力に何の影響も受けていない、生まれながらの人間の罪の姿です。その人は生まれたままの肉の力に支配されています。願うこと、行うことが聖霊の導きを受けない状態です。パウロはこのことばを聖書中で三回使っていますが、コリント人への手紙第一、3章では、「肉に属する人」あるいは「肉の人」と訳されています。肉に属する、肉にコントロールされている、肉の支配下にある、そういう状態を「肉的」と呼んでいるのです。

ですから、パウロはここでさらに踏み込んで、「私は肉的な者であり」「売り渡されて罪の下にある者です」と言っています。「売り渡されて」とは、奴隷のように売られて、罪の支配下にあるということです。協会共同訳では「罪の下に売られています」です。罪の奴隷となっているという意味です。それは6章で語ってきたことと全く矛盾するように思われます。彼は6章で、罪の奴隷からの解放を語りました。たとえば6節で、「(キリストとともに十字架につけられたのは)もはや罪の奴隷でなくなるため」と言い、7節でも「罪から解放されている」と言っています。このような表現こそ、パウロがここで語っているのはクリスチャンとしての経験ではなく、イエス・キリストを信じ救われる以前のことだと主張される理由です。しかし、これほど深く自分の罪を自覚しえたのは、パウロがクリスチャンになったゆえの経験であり、それ以外ではありえないでしょう。

私たちも「自分は肉的である」という、この非常に深い自己理解に到達したでしょうか。売られて、自由を失っている自分の奴隷的姿に直面したでしょうか。パウロはここで自分の弱さをすべてさらけ出しています。「私は」と語るけれども、それが同時にすべてのクリスチャンの共通した経験であることを知っているのです。ですからパウロは今、自分自身において、自分の経験として信仰者のもつ弱さ、私たちの罪の現実、その深さと広さを語っているのです。私たちもそこまで理解するのでない限り、自分の罪を本当に知ったとは言えないでしょう。

そしてもう一つ言えることは、イエス・キリストを信じていても、すさまじい罪の現実の中に生きていることに変わりがないということです。救われた私たちも、主イエスから目を離すとき、御霊の支配を失うとき、いつでもこのような状態に陥ります。ですから、私たちの罪との戦いは決して終わることがないのです。

同時に、罪の下に売り渡されて罪の奴隷であるならば、救われた私たちが罪を犯しても驚くことはないことをこの箇所は教えています。自分がどうにも人を愛せなくても、そのことに驚くことはないことを教えています。「私は肉的であり、売られて罪の下にある」という自分の本当の姿に気がついているならば、罪を犯しても驚くことはないでしょう。驚くとすれば、それは自分自身に対する期待や信頼が残っているからです。自分はそこまで罪人ではないはずだと、どこかで考えているのです。

しかし、自分に対する淡い期待に生きないで、自分の真の姿に向き合う勇気が必要です。私たちがそのような自分の状態について不十分な理解しかないとき、自分が思わぬ罪を犯し、苦く悲しい経験に陥るとき、自分の弱さに驚き、自分に失望します。時には、自分は救われているのだろうか、クリスチャンなのだろうかとさえ疑います。それは裏返せば、自分自身に対する期待があるからです。自分に対する期待を全く放棄したとき、私たちは内なる聖霊に信頼するようになるでしょう。自分が真に「売られて罪の支配のもとにある」と完全に認めたとき、そこから主イエスに頼る歩みが始まるのです。

パウロの告白は、そのことを教えています。ですから、自分に失望するとき、それが自分の本当の姿であることを徹底して認めることです。事実、私たちは聖霊の助けなくしては、それだけの者でしかないのです。

40　二つの自分――7章15～17節

私には、自分のしていることが分かりません。自分がしたいと願うことはせずに、むしろ自分が憎んでいることを行っているからです。自分のしたくないことを行っているなら、私は律法に同意し、それを良いものと認めていることになります。ですから、今それを行っているのは、もはや私ではなく、私のうちに住んでいる罪なのです。（新改訳２０１７）

私は、自分のしていることが分かりません。自分が望むことを行わず、かえって憎んでいることをしているからです。もし、望まないことをしているとすれば、律法を善いものとして認めているわけです。ですから、それを行っているのは、もはや私ではなく、私の中に住んでいる罪なのです。（協会共同訳）

律法は霊的なものであるが、私たちは肉的である――。ここにパウロの人間についての最も深い洞察を見ることができます。続く15節で、パウロはその理由を明らかにします。15節の最初で、パウロは「なぜなら」と言っています。それは訳出されていませんが、冒頭には理由を指す接続詞があるので、15節は14節の説明と考えられます。14節では、「私は肉的であり、罪の下に売られて、罪の奴隷のように生きている」と言っていました。なぜそんなことを言うのか、その理由を説明しているのです。

自分のことが分からない

パウロはまず自分について、「私には自分のしていることが分からない」と告白します。これはなんと率直な、なんとも恐ろしい告白ではないでしょうか。パウロは自分の陥っている現状を、まるで一枚の写実画のように正確に描き出しています。彼は今、自分というものをどう考えたらよいのか分からなくなっているのです。「自分のしていることが分からない」というのは、自分をどう理解したらよいのか分からず、自分では到底承服できない現実に直面し、いったいなぜこんなことをしているのか理解不能の状態に陥っているということです。

何がそんなに問題なのでしょうか。それは「自分がしたいと願うことはせずに、むしろ自分が憎んでいることを行っている」（15節）ことです。「したいと願う」心の願いと、実際の「行い」とが分裂しているのです。そして「したいと願う」ことは行わないで、逆に「したくない」ことを行っている。なぜ、したいと願うことを行わないのか。なぜ憎んでいることを行うのか。このような戦いが彼の中にあるのです。そして両者の力関係を見てみると、「自分のしたいと願うこと」は劣勢で、「自分の憎むこと」のほうが優勢なのです。

このような状況こそ、彼が14節で「私は売り渡されて罪の下にある」と語った理由です。パウロは今、自分の経験としてそのことを語っています。罪に対して奴隷状態に陥っている。これは自分に対する絶望的な表現です。これ以上ない絶望です。パウロは自分の最も深い心の闇を見つめています。私たちもそのような自分を見いだし、自分の状態をそのように告白してきたでしょうか。

自分への絶望

私たちの弱さ、もろさは、自分の罪の現状についての認識が曖昧なところにあるのではないでしょうか。私たちは自分が深刻な罪人だとはあまり考えません。自分の中に罪があることは認めますし、時々罪を犯すことも認めるでしょう。しかしパウロのように、願っていることを行うことができないほど、あるいは憎むことを行っているというほど、それほどの罪人とは思っていないでしょう。その中途半端なところがつまずきとなりやすいのです。予期せぬ罪を犯したとき、「私はダメなんだ」と卑下して言う人がいますが、そのような失望の背後にあるのは、自分自身に対する期待です。自分に対する期待があるので、そのとおりにできないと「私はダメだ」と言うのです。しかし、本当に自分がダメと分かっているなら、「私はダメだ」とは言わないでしょう。

オズワルド・チェンバーズはあるとき、「私はダメなんです」と自分に失望してやって来た一人の信徒に、こう答えたそうです。「そんなことは、あなた以外の誰でも知っている。」

「私には、自分のしていることが分かりません。私は自分がしたいと願うことはせずに、むしろ自分が憎んでいることを行っているからです。」

このような告白の背後にあるのは、徹底した自分自身への絶望です。

律法は良い

さて、パウロは以上のような経験から、二つの結論に導かれていきます。彼は非常に冷静に自分を見つめています。最初の結論は16節です。

「自分のしたくないことを行っているなら、私は律法に同意し、それを良いものと認めていることになります。」

これは少し分かりにくい文章です。ここには書かれてはいませんが、暗黙の前提があります。それは当然のことなのであえて書かれていません。その前提とは、パウロが「したいと思うこと」「したいと願っていること」は、律法にかなったことであるという前提です。彼がしたいのは律法にかなった正しい、きよいことです。律法は聖なるものであり、正しく、また良いものです。その律法にかなったことを彼は行いたいと願っている。それは当然の前提でしょう。

しかし、それを行うことができないので苦しんでいます。彼がそのことで苦しみ悩んでいるとするならば、当然ながら律法は良いものであることを認めていることになります。律法の命じていることが悪いことであるならば、それを行うことができなくても苦しむことはないでしょう。律法の命じることがきよく、正しいことを知っていながら、それを行うことができないので悩んでいるのです。

これで言っていることは理解できましたが、分からないのは、なぜそんなことをここで述べたのかということです。それはここで言う必要があったのか。もちろんあったのです。では何のために語ったのでしょうか。パウロの意図は律法を擁護することです。自分自身の問題、つまり「私には、自分のしていることが分かりません。自分がしたいと願うことはせずに、むしろ自分が憎んでいることを行っているからです」という問題に関しても、別に律法に問題や欠陥や責任があるとは思っていません。律法は自分が陥っている問題に対して何の責任もない、律法が原因ではないということです。それならば、このような問題を引き起こしている何か別な理由があるはずです。こうしてパウロは17節に移っていきます。

それは罪なのです

「ですから、今それを行っているのは、もはや私ではなく、私のうちに住んでいる罪なのです。」（17節）

とうとうパウロは、本当の問題に行き当たりました。それは「罪」です。パウロが言っているのはこういうことです。「律法の求める正しいことを行いたいと願っている自分がいる。自分は確かにそれを願っている。神の律法を愛し、律法が命じることを行いたい自分がいる。しかしそうだとするならば、なぜ自分は自分が憎むことを行っているのか。自分が願っているのは律法を行うことなのに、それを行わないのはおかしいではないか。誰でも自分が願ったように行動するはずである。しかし自分は願っていることを行っていない。」

パウロは、自分以外に何かもう一つの要因を考えずにはいられなくなりました。もう一つの要素として「罪」を考えないわけにはいかないのです。「自分としては願っているのに、それを行わないとするならば、それを行っているのは、もはや自分自身ではない。それは罪だ。」

こうしてパウロは自分が分裂していることに気がつきます。律法を愛し、その命令を行おうとする自分と、罪にとらわれてそれを行う自分がいる。そう考えるとき、自分の行動をすべてうまく説明することができたのです。

パウロが「それは罪なのです」と言ったとき、それは自分の責任を逃れて、罪に責任を転嫁しようとしているのではありません。それを自分の問題として捉えていることは、パウロが罪を「私のうちに住んでいる」と言っていることから分かります。罪というのは、私たちに内在している非常に客観的な存在です。罪の力が内側にある、そう彼は実感しています。決して外側にあるのではありません。私たちがいつも直面する問題とは、実は内側にあります。ですから、解決は相手が変わることではなく、環境が変わることでもなく、私たち自身が悔い改める以外にないのです。

私たちの現実として

このようなパウロの経験から、私たちは何を学ぶべきでしょうか。それは第一に、律法というものが罪に対していかに無力であるかということです。律法が正しく聖なるものであると認めることまではできます。しかし、売り渡されて罪の下にある人間にとって、律法は役に立たないのです。必要なのは罪に打ち勝つ力です。それは律法にはありません。

しかし、ここで学ぶべきもっと重要なことは、はたして私たちはパウロが経験している、この分裂した自分というものを経験してきたかということではないでしょうか。それはクリスチャンの特徴です。一方では律法の正しいことを認める自分がおり、もう一方では罪が住みついている自分がいる。この二つの自分は心の中で戦っている。戦いにおいてどちらが強いかというならば、罪のほうである。その峻厳な事実にたどり着かなければならないのです。

ここに自分の罪の深みを知ったクリスチャンの姿があります。それがなければクリスチャンではないというのではありません。しかしその経験がない限り、自分の罪を本当に知ったとは言えないでしょう。クリスチャンとは、行いと思いとが分裂している、そういうことを自覚している人です。もしこの葛藤がないならば、それはまだ自分の罪に直面していないということなのです。

でも同時に、ここまで自分の内面を見つめることができるのは、すでに救いの恵みを得ているからでしょう。十字架の光の中で私たちは自分の心の闇に立ち向かうことができます。たとえ自分の中にどんなに深い暗闇を見いだしたとしても、もはや驚くことはありません。それが自分なのです。

同時に、「御子イエスの血がすべての罪から私たちをきよめ」るということ、それが私たちの確信です（Ⅰヨハネ1・7）。

それゆえに、もはや私たちは自分の罪を恐れることはありません。むしろ、罪に誠実に向き合うことこそ、十字架を信じていることの証しです。自分に直面することを恐れない歩みを続けていきたいと思います。

41 内住する罪——7章18～20節

私は、自分のうちに、すなわち、自分の肉のうちに善が住んでいないことを知っています。私には良いことをしたいという願いがいつもあるのに、実行できないからです。私は、したいと願う善を行わないで、したくない悪を行っています。私が自分でしたくないことをしているなら、それを行っているのは、もはや私ではなく、私のうちに住んでいる罪です。（新改訳２０１７）

私は、自分の内には、つまり私の肉には、善が住んでいないことを知っています。善をなそうという意志はあっても、実際には行わないからです。私は自分の望む善は行わず、望まない悪を行っています。自分が望まないことをしているとすれば、それをしているのは、もはや私ではなく、私の中に住んでいる罪なのです。（協会共同訳）

この7章は、自分の罪の問題を徹底的に経験した人でなければ書けない文章でしょう。聖書全体を通しても、これくらい深く人間の内面の真実について語っている箇所はほかにはないだろうと思います。パウロは、私たちと比較するならば、外面上ははるかに立派な生涯を送っていたでしょう。道徳的生き方についてならば非の打ちどころがなかったと思います。でもこの手紙を読んで、私たちはパウロが実は自分の罪の問題に極限まで悩んだ人であったことを知らされるのです。ここに書かれてあることは、「自分は良い人間だ」「人間とは本質的に善人である」と考えている人にとっては到底理解できないことだと思います。多少の罪意識でも、やはりついていけない箇所ではないでしょうか。聖書の中でこれほど明確に人間の「原罪」が扱われている箇所は、5章とここくらいではないかと思います。しかも、これは教理としてではなく、客観的な教えとしてでもなく、パウロ自身の生の経験として語られているのです。

17節までの展開

17節におけるパウロの人間についての結論は、「自分がしたくないことを行う原因は、私のうちに住んでいる罪だ、私のうちには罪が住みついている」ということでした。そして20節でも、「私が自分でしたくないことをしているなら、それを行っているのは……私のうちに住んでいる罪です」と同じ結論を述べています。

パウロは二度、ほぼ全く同じことばを繰り返してこのことを強調します。「私のうちに罪が住みついている。」これがパウロの実感なのです。それは自分の意思を超えた、自分のうちに起きている現実でした。私たちはこのような現実を実感したことがあるでしょうか。私のうちには罪が住みついている。原罪というものがある。これは聖書が語る罪についての根本的な教えです。旧約聖書にダビデという王様が登場します。イスラエルの歴史に現れた類まれな名君と言ってよいでしょう。イスラエルでは後代まで理想の王とたたえられていました。しかし彼は、その生涯に一度、恐ろしい罪を犯しました。それは、バテ・シェバという人妻と関係を持ち妊娠させたうえ、邪魔になったバテ・シェバの夫を計画的に殺害してしまったことです。彼はやがて自分の犯した恐ろしい罪に気がつき、悔い改めの詩を残しました。それが詩篇51篇です。その詩篇の中で、自分の罪の姿をこう嘆いているのです。

「ご覧ください。私は咎ある者として生まれ
罪ある者として　母は私を身ごもりました。」（5節）

「私は罪ある者として生まれた」とは、生まれたとき、私の中にすでに罪があったという告白です。彼は恐ろしい罪に打ちのめされていますが、自分のこのような罪は、生まれ持った罪の性質のゆえだと言っているのです。私たちは、このような聖書のことばに心から同意するでしょうか。

原罪

なぜパウロは、「私たちのうちには罪がある」と述べているのでしょうか。彼は自分の経験から証明しています。15節から簡単にたどってみましょう。15節では、自分が「したいと願う」ことと、自分が実際に「行っている」こととが対立していることを認めます。そこで何が言えるかというと、

17節で結論として、「それを行っているのは、もはや私ではなく、私のうちに住んでいる罪なのです」と言う。なぜ自分のうちに罪が住んでいると考えるのか。それは、自分の願っていることに実際の行いがついていかないからです。両者は分裂してしまっているのです。これが、「罪が住んでいる」と理解する理由です。

パウロはこのことをもう一度18節で繰り返しています。

「私は、自分のうちに、すなわち、自分の肉のうちに善が住んでいないことを知っています。私には良いことをしたいという願いがいつもあるのに、実行できないからです。」

ここでも「したい」ことと、「実行」とが分裂している自分を描いています。

さらに19節でも、同じことを言っています。

「私は、したいと願う善を行わないで、したくない悪を行っています。」

ここでは特に善をめぐって、パウロの願いと行いに分裂があることを述べています。願いとしては善を行うことだが、しかし実際は悪を行っている。繰り返し彼が経験し、主張しているのは、自分の願いと行いの間には大きな溝があるということです。いったいなぜなのでしょうか。彼はこう結論せざるをえないのです。それが20節です。

「それを行っているのは、もはや私ではなく、私のうちに住んでいる罪です。」

このようなパウロの結論は間違っていません。私は善をしたいという願いがある。私自身は確かに善を行うことを願っている。しかし、願っていることを行わないで反対のことを行う。だとしたら、そこには私以外の何ものかが関与しているはずだ。そう考えることは間違った推論ではないでしょう。私以外の何かがいると考えなければ、自分の内側に起きている現実を説明できないのです。しかも、それは何か良いことを行わせる力ではなくて、悪いことを行わせる力です。そこでパウロは「私のうちには罪が住んでいる」と結論しました。彼の議論は明快です。原罪があることを認めない人は、この事実を説明することはできないでしょう。

原罪の証明

そこで問題は、私たちの内側にパウロと同じような問題があるかどうかということです。もしあるならば、私たちも原罪を持っていることを自覚しているということであり、もしないならば、原罪を認めることができないということになります。これは私たちの経験として考えなければならないことです。そしてひとたび考えるならば、日常いくらでも経験していることであると分かってきます。

良心と行動の関係で考えてみたらどうでしょうか。心の中には「こうすべき」という良心の声が聞こえてきます。しかし私たちは、それにどれほど逆らっていることでしょうか。子育て中のお母さんは、こういう葛藤があるでしょう。子どもをもっと深く愛することがどうしてできないのか、なぜ子どもの些細なことにこんなにいらいらするのか、ひどいときには怒りに任せて手を上げてしまう。そしてたびたび自己嫌悪に陥る。夫は妻に対してもっと優しくしようと思っても、そうすることができない。学生は、勉強が本分と分かっていてもつい怠けてしまう。

自分の良心にあまりにも逆らい続けたために、麻痺してしまっていることもあります。その典型は武士道の切腹です。自分のいのちを断つことは罪ですが、武家社会の中でゆがめられ、いのちをもって責任をとることが名誉であるかのように見なされています。その場合、良心はこの点に関する限り完全に麻痺して機能していません。戦争中の恐ろしい殺戮も、国家の教育によって洗脳され麻痺しているので、一度人を殺すと怖くなくなるといいます。

そういう例外はあるにしても、通常の場合、私たちは良心と行いがずれていることを自覚しています。何が原因でずれが生じるのでしょうか。

一つの例を考えてみましょう。ここに非常に仲の良い二人の受験生がいるとします。一緒に勉強し、同じ大学を受験しましたが、一人は合格し、一人は不合格でした。そのとき、心の中を注意深く観察するならば、不合格だった人は、合格した友人に「おめでとう」と口で言うことはできても、心の中にそれを率直に喜べない自分がいることに気がつくでしょう。あるいはねたみを覚え、自分を卑下し、あいつも落ちていればよかったのにと願う自分がいることに気がつきます。それは人間のどうにもならない部分です。この場合も、心では相手の合格を祝福したいと願っており、意思のレベルでは、無理してでも「おめでとう」と言います。しかし、内側にあるねたみの感情をコントロールすることはできないのです。なぜでしょうか。「願うこと」と「行い」がずれているのです。このずれはなぜ生じるのでしょうか。パウロの結論は明快です。

「それを行っているのは、……私のうちに住んでいる罪なのです。」（20節）

祝福したい自分と、ねたみを覚える自分。このねたみを覚える自分の中には罪が住んでいる。それが原罪です。

肉のうちに住む

パウロはここでさらに重要なことを二つ述べています。一つは、「罪は私のうちに住みついている」ということです。17節では、「ですから、今それを行っているのは、もはや私ではなく、私のうちに住んでいる罪なのです」と言い、20節でも「それを行っているのは、もはや私ではなく、私のうちに住んでいる罪です」と言っています。

罪は私たちの内側にあるのです。決して外から、そのつど私たちの中に進入してくるものではありません。誘惑は外から来ますが、罪は内住しているのです。エデンの園で人間が神によって創造されたとき、人間の中に罪はありませんでした。アダムとエバは外からの悪の侵入者によって誘惑されたのです。それ以外に罪が進入してくる道はありませんでした。しかしそれ以後、罪は人間の中に住みつき、人間はこの罪を持って生まれてくるのです。これが聖書の教えです。

主イエスもこのように言われました。

「悪い考え、殺人、姦淫、淫らな行い、盗み、偽証、ののしりは、心から出て来る。」（マタイ15・19）

これも同じことを教えています。社会環境や家庭環境ではありません。それらも確かに影響を与えます。しかし根本的には人間の心から出てくるのです。

さて、原罪についてここから教えられるもう一つのことは、罪の力は私たちの「願い」よりも強いということです。善を願う自分と、罪が住みついた自分では、罪のほうが強いのです。誰もその力を止めることができません。ですからパウロは、私たちは罪の奴隷であると言ったのです。

その昔、キリスト教の歴史上に「ペラギウス論争」というものがありました。ペラギウスとは修道士で、非常に厳格な修道生活を送っていた非の打ちどころのない人物です。野心もなく、穏やかな性格で、魂の格闘や罪との戦いのような経験とは無縁の人でした。ですから、彼には原罪など理解できなかったのです。人間は生まれてきたときは真っ白な状態で、善でも悪でも行おうと思えば行うことができる意志（自由意志）を持って生まれてくる。人間は自分の意志に基づいて、神と協力して救いに到達することができると考えました。

彼と正反対だったのはアウグスティヌスです。彼は信仰深いクリスチャンの母モニカに育てられましたが、一時放蕩にふけり、マニ教に助けを求めました。しかし最後にキリストにとらえられ、後にヒッポで教会の監督になりました。アウグスティヌスはこう考えました。「アダムが神のことばに背いて罪を犯したために、すべての人間は罪によって全く汚されている。それゆえ、人間は自分と子孫とに死をもたらす。すべての人は、男も女も、大人も子どもも、罪の支配下にあるため、もはや神の創造の目的にかなって生きることはできない。人間はあまりにも深く罪によって汚染されたので、神の恵みがなければ滅びざるをえない。人間の意志に自由はない。人間は誰も善を選ぶことのできない罪の奴隷状態に置かれている。」

明らかにアウグスティヌスの個人的体験が、彼の考えに影響を与えています。しかし、この考えは個人的経験からだけ出てきたのではなく、ローマ人への手紙の研究から彼が到達した結論でもありました。アウグスティヌスとペラギウスの論争は約五年間続き、最終的にペラギウスの説は聖書の教えではないと断定されました。四一六年のことです。

ですから、原罪を認めるかどうかは、私たちの経験によるところが大きいのです。そのようなことを全然理解できない人がいてもおかしくはありません。しかし、自分の願いと行いとが分離していることを認めるならば、原罪を認めることは困難ではないでしょう。そして、罪にとらわれていることを認めるのであれば、その解決として十字架にかかられた主イエスを信じ受け入れることも困難ではないと思います。私たちを罪の奴隷から解放するのは、主イエスの十字架の力しかないからです。

42　パウロの発見した法則——7章21〜23節

そういうわけで、善を行いたいと願っている、その私に悪が存在するという原理を、私は見出します。私は、内なる人としては、神の律法を喜んでいますが、私のからだには異なる律法があって、それが私の心の律法に対して戦いを挑み、私を、からだにある罪の律法のうちにとりこにしていることが分かるのです。（新改訳２０１７）

それで、善をなそうと思う自分に、いつも悪が存在するという法則に気付きます。内なる人としては神の律法を喜んでいますが、私の五体には異なる法則があって、心の法則と戦い、私を、五体の内にある罪の法則のとりこにしているのです。（協会共同訳）

これまでずっとパウロの告白を聞いてきました。パウロが自分の奥深いところで経験した魂の遍歴、悲痛なまでの罪との戦いを学んできました。その戦いとは、自分のうちにある願いと行いとの矛盾です。「自分のしたいと願う善を行わないで、したくない悪を行っている」と告白せざるをえない現実です。そうだとすれば、自分のうちにあるのは罪の性質であって、善は住んでいない。そのように考えざるをえないまでに、自分の罪の問題に直面した経験でした。パウロがそんなにひどい悪人だったとは誰も考えないでしょう。この世から見ればむしろ立派な人物であったに違いありません。しかし、彼は外見の行動を語っているのではなく、自分の内面に起きている罪の問題に直面しているのです。

そこまで自分の罪の深みに気がつき悩む人は、そんなに多くはないと思います。クリスチャンの間でも、自分の罪の問題でこのように悩むことは、今日、あまりポピュラーではないと思います。しかし、自分の罪の問題とどこまで直面するかということは、その人の信仰を決める大きな要素です。このような戦いがあって、主イエスの十字架の真意は十分に理解されるはずです。傷を負ったとき、その傷が深ければ深いほど、病気が重ければ重いほど、その癒やしを感謝するように、自分の罪の問題に深く傷つくならば、それを癒やす十字架のメッセージの深みに到達するでしょう。私たちが自分の罪について十分分かっていると考えているなら、それは誤解でしょう。私たちの罪は、自分で考えている以上に深く、その救いの恵みもそれ以上に深いのです。「彼らはわたしの民の傷をいいかげんに癒やし、平安がないのに、『平安だ、平安だ』と言っている」とエレミヤが語ったような手軽な癒やしではなく（エレミヤ６・14）、人を根底から変えてしまう救いの経験なのです。

パウロは決して、例外的な経験としてこれを語っているのではありません。ひとたび真剣に神の義を行おうとすれば、誰もが気がつくことです。パウロも同じでした。彼は神の律法を真の意図に沿って行おうとしたとき、自分の心の中の真実が見えてきたのです。そして、「それを行っているのは私ではなく、私のうちに住んでいる罪です」という原罪の認識に至ったのです。「それは罪です」と言うのは、自分には責任がない、悪いのは罪だとして責任を回避しているのではありません。善を願っている私と悪を行う私は、結局同一人物です。罪が自分を離れて存在するはずはありません。ですからパウロは自分が二つに分裂しているように語っています。それを自分の経験として、包み隠さず語っているのです。

そして、いよいよ最後のところにきました。21〜23節で、パウロはこれまでの議論全体を要約します。

発見した原理

21節は「そういうわけで」あるいは「それで」と始まります。パウロは14節からの議論をここで一つにまとめようとしているのです。彼の言い方に注目してください。彼は「原理を、私は見出します」と言っています。協会共同訳では「気付く」ですが、これは単なる気づき以上のことで、「発見する」という意味です。「私は原理を発見した」と言っているのです。「原理」とは「法則」のことです。科学者のように、「私は一つの法則を発見した」と言っています。ニュートンはリンゴが落ちるのを見て（真偽はともかく）、物体には互いに引き合う力があるという万有引力の法則を発見したといわれています。それまで、リンゴが落ちるのは当たり前でした。そのような当然の事実から何か法則を発見するというのは、当たり前を当たり前と思っていたのではできません。やはり研究の積み重ねが必要です。人間でも同じことが言えます。心で願うことと実際の行いがずれていることを当たり前だと考えていたのでは発見はありえません。パウロは、自分をじっと観察することによって、ついに一つの法則を発見したのです。

それがどのような法則かは21節に書いてあるとおりです。「善を行いたいと願っている、その私に悪が存在する」という法則です。この事実自体は別に新しいことではなく、これまでも考えてきたことです。ここで新しいのは、パウロが「原理・法則」ということばを使って説明していることです。なぜパウロは原理ということばを使ったのでしょうか。

パウロは突然このことばを使ったように見えますが、実は「原理・法則」ということばは、これまでの議論に何度も現れていました。「原理・法則」と訳されたギリシア語は、「律法」と同じ「ノモス」ということばです。それは英語で考えるとよく分かります。英語では「法則」も「法律」も「law」です。万有引力の法則は law of gravitation です。また律法も法律も law です。それはギリシア語の「ノモス」に対応します。つまり、パウロはこれまで用いてきた「ノモス」を使って、原理・法則を発見したと言ったのです。

それによってパウロは何が言いたかったのでしょうか。それが重要な点です。原理・法則というのは、条件が同じならば、いつでも同じ結果が生じるということです。それは一貫しています。私たちのうちには、いつもこのような現象が起きているということです。それには例外がありません。普遍的な事実です。

万有引力の法則は、いつの時代にも、どの地域でも当てはまり、誰もがその支配下に置かれていて、そこから逃れることのできない法則です。同様に「善を願う者が悪を行う」という法則も、いつの時代にも、どの国へ行っても、すべての人に共通した現象です。これはもはやパウロの個人的で特異な経験ではなく、すべての人に共通した法則です。ですから、私たちも実際に経験し、その法則を発見し、心から納得するのでなければならないでしょう。クリスチャンはみなこのような法則の発見者であるべきです。

法則の証明

ところで、もしこれを法則と呼ぶならば、それは検証することができなければなりません。そこでパウロも、その後でこの法則を検証していきます。次の22～23節で、「私は、内なる人としては、神の律法を喜んでいますが、私のからだには異なる律法があって、それが私の心の律法に対して戦いを挑み、私を、からだにある罪の律法のうちにとりこにしていることが分かるのです」と言っています。22節は、訳出されていませんが「なぜなら」で始まっています。つまり22～23節は21節の説明で、事実上同じことを述べています。

「内なる人」とは何でしょうか。これは、パウロだけが新約聖書の中で三回使っている独特な言い方です。最も有名なのは、コリント人への手紙第二、4章16節でしょう。「ですから、私たちは落胆しません。たとえ私たちの外なる人は衰えても、内なる人は日々新たにされています。」

ここでは「外なる人」と対比して「内なる人」と言って、人間の総体をその二つに分けたのでしょう。ですから、内なる人とは人間の内面、「心」によって代表される部分です。それがどの部分なのかということはあまり問題ではありません。重要なのは、確かにパウロの中に、神の律法を喜ぶ部分があるという事実です。彼の中にそのような善の部分があるのです。ですから彼の存在全体が罪だということではないし、また彼はいつも必ず悪を行っているということでもありません。律法を喜ぶというもう一つの事実があって、それは「神の律法を喜んでい」る。そのような内なる人としての現実も彼にはあるのです。

異なる律法

しかし、それは彼の状態の半分でしかありません。彼の中にはもう一つの異なる現実があります。「私のからだには異なる律法があって、それが私の心の律法に対して戦いを挑み、私を、からだにある罪の律法のうちにとりこにしていることが分かるのです。」（23節）

彼の体の中にある「異なる律法」とは、これまでの箇所から「罪」のことだと容易に推測できるでしょう。すでに18節で「私のうちに善は住んでいない」ことを告白しています。彼のうちに住んでいるのは罪です。罪の力、原罪の力です。ですから新改訳２０１７は「異なる律法」と呼んでいますが、先ほどの「原理・法則」としたほうがよかったでしょう。協会共同訳では「異なる法則」と訳しています。

彼のからだには「罪という異なる法則」「罪の力」が住んでいます。それがどうするかというと、「心の律法」あるいは「心の法則」に対して戦いを挑んでくるのです。「心の律法」とは「神の律法」と密接な関係にあるもので、神の律法を喜ぶ部分、神の律法を行おうと願う法則であり、力です。このような「心の法則」に対して、「異なる法則」つまり罪の力は、戦いを挑み、戦争をしかけてくるのです。その結果どうなるでしょうか。自分を罪の法則のとりこにしているのを見いだすのです。新改訳２０１７では「罪の律法」となっていて少々ややこしいですが、ここでの「罪の律法」とは「罪の力」のこと、前の「異なる律法」と同じことですから、「罪の法則」と訳したほうがよかったでしょう。

大事なことは、パウロのうちに起きている争いとその結果です。パウロのからだの中にある「異なる律法（法則）」が、「心の律法（法則）」を打ち倒してパウロを罪のとりこにしているのです。それは戦争に敗北して捕虜となったのと同じことです。罪との戦いの結果、パウロは敗北し、罪の奴隷となっています。完全に屈服させられて捕虜となり、自分ではどうすることもできない状態に置かれている、それが彼の告白です。それは何も新しいことではありません。彼は14節でこう言いました。

「私は肉的な者であり、売り渡されて罪の下にある者です。」ですから、罪のとりこになっていることは、初めからの告白でした。以上が、パウロが発見した恐るべき「原理」の証明でした。

これは原理ですから、例外はありません。そういう意味で、これはパウロのうちに起きていると同時に、私たちの心の中に起きていることです。ですから私たちがここで自分自身に問うべきことは、これは私のうちにおいても真実だと認めうるかどうか、ということです。それは結局、自分を見つめる次元の深さの問題でもあります。私たちがここまで深く罪の問題を理解するかどうかは、その人の信仰の問題です。

その昔、物は自然に腐ると考えられていました。肉眼ではその要因となるものが見えなかったからです。しかし顕微鏡が発明されて、腐敗は微生物が引き起こしていることが発見されました。それと同じように、パウロの発見した法則を見ようとするならば、パウロと同じ顕微鏡を使わなければ見えないでしょう。パウロの使った顕微鏡は、神の律法です。それは神を愛し、人を愛するという完全な律法です。それをひとたび真剣に行おうと願うならば、そのとき、パウロが自分の内面に見いだしたのと同じ現実を見いだすことができるのです。

それは法則なので、私たちは逃れることができません。ただ私たちのうちに新しい法則がやってくるまでは、その奴隷となって生きる以外にないのです。その新しい法則こそ、8章2節にある「いのちの御霊の律法（法則）」と呼ばれるものです。主イエスによって私たちに与えられたものです。

私たちにはすでに解決が与えられています。ですから、自分の罪の問題を軽視することがないようにしたいと思います。私たちは、神の恵みなしには善を行うことのできない存在だからです。そこまで自分がへりくだって初めて、主イエスの十字架の重みを理解するのです。

43　救いへの叫び——7章24～25節

私は本当にみじめな人間です。だれがこの死のからだから、私を救い出してくれるのでしょうか。私たちの主イエス・キリストを通して、神に感謝します。こうして、この私は、心では神の律法に仕え、肉では罪の律法に仕えているのです。（新改訳２０１７）

私はなんと惨めな人間なのでしょう。死に定められたこの体から、誰が私を救ってくれるでしょうか。私たちの主イエス・キリストを通して神に感謝します。このように、私自身は、心では神の律法に仕えていますが、肉では罪の法則に仕えているのです。（協会共同訳）

ついに7章の終わりにたどり着きました。重苦しいテーマですが、クリスチャンであれば、そして福音に仕えるのであれば、避けて通ることはできません。パウロの魂の奥深い経験です。彼が悲痛なまでに罪との戦いを経験してきたことを私たちは知ることができます。「私のうちに善は住んでいない。私を支配しているのは罪の性質である。」自分をそのように考えなければならないまでに、自分の罪と向き合った経験でした。

今日の教会において、自分の罪の深みに気づき、悩む人は減少しているのではないかと憂います。教会はそのようなことを避けて、もっと明るく陽気なキリスト教を伝えようとしています。でも、一人のクリスチャンとして、また十字架の福音に仕える者として、私たちはこの問題と真剣に向き合うべきでしょう。結局、自分の罪とどこまで向き合うかということがその人の信仰を決め、奉仕の姿勢を決めることになるからです。

罪のとりこ

さて、パウロが14節から繰り返してきたことは、自分が二つの状態に引き裂かれているという現実でした。彼はそれを少しずつ言い方を変えて繰り返してきました。

「私は自分がしたいと願うことはせず、むしろ自分が憎んでいることを行っている。」

「私は心では善を願っているけれども、実際には悪を行っている。」

「内なる人としては神の律法を喜んでいるけれども、からだには罪の法則がある。」

そのように、様々な表現で自分のうちにある善と悪との戦いを描いてきました。そして、22～23節がそれまでの結論となっているのを見ました。

「罪が私を、からだにある罪の律法（法則）のうちにとりこにしている。」

これが結論です。戦いがあるだけでなく、彼はその戦いに敗北しており、罪の力に勝てない自分を見いだしているのです。罪の奴隷であると告白しています。これが彼が到達した結論です。

さらにこの問題を考えていく前に、パウロの経験をもう少し考えてみたいと思います。パウロがこのような経験をしていることをどのように考えたらよいのかということです。というより、パウロ自身のことばから、このことを少し考えたいと思います。というのは、彼は少し矛盾したことを語っているように思えるからです。

何が問題かというと、直前の6章で彼が語ったことです。6章で、パウロは罪からの解放についてこう語っています。

「私たちの古い人がキリストとともに十字架につけられたのは、罪のからだが滅ぼされて、私たちがもはや罪の奴隷でなくなるためです。」（6節）

キリストの十字架の事実は、私たちを罪の奴隷状態から解放したのです。

さらに、17節でもこう言っています。

「神に感謝します。あなたがたは、かつては罪の奴隷でしたが、伝えられた教えの規範に心から服従し、罪から解放されて……。」

ここでは「かつては罪の奴隷だったが、今は罪から解放された」と言っています。さらに22節でも同じように、「罪から解放されて神の奴隷となり」と言われています。このように6章では、罪の奴隷でなくなったことが繰り返し語られました。それなのに7章になると、再び「私は罪のとりこになっているみじめな人間だ」と言っています。そこである人々は、その矛盾を解決するために、

6章ではクリスチャンの経験を、7章ではパウロがクリスチャンになる以前の状態のことを語っていると考えるのです。

その問題はすでに考えたとおり、私はパウロが語っているのはクリスチャンとしての経験だと考えています。それではこの矛盾と思えることをどのように調和することができるのでしょうか。私は、単純に両方ともクリスチャンとしての現実であると考えます。クリスチャンとはその両方の現実にいつも生きている人です。キリストにあって私たちは罪から解放された。それはキリストにあって事実です。私たちが受けている神の恵みの現実です。しかし、私たちの中にはもう一つの現実があります。それは肉の中にある罪の性質です。罪の性質はなくなってしまったわけではなく、なお私たちのうちに生きています。そこに、いつでも罪の奴隷となる可能性は残されているのです。

クリスチャンとは、いつもこの二重の現実に生きているものです。それが私たちの本当の姿です。そのことは、その後に続くパウロのことばの中にもはっきりと示されています。

悲痛な叫び

24節でパウロは悲痛な叫びを上げます。

「私は本当にみじめな人間です。だれがこの死のからだから、私を救い出してくれるのでしょうか。」

23節で語ったように、「罪の律法（法則）のとりこ」となっているという絶望的な結論の後に、なおもつけ加えることがあるとすれば、このような悲痛な、救いを求める叫びしかありません。パウロは自分のことを、「本当にみじめな人間」と呼びました。「みじめ」とは、見るに耐えないほど哀れで、痛々しいようすを指します。その背後には、パウロの長い間の悩み、苦しみ、戦いがあり、その結果として自分のことを「みじめ」と呼んでいるのです。ここには、罪との戦いを経てきた苦闘がにじみ出ています。

さらに彼は、自分のことを「この死のからだ」と呼びました。そこにも自分の罪についての深い認識が表れています。それは、自分のからだはやがて「死ぬ」から「死のからだ」と呼んだのではなく、彼のからだが「死をもたらした」からこう呼んだのでしょう。この点、協会共同訳では「死に定められたこの体」と少し意訳しています。しかしこれは、単に死に定められているという以上表現でしょう。ここで「死のからだ」とは「罪のからだ」と同じことです。このような叫びによって、パウロは7章を終わらせようとしているのです。

私たちはこのような叫びを、いつ、どこで、神に向かって上げてきたでしょうか。この叫びは、クリスチャンの一つの特徴だと言えるでしょう。それは、本当に神のみこころを行おうと願ったときに見えてくる自分自身の現実です。自分の罪を徹底的に知らされる経験だと言ってよいでしょう。洗礼を受ける前にそのような苦しい戦いと絶望を経験する人もいますが、しかし私は、一般的には、むしろクリスチャンになってからそのような経験をすることのほうが多いように思います。

アウグスティヌスの例

このような経験は決して珍しいものではありません。偉大な古代教父であるアウグスティヌスはその最も良い例です。彼は『告白』という自伝的書物に自分の回心の記録を書き残しました。妙な言い方かもしれませんが、これは人の回心に関する最大の記録でしょう。その背後には、彼の母モニカの祈りがあったことも有名です。アウグスティヌスはその書の8巻12章のところで、パウロと非常に似た経験をこのように記しています。

「深い考察によって、魂のかくれた奥底から、自分のうちにあったすべての悲惨がひきずりだされ、心の目の前につみあげられたとき、恐ろしい嵐がまきおこり、はげしい涙のにわか雨をもよおしてきました。私は声をあげて涙を流しつくすために、立ち上がってアリピウスからはなれました。……私はまだ自分が、それらの不義にとらえられているのを感じたのです。私はあわれな声をはりあげていいました。『いったい、いつまで、いつまで、あした、また、あしたなのでしょう。どうして、いま、でないのでしょう。なぜ、いまこのときに、醜い私が終わらないのでしょう』

私はこういいながら、心を打ち砕かれ、ひどく苦い悔恨の涙にくれて泣いていました。すると、どうでしょう。隣の家から、くりかえしうたうような調子で、……『とれ、よめ。とれ、よめ』という声が聞こえてきたのです。」（『告白Ⅱ』山田晶訳、中央公論社、二〇一四年）

アウグスティヌスはこれを、「聖書を開いて読め」という神の命令に違いないと解釈しました。こうして聖書のところへ行き、それを開き、最初に目に留まった章を読み始めました。それはローマ人への手紙13章13～14節でした。

「遊興や泥酔、淫乱や好色、争いやねたみの生活ではなく、昼らしい、品位のある生き方をしようではありませんか。主イエス・キリストを着なさい。欲望を満たそうと、肉に心を用いてはいけません。」

彼はもうこれ以上読む必要がありませんでした。渇いていた心の中に光がさし込んできて、すべての疑いの闇は消え失せてしまいました。彼の顔は変わって穏やかになりました。それは周囲の人々にすら分かるほどの変化でした。主イエス・キリストを着ること、ここにすべての解決があったのです。

感謝の叫び

パウロもアウグスティヌスと同じことを言っています。

「だれがこの死のからだから、私を救い出してくれるのでしょうか。」(24節)

パウロはすでに自分の罪の奴隷状態を解決してくれるお方を知っているので、「誰が救い出してくれるのか」と言っているのです。「何が」ではなく、「誰が」救い出してくれるのかです。この解決は、私たちの主イエス・キリスト以外にありません。ですから、25節でこう言います。

「私たちの主イエス・キリストのゆえに神に感謝します。」

ここは新改訳２０１７も協会共同訳も、「私たちの主イエス・キリストを通して」と訳しています。しかし新改訳第三版では、「私たちの主イエス・キリストのゆえに」となっていました。ここで使われている前置詞（ディア）は属格を取ると「〜を通して」と訳すのが普通ですが、理由を示す場合もあります。ここでは前後の文脈から、パウロは感謝の理由を述べていると考えたほうがよいと思います。そうでないと「誰が救い出してくれるのか」という問いに対して答えがないということになります。ですから、「イエス・キリストのゆえに神に感謝する」という従来の訳でよかったのではないかと思います。

この25節も非常に印象的な書き方です。実はパウロはこの節で、ただ一言、最初に「感謝」と言っているだけです。「感謝する」という動作を表す動詞ではなくて、ただ「感謝」と叫んでいるだけなのです。「神に感謝」「ただ神に感謝」と叫んでいます。なぜ感謝なのか。その理由は、「私たちの主イエス・キリストのゆえに」です。

主の救いのみわざのゆえです。その十字架の死によって私たちの罪を贖ってくださったばかりか、主は私たちの内側に住み、私たちに日々勝利を与えるために力を与えてくださるお方だからです。さらには、再び来られ、私たちの死のからだ、罪のからだ、卑しいからだを、ご自身と同じ栄光のからだによみがえらせてくださるのです。そして、完成した神の御国に私たち一人ひとりを住まわせてくださる。そのことのゆえに感謝しているのです。

だからクリスチャンには「感謝」しかありません。これこそクリスチャンが生きる全動機です。ここからキリスト者の歩みは始まります。クリスチャンが生きるとは、神への感謝で生きることなのです。その感謝は、自分に対する絶望が深ければ深いほどさらに大きな感謝となり、そしてそこから献身の生涯が始まるのです。

クリスチャンとは少々奇妙な存在です。「自分に対する絶望」と「神への感謝」と、その二つの間を生き続けるのです。それこそキリスト者の本当の姿です。「私は本当にみじめな人間です」と告白した直後に、「神よ、感謝します」と同時に叫ぶ。そこにクリスチャンの生の姿があります。私たちは、この両方の叫びの中で生き続けています。ですから、パウロが再び同じ話題に戻っても、驚くことはありません。7章の最後の箇所で、彼は全く以前と同じことを持ち出しています。

「こうして、この私は、心では神の律法に仕え、肉では罪の律法に仕えているのです。」

これはすでに述べてきた私たちの本当の姿です。そして、このような絶望の叫びと感謝の叫びの中から、次の8章に記される最終的な解決が出てくるのです。

私たちは、パウロのこの絶望を知っているでしょうか。また同時に、パウロのこの感謝を知っているでしょうか。そのことを自分のうちに問いかけ、自分を吟味する者でありたいと思います。

Ⅳ　御子による贖罪の奥義　ローマ8章

44　いかなる罪責もない――8章1節

こういうわけで、今や、キリスト・イエスにある者が罪に定められることは決してありません。（新改訳２０１７）

従って、今や、キリスト・イエスにある者は罪に定められることはありません。（協会共同訳）

7章までのパウロの苦悩と打って変わって、8章からは最もすばらしい栄光に満ちた救いの真理を学ぶことになります。ここを読むとき私たちは、まず7章と8章の大きな違いに戸惑いを覚えます。7章の最後で考えたのは、「私は本当にみじめな人間です」というパウロの悲痛な叫びでした。

それは魂の暗黒から吹き上げてくるような叫びでした。信仰者にはいつもこのような悲惨が伴いますが、パウロは同時に「神に感謝します」と叫ぶこともできたのです。8章はこの感謝の側面を語っています。激しい戦いの後、パウロは再びクリスチャンの慰めに満ちた勝利の現実を語り始めるのです。

こういうわけで

「今や、キリスト・イエスにある者が罪に定められることは決してありません」（1節）とは、なんとすばらしい恵みのみことばではないでしょうか。パウロはこの事実を心から感謝し、力を込めて神の御名をあがめ賛美せずにいられないのです。

1節は「こういうわけで」（あるいは「従って」）で始まっています。何かすでに理由が語られたうえで、「そういうわけで、罪に定められることはない」と言っているのです。いったい何が理由だったのでしょうか。これが8章を学び始めるときの最初の問題です。

この問題は決して容易に答えが出るものではなく、幾つかの解決が提案されてきました。しかし、ここでその一つ一つを紹介する必要はないでしょう。ともかく、これが確かに問題であることは気がついておいてよいことです。ここから新しい章に入るので、私たちは文章の続き具合がおかしいことに気がつかないかもしれません。しかし章や節の番号は後代に付加されたもので、パウロが書いたときはついていなかったのです。そのつもりで読むと、7章から8章への続きがやや不自然なことに気がつきます。７章25節の後半から続けて読んでみましょう。

「こうして、この私は、心では神の律法に仕え、肉では罪の律法に仕えているのです。こういうわけで、今や、キリスト・イエスにある者が罪に定められることは決してありません。」

どうでしょうか。どう読んでも25節から８章１節に移るには無理があります。７章の最後では、８章１節の理由になるようなことは何も語られていないからです。そこで、８章１節の理由を語っているところまで遡る必要があります。パウロはある時から横道にそれていき、８章１節で本来の道に戻ったのです。

では、パウロはいったいどこから横道に入っていったのでしょうか。この場合、理由を語っているのは７章６節ではないかと思います。７章６節と８章１節を続けて読んでみると、つながりは自然です。

「しかし今は、私たちは自分を縛っていた律法に死んだので、律法から解かれました。その結果、古い文字にはよらず、新しい御霊によって仕えているのです。こういうわけで、今や、キリスト・イエスにある者が罪に定められることは決してありません。」

律法から解放されているので「罪に定められることはない」のは当然です。また御霊についての言及もあります。ですから、これが理由でしょう。７章７～25節は、パウロが道草を食っていたところです。

このような展開は、パウロの文章にとって珍しいことではありません。パウロの手紙を注意深く読むと、しばしばそのようなことが見られます。彼は一貫したテーマを書きながら、必要があればいつでも横道に入り、議論を尽くしてまた本論に戻るのです。パウロは7章1～6節で、クリスチャンは律法に対して死んでいることを明らかにしました。そして7節から、それなのに律法に対して生きるとどうなるかという経験を語り始めたのです。それは、律法によって罪が目覚め、ついには私たちを罪のとりこにし、しかも律法自体は無力なので私たちを助けることはできないという現実でした。

律法によって生きるとき、罪に対する敗北とみじめな自分の姿を見せつけられるだけです。パウロはそのような経験をしてきたのです。そのような経験がすべて無駄というわけではないでしょう。私たちもそのような戦いを経験すべきだとも言えます。クリスチャンとしての歩みの中で、いやが上にも自分の罪を深く知らされる体験を誰もがするでしょう。

このように7節以降で、御霊によって生きることを知らず、自力で生きようともがくクリスチャンの姿が浮き彫りにされました。そして8章1節で本来の議論に戻ってきたのです。

罪に定められることはない

それでは、1節でパウロが言っていることを考えてみましょう。「キリスト・イエスにある者が罪に定められることは決してない」とはどういう意味なのでしょうか。まず、「罪に定められる」とはどういう意味かを確認しておきましょう。「罪に定められる」とは、有罪判決を受けることです。その意味では義認の正反対です。「義認」とは、罪がないと認められること、つまり無罪判決を得た状態を指します。ここでは「罪に定められることはない」と言うのですから、無罪の判決を得たわけです。罪はないと認められたので、もはや責任を問われることはないという意味です。

しかし、「罪に定められる」ということばには「有罪判決を受ける」というよりももっと強い意味があり、有罪になった後の「刑罰」までも含みます。このことばは名詞も含めて合計十九回新約聖書に現れますので、その幾つかを見てみましょう。

まず、主イエスが罪に定められたと言われている箇所です。

「人の子は祭司長たちや律法学者たちに引き渡されます。彼らは人の子を死刑に定め……。」（マタイ20・18）

ここでは、「死という罪に定める（つまり、死という刑罰に定める）」と書かれています。それが十字架のむごたらしい処刑であったことを私たちはよく知っています。ですから「罪に定める」ということばには実際のさばきが含まれています。しかし、私たちが罪に定められない代わりに主イエスが罪に定められました。主の代償的犠牲なくして無罪判決はありえません。主イエスが私たちの代わりに罪に定められたので、私たちは罪に定められることがないのです。

もう一か所、見てみましょう。ヨハネの福音書8章に、姦淫の現場で捕まった女性が現れます。彼女は罪の現場を発見され、主イエスのところに連れて行かれました。集まった人々は口々に、この女をどうするのか。律法によれば石で打ち殺すように命じられている、殺してよいか、とイエスに迫りました。イエスは初めのうちは無視していましたが、彼らがしつこく問うので、「あなたがたの中で罪のない者が、まずこの人に石を投げなさい」と答えました。すると一人、また一人と去って行き、ついにはこの女性とイエスだけが残され、二人だけになったとき、イエスは女性にこう言われました。

「女の人よ、彼らはどこにいますか。だれもあなたにさばきを下さなかったのですか。」（10節）

この「さばきを下さなかったのですか」とは、あなたに石を投げて処刑する者はいなかったのか、という意味です。ですから、罪に定めるというのは有罪判決を出すだけではなくて、その後に続く処刑をも含むことばなのです。このことばがローマ人への手紙8章3節で「処罰」と訳されているのは、それが理由です。

以上のことから、「罪に定められる」ということばの意味が理解されます。パウロがここで、「罪に定められることは決してない」と言ったとき、その意味は、単に罪がないと認められただけでなく、一切の処罰、刑罰から解放されたということです。罰が与えられることは一切ない。金輪際、決してありえないことになったということです。

パウロは、わざわざ「決してない」と言っています。これは重要なことばです。ほんのわずかでもそういう可能性が残ってはいないことをはっきりさせているのです。なぜなら、私たちはこう考えないでしょうか。何か悪いことが起きたとき、病気になったとき、困難な事態に陥ったとき、それを神からの罰と思い込む。自分の弱さから、そのような誤った判断に陥るときがあるでしょう。しかしクリスチャンの場合、それは間違った非聖書的考え方です。そのような思いにとらわれるときは、この1節のみことばを思い出しましょう。

「キリスト・イエスにある者が罪に定められることは決してありません。」

神はそのようなことは決してなさらない。確かに試練はあるでしょう。そして試練は私たちの信仰を成長させてくれます。しかし、神からの刑罰はありえない。私たちがそれを受ける可能性は全くないと、パウロはここで宣言しているのです。

キリストにある

そして最後に考えるべきことは、いったい誰がこのような恵みにあずかることができるのか、ということです。

その特権にあずかるのは、「キリスト・イエスにある者」であるとパウロは言います。「キリスト・イエスにある者」とはもちろんクリスチャンのことですが、それは単にキリストの十字架の救いを信じたというだけではありません。罪の赦しを受けたというだけでもありません。キリスト・イエスにある者とは、キリストと一体となって結びついている者ということです。それゆえに、私たちはキリストの所有するすべてのものを共有するようになりました。ですから、今やキリスト・イエスにある者は、罪に定められることが決してないのです。

これはクリスチャンに与えられた最高のメッセージです。私たちはこのことばを聞いて、飛び上がって喜ぶべきでしょう。私たちには、そしてすべてのクリスチャンには、いかなる意味でももはや断罪はない。完全にそこから自由にされ、断罪される可能性は永久になくなったのです。しかし、赦されて当たり前だと思っている人には、このことで喜びは湧いてこないかもしれません。かつての自分がいかに罪人であったかを忘れてしまう人も、感謝は湧いてこないでしょう。恵みに慣れると喜びも感謝も失います。しかし私たちは、ここから決して離れるべきではありません。それこそキリスト者なのです。

姦淫の女

この最も栄光に満ちた、喜びのメッセージをもう一度、主イエス自身のことばから聞いておきましょう。先ほど、姦淫の現場で捕らえられた女性の話を取り上げました。群衆が去って主イエスと女性だけになったとき、イエスは彼女にこう言われました。「だれもあなたにさばきを下さなかったのですか。」女性は「はい、主よ。だれも」と答えました。その後で主イエスはこうつけ加えたのです。

「わたしもあなたにさばきを下さない。行きなさい。これからは、決して罪を犯してはなりません。」（ヨハネ8・11）

主イエスは罪を悔いているこの女性に、「わたしもあなたをさばかない（「罪に定めない」新改訳第三版）」と言われました。それは罪の赦しの宣言です。このとき、この女性の罪が赦され、無罪とされました。しかし、それで終わっていません。この宣言は、「今からのち、あなたに刑罰の可能性は一切なくなりました。今まで犯してきた罪は赦され、これまでの罪から何か悪いことがあなたに及ぶことは決してありません。罪の責任から完全な解放を得たのです」ということなのです。

これは、ローマ人への手紙8章1節の完璧な解説です。この女性は律法によるならば、石打ちの刑で処刑されるべきでした。ですから律法に従って生きるならば、この女性には何の望みもなかったのです。しかし今、大いなる変化が起きました。彼女は律法から解放されて、主イエスにある者となったのです。以後、彼女の責任を問うのは律法ではなく、主イエス・キリストです。そして、主イエスは彼女に対して、「あなたを罪に定めない」と言われました。この約束は、主イエスを信じるすべての人々に同じように与えられています。

それは私たちにも与えられているのです。私たちもしばしば、罪の誘惑に陥ります。しかし、罪を悔いて主の前に立つとき、私たちはこのことばを聞くのです。

「今や、あなたが罪に定められることは決してない。」

キリスト・イエスにある者は、決して罪に定められることがないのです。そんなことは虫がよすぎると思うかもしれません。しかし私たちは、主イエスだけはそのような罪の赦しの恵みを与えることができる唯一のお方であることを知っています。なぜなら、主イエスご自身が私たちの身代わりになって罪に定められたからです。私たちの過去の罪、今日の罪、明日の罪をすべて担って十字架にかかって死なれたからです。

その死は、刑罰としての死でした。ですから、私たちは罪が赦されただけではありません。そこからくる一切の罪の責任から解放されたのです。そのことをパウロは「今や」という一言で表現しています。「今や」とは、主イエスが十字架にかかった「今」です。主イエスが死から復活した「今」です。主イエスが昇天した「今」です。今や、私たちが罪に定められる可能性は永遠になくなりました。自分の罪に押しつぶされそうになるとき、このみことばの宣言を聞く者でありたいと思います。ここに私たちの喜びの源泉があり、福音があるのです。

45　新しい政権の確立――8章2節

なぜなら、キリスト・イエスにあるいのちの御霊の律法が、罪と死の律法からあなたを解放したからです。（新改訳２０１７）

キリスト・イエスにある命の霊の法則が、罪と死との法則からあなたを解放したからです。

（協会共同訳）

前回は8章1節から、キリスト・イエスにある者は、今後、罪の責任を問われることは一切ないというメッセージを考えました。なぜそうなのか、この2節が「なぜなら」で始まっているのはその理由を述べているからです。なぜ私たちクリスチャンはもはや罪に定められることがないのか、なぜ神の前に罪の責任を問われることがないのか、その理由を考えていきましょう。

この節が三つの要素から成り立っているので、三つの部分に分けて考えていきます。第一に、「罪と死の律法」とは何のことか。第二に、「いのちの御霊の律法」とは何のことか。第三に、「解放した」とはどういう意味か。これらのことから、クリスチャンの立っている恵みがどのように栄光に富んだものなのかを考えていきたいと思います。

これは、すべてのクリスチャンが明確に理解しておくべきことです。イエス・キリストを信じたことによって、私たちのうちに何が起きたのか。どんな変化があったのか。私たちにどのようなすばらしい恵みが与えられているのか。これらを明確に自覚しておく必要があるからです。クリスチャンとなりながら、自分が与えられているすばらしい特権に気がつかないゆえに、みじめな敗北をすることがないためです。

罪と死のノモス

この節は、私たちクリスチャンが罪に定められることがないのは、「罪と死の律法」から解放されているからだと語ります。それでは、この「罪と死の律法」とは何のことを言っているのでしょうか。

すでに7章の終わりで述べましたが、この「律法」と訳されることばは原語で「ノモス」で、日本語では「律法」とも「原理・法則」とも訳すことができます。どちらで訳すかは今も聖書翻訳者を悩ませている困難な問題です。律法と訳せばモーセ律法を思い浮かべることになりますが、「原理・法則」と訳せば、抵抗できない力や権威を持って自立的に働くものです。

この2節には二度、「ノモス」が出てきます。初めは「いのちの御霊のノモス」、次に「罪と死のノモス」です。このノモスを一貫して「律法」と訳しているのは新改訳2017です。以前の新改訳第三版では「いのちの御霊の原理」と「罪と死の原理」となっていました。また協会共同訳でも「命の霊の法則」と「罪と死との法則」となっています。「原理・法則」と訳すことによって、これは直接的にはモーセの律法を指しているのではないという理解を表しています。詳しい議論はしませんが、私の判断では、「いのちの御霊のノモス」とはモーセ律法を超えた「ノモス」、すなわち原理・法則だと思います。また「罪と死の律法」は、すでに7章23節に出てきた「罪の律法（ノモス）」と比較することができるでしょう。同じことが7章では「罪のノモス」として現れ、8章では「死」ということばが付加されて「罪と死のノモス」として現れていると考えられます。7章では「罪の原理・法則」と訳したほうがよいという結論でしたので、ここでも「罪と死の原理・法則」と考えたいと思います。

そうであれば、これは私たちがすでに学んできたことです。パウロは7章で私たちの現実の姿を描きました。「私は自分でしたいと思う善を行わないで、したくない悪を行っている。」あのパウロの悲痛な叫びです。自分の内側に働く悪の力を止めることができないで、罪の奴隷となっている。そのようなみじめな姿を描いています。その現実を「罪と死のノモス（原理）が働いている」と言っているのです。原理というのは、法則とか権力と訳してもよいことばで、私たちのコントロールを超えて働く力や権威、法則のことです。ですから、自分が願っていない、したくない悪へと私たちを連れていってしまう、そのような現実を「罪と死の原理」と呼んでいるのです。

創世記4章に、カインとアベルの物語があります。二人の兄弟は神の前に供え物を持って行きましたが、神は弟アベルの供え物だけを受け入れました。そこでカインはアベルに激しい怒りを覚えます。そんなカインに対して神は警告しました。

「なぜ、あなたは怒っているのか。……戸口で罪が待ち伏せている。罪はあなたを恋い慕うが、あなたはそれを治めなければならない。」（6～7節）

しかしカインはアベルを外に連れ出して襲いかかり、殺してしまうのです。

これが「罪と死の原理」に支配されている人の姿です。怒りを収めることができないのです。罪の力を食い止めることができずに、罪の力に支配されている。それこそ、人間の根本的悲劇です。それは、誰ひとり例外のない、私たち人間の普遍的な状態です。私たちは誰も彼も、「罪と死の原理」の下に生まれ、その法則に支配されています。ですから、必ず罪を犯すようになります。その罪の結果、人間はみな死ぬのです。「罪の報酬は死」（ローマ6・26）だからです。罪と死はいつも一緒です。私たちはその圧政の下に奴隷のように閉じ込められ、苦しめられているのです。パウロが7章の最後で「だれがこの死のからだから、私を救い出してくれるのでしょうか」と叫んだのは、そのような現実からでした。

いのちの御霊の原理

そのような状態から私たちを解放してくれたのが、「いのちの御霊の原理・法則」です。パウロは2節で、「なぜなら、キリスト・イエスにあるいのちの御霊の原理（あるいは法則）が、罪と死の律法からあなたを解放したからです」と言っています。先ほど述べたように、新改訳２０１７では「いのちの御霊の律法」ですが、それでは意味が通じにくくなります。なぜなら、モーセの律法が私たちを罪と死から解放することは決してないからです。それは、パウロがこの手紙全体で述べていることです。律法はいつも私たちを断罪し、罪に定めてきたのです。律法が罪と死から私たちを救い出し、解放することは決してありません。ですからここは、新改訳第三版のように「いのちの御霊の原理」と理解して学びを進めます。

それでは「いのちの御霊の原理」とは何のことでしょうか。それはクリスチャンに与えられた聖霊の働きのことです。礼拝の中で告白される信条に、使徒信条とともにニカイア信条があります。このニカイア信条では、聖霊のことをこう告白しています。

「聖霊は主、いのちを与える方」

これこそ聖霊の一大特徴です。聖霊の根本的な働きは、いのちを与えることです。これは聖書に繰り返されています。「いのちを与えるのは御霊です」（ヨハネ6・63）、「いのちを与える御霊」（Ⅰコリント15・45）、「御霊は生かす」（Ⅱコリント3・6）とあります。

聖霊の最大の働きは、いのちを与えて生かすことです。イエス・キリストにあるいのちを私たちのうちに与えることによって、私たち一人ひとりを生かすのが聖霊の働きです。ですから「いのちの御霊」とは「いのちを与える御霊」という意味です。「いのちの御霊」とは、この上なく聖霊にふさわしい呼び方でしょう。それだけではありません。この聖霊は罪と同じように、「力」を持っています。「権力」「権威」を持っているのです。そして、その力は一つの原理・法則として働きます。ですから「いのちの御霊の原理」と呼ばれているのです。

解放の恵み

私たちが主イエスを信じたとき、私たちのうちに「いのちの御霊」である聖霊が与えられました。そのお方は、私たちのうちにある罪と死の原理に対抗して、もう一つの新しい勢力を私たちのうちに造り上げるのです。そしてその力は、私たちが生まれながらに持っている「罪と死の力」より強力です。ですから、「いのちの御霊の原理は、罪と死の原理からあなたを解放した」とパウロは宣言しているのです。

これはちょうど、国に革命が起き、古い権力が倒されて政権が交代し、新しい支配体制が確立したのと同じです。クリスチャンとは、そのような政権交代を心の中で経験した人たちです。私たちは、生まれながら「罪と死の権力」の下で、罪の奴隷として生きることを余儀なくされていました。罪を犯してはいけないと思っていても、カインのように罪の力を制御できなかったのです。しかし主イエスを信じたとき、私たちのうちに聖霊が与えられて、その力が私たちを罪の力から解放してくださいました。ですから、もはや「罪に定められることはない」と宣言しているのです。

問題は、私たち自身がそのことをどこまで自覚しているかということです。私たちのうちに働く聖霊の力に気がついているかどうかということです。私たちのうちに新しい力が生まれても、それに気がつかず、その働きに参加もせず、無視しているならば、勝利はありません。私たちのうちに救いは完成していないからです。

私たちの霊的状態を理解するのに、国家の革命は興味深い比喩を提供します。革命によって旧体制は打ち倒されたけれども、多くの場合、古い勢力が残っており、熱心に新政権に反抗し、古い体制を何とか回復しようとします。私たちのうちにも、聖霊が新しい支配を始めたけれども、古い罪の力は残っているわけですから、この新しい政権に参加して戦わない限り、私たちに勝利の可能性はないのです。

そこで忘れてはならないのは、「聖霊の支配」というものは、放っておけばに私たちのうちにできあがってくるのではないということです。あるとき「クリスチャン」というボタンを押すと、すべてが自動的に働いて、理想的なクリスチャンとしての生き方が形成されていくということではありません。クリスチャンになるとは、政権が交代した直後の混乱期にいるようなものです。しかし、ひとたび聖霊に目を向けるとき、私たちに勝利は約束されています。私たちは、この現実に目を開き続けて歩むのです。そのとき、今後一切、罪の責任を問われないだけではなく、罪の力から実際に解放されるのです。この特権的恵みの上に立ち続けたいと思います。

そこで、2節にあるもう一つのことばが大きな意味をもってきます。それは「キリスト・イエスにある」というこの一言です。このことばは、いのちの聖霊による解放がどのように行われるかを教えています。それは「キリスト・イエスにある」ことによるのです。私たちが「イエス・キリストにある」とき、このような解放が現実となるのです。「主にあること」、そこに本当の解決があります。主にあるとき、罪の力よりもっと強い力が私たちのうちに働く。自分自身でその誘惑に勝つことができなくても、その方に目を向け、そのお方に助けを求めるならば、私たちを罪の力から実際に解放してくださるのです。なぜなら、キリスト・イエスにあるとき、私たちの中には「いのちの御霊の原理」が働くからです。

46　神のなしたこと――8章3節

肉によって弱くなったため、律法にできなくなったことを、神はしてくださいました。（新改訳２０１７）

律法が肉により弱くなっていたためになしえなかったことを、神はしてくださいました。（協会共同訳）

とうとう8章3節に到達しました。この節は、今から四十年も前に私が卒業論文で取り組んだ聖句です。かつて一年近くかけてこのみことばを調べ、考えました。懐かしいと同時に、私自身を信仰の原点に立ち返らせてくれるみことばです。

当時の私の信仰的課題というのは、クリスチャンになっても、なぜ私は罪を犯すのか、罪を犯さないで生きていくことはできないのか、という問題でした。そして、このみことばの中にその問題の解決があると思いました。というのは、3節の後半にこう書いてあるからです。

「神はご自分の御子を、罪深い肉と同じような形で、罪のきよめのために遣わし、肉において罪を処罰されたのです。」

神が罪を処罰されたのであれば、もはや罪は存在しないはずであり、私はそこから解放されているはずです。それなのに、なぜ罪を犯すのだろうか――。このみことばから、自分の信仰の問題にもっと光を与えられたいと願ったのです。このみことばは、私の信仰にとって必要であったというだけでなく、今でもこれが聖書の中で最も重要なみことばの一つだと考えています。

私たちはこれまで7章1節から学んできましたが、その一連の学びの到達点にこのみことばがあり、これまでの総まとめと、次のテーマへの連結部としての役割を果たしています。しかも、これは7章だけではなくて、実は聖書全体の救いのメッセージを要約している最も重要なみことばなのです。ここには正確に知っておくべき問題が凝縮していますので、それら一つ一つを考えていきたいと思います。

文章構造

初めに、この3節の構造に関して二つのことを確認しておきたいと思います。翻訳された聖書を読んでいるだけではわからない、二つのことがあります。

第一は、この3節も、2節と全く同じように始まっているということです。2節の最初にあるのは「なぜなら」でしたが、同じ「なぜなら」という接続詞が、3節の初めにもついています。そこから言えることは、3節に書いてあることは2節の内容の理由である、ということです。そこで2節に何が書いてあったか、今一度思い返していただきたいのです。それは、「いのちの御霊の原理が、罪と死の原理から、あなたを解放した」（新改訳第三版）というすばらしいメッセージでした。聖霊の働きによって、罪と死の力から私たちは解放されている。聖霊の働きを求めるならば、そのとき、私たちは罪に支配されて生きることはない。これが2節のメッセージです。なぜそうなのでしょうか。3節でパウロはその理由を語ります。なぜならば、神は御子イエス・キリストをお遣わしになり、罪を処罰されたからです。ですから私たちは、罪の力から解放されていると言うことができるのです。

私たちが知っておくべき第二は、この3節は未完の文章であるということです。「神はしてくださいました」という部分は原文にはありません。この3節は前半部分が未完成なのです。前半は「肉によって弱くなったため、律法にはできなくなっていることを」とだけ書いてあって、文章は完結していません。そこで、その未完の部分を補いました。それが「神はしてくださった」という文章です。これは未完成であるというより、おそらくパウロは、「肉によって弱くなったため律法にはできなくなっていることに関して」と、これから述べるテーマをここで提示したのではないかと推測します。このような表現法は珍しいことではありません。ですから、これからパウロが論じようとしているのは、律法にはできないことを神がいかにしてくださったかということです。

律法にできること

それでは、神がしてくださった「律法にはできないこと」とは何のことでしょうか。パウロはこの一言で7章全体の議論を要約しています。そのことを7章でずっと学んできたのですが、パウロがもう一度繰り返しているので、私たちも再確認しておきましょう。

律法にできないこととは何かを考えるために、反対に律法にできることが何かを確認しておきましょう。7章7節に「律法によらなければ、私は罪を知ることはなかったでしょう」とあるように、私たちは律法によって罪を知ることができます。律法が「貪ってはならない」と命じることによって「貪り」を知ることができます。これこそ律法の本来の役割でした。律法は、罪を教えてくれます。何が罪か明確な基準を示してくれます。誰も彼もが物欲にとらわれている中で、貪りが悪だとは誰も教えてくれないかもしれません。貪欲さはむしろ奨励されます。しかし聖書は、「欲しがってはならない」と教えます。こうして、罪を罪と定めていくのが律法のできることでした。

ガラテヤ人への手紙3章19節も思い起こす必要があります。

「それでは、律法とは何でしょうか。それは、約束を受けたこの子孫が来られるときまで（つまりイエス・キリストが来られるときまで）、違反を示すためにつけ加えられたもので……。」（括弧内筆者）

ですから律法は、「違反を示すために」与えられたのです。それが本来の目的でした。その目的を見事に果たし、律法は私たちを罪に定めたのです。

律法にできないこと

しかしながら、律法が過去においてずっとなしえなかったことがあります。それもすでに7章で考えてきました。7章24節は、その結論的なみことばです。

「私は本当にみじめな人間です。だれがこの死のからだから、私を救い出してくれるのでしょうか。」

パウロは、律法に対する絶望からこう言っているのです。彼が信じてきた律法は、パウロを罪のからだ、死のからだから救い出すことはできませんでした。パウロは熱烈な律法主義者でした。しかし、彼が自分の罪に直面したとき、律法は彼を救うことができなかったのです。「だれがこの死のからだから、私を救い出してくれるのでしょうか」と叫ばざるをえませんでした。彼は律法がいかに無力なものかを知りました。

もちろん、モーセの律法自体に問題があるわけではありません。律法は聖なるものであり、神の民の基準を教えるものでした。しかし、救いのために与えられたのではなく、罪を示すために与えられたものです。風邪をひいて医者に行き、薬を処方してもらったけれども、診断を間違っていて別の病気の薬をもらったようなものです。それは風邪薬ではないので、いくら飲んでも効かないのは当然です。しかし薬自体が悪いのではありません。薬は完全ですが、利用目的を間違えていたのです。

パウロもパリサイ人も、当時のユダヤ人もみな、律法の用い方を誤っていました。彼らはそこに救いがあるかのように考えたのです。しかし、パウロは主イエスを知ったとき、その誤解に気づきました。ローマ人への手紙3章20節でこう言っています。

「なぜなら、人はだれも、律法を行うことによっては神の前に義と認められないからです。律法を通して生じるのは罪の意識です。」

これが律法の役割でした。それは、罪の意識、罪の自覚を与えるものであっても、救うには無力です。この場合、律法にはモーセ律法だけでなく、道徳的な教えすべてが含まれます。いくら立派な教えを聞いても、学んでも、教育しても、そこには根本的な解決はないと言っているのです。

肉によって無力とされた

では、なぜ律法は無力で救い出すことができないのでしょうか。パウロは、3節でその理由をこう述べています。それは「肉によって弱く（「無力に」新改訳第三版）なったため」です。律法は、肉によって弱体化され、無力にさせられてきたのです。ここの時制は過去の継続です。肉によってずっと無力とされてきた、ということです。律法が無力で人を救うことができなかったのは、肉が原因でした。

では、この場合の「肉」とは何のことでしょうか。少し煩雑ですが、聖書では「肉」には、目に見える肉と見えない肉があります。目に見える肉は、肉体とほぼ同義ですが、目に見えない肉は、人間が持っている内なる罪の性質のことです。ここは当然、後者のことを指しています。

この肉によって、律法は無力とされてきました。これも前章ですでに学んできたことで、7章14節で、「私たちは、律法が霊的なものであることを知っています。しかし、私は肉的な者であり、売り渡されて罪の下にある者です」とあったのを思い出してください。律法は霊的ですが、問題は、自分自身が肉的であることです。律法がどんなに良いことを教えても、どんなに霊的なこと、聖なることを教えても、肝心の私自身が肉的なのです。罪に支配され、罪を好み、この世のむなしいものに心が引かれていく、そういう性質を生まれながらに持っているのです。ですから、律法がどんなに良いことを教えても、私たちは肉の力に流されて、律法を無力にしてしまいます。律法は機能しなくなってしまうのです。

それは私たちの日常の姿ではないでしょうか。怒りが湧いてくるとき、怒ってはいけないと律法が命じても、それを止められない。私たちの心の中に、染みのようにまとわりついてくる卑しい思いや、むなしいものへの傾倒。愛のない現実。そのような肉が律法を無力化しているのです。

神の出番

以上のことは、すでにパウロが7章で論じてきたことです。7章全体でパウロが言いたかったことが、この3節の前半に要約されています。「肉によって弱くなったため、律法にできなくなったこと」、これこそ7章のテーマでした。それは、私たちの罪の現実、私たちの無力さの実体でした。ですから、今や神ご自身が何をしなければならないかは明白です。神がしなければならないことは、肉によって無力となったために律法にはできない、「罪からの救い」をなすことです。

そこで神は、ご自分のひとり子を送り、そのお方によって私たちを罪の力から解放することにしたのです。神はご自分の御子を、私たちと同じ肉を持つ一人の人間として遣わし、罪そのものを処罰してくださいました。そのことは次にゆっくりと考えたいと思いますが、その前にもう一度、神が私たちの無力な現実の中で、この救いをなしてくださったことを覚えて、神を心からほめたたえ、感謝したいと思います。

キリスト教信仰の要約

ここにはキリスト教信仰が要約して語られています。信仰を持つということがどういうことかを説明しています。

信仰とは、自分が肉によっていかに無力になっているかを認めることから始まります。それは、自分に対する深い絶望です。自分が罪の奴隷であることの告白です。次に、救いのために律法が無力であることを認めなければなりません。あらゆる道徳的教えも、あらゆる宗教的教えも、倫理も哲学もすべて、私たちを救うことはできません。聖書の十戒でさえも無力です。それは世界の歴史が証明しているでしょう。語られるべきことはすでに語られ、教えられるべきことはすでに教えられました。しかし、人間には聞き従う能力がないのです。少々良いことを心がけるくらいでは、人間の罪の性質はどうにもなりません。人間の努力、修行、訓練などではどうにもならない罪の力にとらえられています。しかしそのような中に、神は介入してくださいました。神はご自分のひとり子を遣わし、そのお方を十字架にかけることによって、私たちの罪そのものを処罰してくださったのです。そのことを信じ受け入れるとき、罪の力に対する勝利が与えられるのです。

「私は福音を恥としません。福音は、ユダヤ人をはじめギリシア人にも、信じるすべての人に救いをもたらす神の力です。」（ローマ1・16）

47　罪の肉における御子の派遣——8章3節

神はご自分の御子を、罪深い肉と同じような形で、罪のきよめのために遣わし
（新改訳２０１７）

つまり、神は御子を、罪のために、罪深い肉と同じ姿で世に遣わし（協会共同訳）

3節前半では、肉によって律法が無力となったために、律法は救いをもたらすことができない現状を考えました。それは、これから学ぶ3節後半の前提です。肉によって無力とされているがゆえに、神が行動を起こしてくださいました。

これから聖書の語る最も偉大な真理について考えていくことになりますが、その前に、前提として語られていることを十分に理解しておかなければなりません。このことを十分に理解するのでない限り、パウロがこれから語ろうとしている3節後半を正しく、十分に理解することは到底できないからです。それはキリスト教の核心です。聖書の最も重大なメッセージです。

第一に、律法は人間を救うことができないということです。聖書の律法ばかりか、様々な法律、宗教的戒律、道徳的教え、倫理、儒教や仏教、あらゆる教えは、人間を救うことができないということです。

第二に、私たちは肉によって無力とされているということです。私たちの肉の中に罪の力が働いており、それが、良いことを行おうとするときに、私たちを無力にするのです。こうしてパウロは、私たちの完全な無力さを描き出しました。人間は、神の基準に生きるには全く無力で、神を喜ばせるような生き方はできない。この理解に徹しなければなりません。パウロ自身がそうであったように、自分で自分をきよくすることができるとか、自分の努力で正しく生きることができるとか、必要な教育を受けさえすればいくらでも立派な生き方ができるとか、そういう考えを全く否定しなければなりません。人間は、完全に神の前に無能であることを告白しなければならないのです。まさにパウロのように、「私は本当にみじめな人間です。だれがこの死のからだから、私を救い出してくれるのでしょうか」と叫ばなければならないのです。そうでないならば、これから学ぶ、神の最も偉大なみわざを十分に理解することはできないのです。

神はご自分の御子を遣わした

このような人間の無力さのゆえに、救いは人間の外から、つまり神からやってこなければなりませんでした。そこで神は、ご自分の御子をお遣わしになりました。しかも神は、御子を「肉において」遣わしたのです。

私たちはまず、パウロが途方もないことを語っていることに目を覚まさなければならないでしょう。永遠の神が、ご自分の御子を肉において（つまり、完全な人間として）遣わしたというのです。普通の人が聞いたならば全く相手にしないような、きわめて非常識なことをパウロは語っているのです。

しかし、私たちがクリスマスの時に覚え、祝っているのはこのことです。神はご自分の御子が、マリアという一人の女性の胎から、まことの人間として生まれるようにされました。私たちと同じ肉体を備えた完全な人間として生まれるようにされたのです。

ヨハネの福音書1章のみことばを思い起こすでしょう。

「初めにことばがあった。ことばは神とともにあった。ことばは神であった。……ことばは人となって、私たちの間に住まわれた。」（1、14節）

「ことばが人となった」というのは、直訳すれば「ことばは肉となった」ということです。パウロも「キリストは肉において現れ」たと言いました（Ⅰテモテ3・16）。神は、確かにご自分の御子を肉において遣わしたのです。永遠のみことばである御子は、被造物ではありません。神が永遠に生み出したお方、神の御子であり、すべてはこの方を通して創造されたのです。ですから、私たちはニカイア信条で次のように告白しています。

「主は、造られずして生まれ、父と本質において同じです。」

そのようなお方を、肉において、一人の人間として、神は遣わしてくださったのです。私たちにとって全く驚嘆すべき事実です。これが、私たちの救いのために神がとった行動でした。

罪の肉の形で

それだけでも十分に驚嘆すべきことですが、私たちの驚きはそこで終わりません。3節にはさらに驚くべきことが書かれています。それは、神がどのような肉でご自分の御子を派遣したのか、ということです。神は、ご自分の御子を「罪深い肉と同じような形で」お遣わしになったのです。驚くべきパウロの言明です。ここで私たちは、この3節の最も重要な、決定的な問題に到達しました。

四十年前、神学校でこの箇所から卒論を書いたとき、私をいちばん悩ませたのはこの問題でした。主イエスは「罪深い肉と同じような形で」来られたと書いてありますが、この「罪深い肉と同じような形」とはいったいどのような意味なのでしょうか。これは、直訳すると「罪の肉の形で」となります。ちなみに新共同訳と協会共同訳では「罪深い肉と同じ姿で」と訳しています。どの訳も「罪深い肉」と言っていますが、直訳では「罪の肉」です。特に「罪深い」とする必要はなかったでしょう。でも、もっと大きな訳の違いはその次に現れます。新改訳2017では「肉と同じような形」と訳し、協会共同訳では「肉の姿」と訳しています。問題は「形」か「姿」かではなく、「同じような」か「同じ」か、ということです。新改訳は「同じような」ということで、同じではなく類似していると言い、協会共同訳では同一であることを主張しているのです。

この訳語の違いの背後にある問題は、主イエスが取られた肉がどのような肉だったのかということです。罪の肉と類似していたのか、それとも罪の肉と同じだったのか。つまり主イエスの肉は堕落前のきよい肉であったのか、それとも堕落後の原罪を持った肉であったのか、という問題です。

ここで意見は大きく二つに分かれます。伝統的なのは、カルヴァンに代表されるような考え方で、主イエスがとられた肉は、人類が罪を犯す以前にアダムが持っていたのと同じ「罪のない、きよい肉」であったという見解です。パウロが「罪の肉で」とは言わずに「罪の肉の形で」とやや回りくどい言い方をしたのは、それが理由であったと主張します。ここで「形で」と訳されたのはギリシア語の「ホモイオーマ」ということばの与格ですが、この「ホモイオーマ」を入れることによって、キリストの肉は「罪の肉」と類似はしているが、同一ではないことを示そうとしたのだと理解します。今日も多くの福音派の学者は、それをそのまま踏襲していると言えるでしょう。たとえばベルコフという学者は、「主イエスは、マリアが聖霊によってはらんだとき、アダム以来の罪の性質からきよめられた」と考えます。これがかなり一般的な理解です。その証拠聖句として、ルカの福音書1章35節に訴えます。しかし、それならば「罪の肉」とは言わないで、他の箇所と同様に、ただ「肉」と言えばよかったのではないでしょうか。しかし、パウロはわざわざ「罪の肉」と言っているので、その積極的な意義をくみ取るべきではないかと思います。

もちろん、ここには難しい問題があります。その最たるものは、キリストの無罪性の教理です。キリストは生涯において一度も罪を犯したことがなかったということは、聖書が繰り返し語っていることです。それは、主イエスが罪を贖ういけにえであるために絶対的な必要条件です。ですから主イエスが罪のないお方であるということは堅持しなければなりません。もし私たちと全く同じ罪の性質を持つ肉を取ったのであれば、それは主イエスの無罪性と矛盾することになってしまいます。そのような理由から、パウロは「罪の肉」ではなく、「罪の肉の形」という表現を用いたのだと考えるのです。

ホモイオーマ

このような考え方は、ある種の神学的な結論であって、聖書のみことばそのものが語っていることではありません。では、この3節の本文は何と言っているのでしょうか。ここで鍵となるのは「形（ホモイオーマ）」ということばの意味です。新約聖書に六回出てくるこのことばは、「違い」を表すのではなく、むしろ「同じ」であることを言い表そうとしている、というのが私の結論です。たとえば、全く同じ言い方がピリピ人への手紙2章7節に出てきます。

「ご自分を空しくして、しもべの姿をとり、人間と同じように（ホモイオーマ）なられました。」

ここは先ほどの「罪の肉の形」と全く同じ言い方で、直訳すると「人の形（ホモイオーマ）において」となっています。このような言い方は、実はパウロの特徴です。パウロはしばしば、「神の御姿」とか「神のあり方」とか「仕える者の姿」とか「肉の形」などといろいろな表現を用いていますが、「違い」を指すために「形」と言ったのではなく、むしろ「同じ」であることを強調するためにこの語を使っています。

セイヤーは、その古典的なギリシア語辞書でホモイオーマについて、「類似であるとしても、ほとんど同等、同一の意味に非常に近い」と言っています。私はさらに一歩進めて、主イエスは私たちの罪の肉と本質的に同じ肉を取られたのだ、と考えます。パウロは、主イエスの肉は私たちと同じ、堕落後の罪の肉を取ったことを明らかにするために、このような言い方をしているのです。少なくともパウロは、ここでは主イエスが私たちと同じになられたことによって私たちに救いをもたらしたと語っています。

福音主義の聖書学者であるトマス・シュライナーは最近のローマ人への手紙の注解書で、このホモイオーマは同一性を示していると考えるのが最もふさわしいと理解しています。

「したがってその意味するところは、御子が単に人間の肉と類似していたというのではなく、十分に罪の肉の中に入り込んできたということである。……ホモイオーマという言葉は、御子の罪深い人間性との完全な同一性を指している。」(*Romans*, Baker Academic, 1998, p.402)

実に御子のからだは、罪の力に対して免疫があるような特別なものではなく、また病や死と無関係なものでもなく、私たちと同じ肉をもっておられたのです。ですから「罪深い肉と同じような形で」ではなく、「罪の肉の形（姿）で」と訳すほうがよかったと思います。

私は四十年前、主イエスの人間性についての他の言及箇所も注意深く検討しながら、最終的に、このホモイオーマは、主イエスの肉が「罪の肉」であることをむしろ強調するために使われたと結論して論文を提出しました。私の卒論を審査した三人の先生方からそれぞれ意見をうかがいましたが、結論を変えることは求められませんでしたし、当時の校長であった舟喜順一先生も「これでよいでしょう」と承認してくださいました。

しかし、主イエスが「罪の肉」を持っていたならば、主の無罪性はどうなるのかと問われるでしょう。私は主イエスが同時に神であったということに注目しています。それは、キリストは罪の肉を持ちながら、神としての性質のゆえに、ご自分の中に進入してくる罪の誘惑を一つ一つ、絶えず拒否することによって、罪なき生涯を全うされたということです。ですから、主イエスが誘惑されたときも、私たちと同じように本当に誘惑を受けたのです。しかし、神としての性質のゆえに、罪を犯すことから完全に逃れることができたのです。それはまたもう一つの奇跡としか言いようのないことです。

3節の中頃にもう一つ注目すべきことばがあります。それは新改訳2017では「罪のきよめのために」と訳され、協会共同訳と新改訳第三版では「罪のために」と訳された、「ペリ・ハマルティアス」という表現です。これはギリシア語訳旧約聖書（七十人訳聖書）では「罪のきよめのささげ物」を指すために頻繁に用いられていることばです（協会共同訳では「清めのいけにえ」）。新約聖書でもヘブル人への手紙に四回現れます（10・6、8、18、13・11）。ですから、ここは文脈上も「罪のきよめのために遣わし」と訳すよりは、「罪のきよめのささげ物として遣わし」のほうがよかったでしょう。

この事実の意義

そうであるならば、このことは、私たちにとってどのような意味をもっているのでしょうか。ここには、主イエスの救いを考えるうえで非常に大きな意味があります。それは、神の御子は私たちの罪の現実に実際に介入して来られたということです。主イエスは、罪のまっただ中に来てくださったのです。これ以上の接近はないまでに、私たちと同じ肉を取り、全く同じになられた。そして、そこから私たちを救おうとされたのです。私たちが罪という泥沼に落ちて、そこでもがき苦しんでいるときに、主イエスは遠くからロープを投げて、「さあ、これにつかまれ。そうすれば引き上げてあげよう」と言ったのではありません。むしろ、ご自身でその泥沼の中に入り、沈むばかりの私たちと同じ状況にご自分を置き、そこから私たちを抱きかかえるようにして救い出してくださったのです。まず救われなければならない罪人とご自身とを同一化して、そこから私たちを救おうとされたのです。

聖書はしばしば、そのように救いを語っています。たとえばガラテヤ人への手紙3章13節では、「キリストは、ご自分が私たちのためにのろわれた者となることで、私たちを律法ののろいから贖い出してくださいました」と言っています。まずご自身が私たちと同じように、のろわれた者となったのです。そして、そののろいから私たちを救い出しました。

またコリント人への手紙第二、5章21節でも、「神は、罪を知らない方を私たちのために罪とされました。それは、私たちがこの方にあって神の義となるためです」とあります。それはこの3節と同じ思想です。

神は罪の肉の形で御子を遣わし、そして、罪の肉から私たちを救い出したのです。主イエスは私たちが現にあるところまで降りて来られ、私たちと同じ人間性をとることでご自分を私たちと同一化し、そこから私たちを救い出されたのです。それは、新約聖書が告げている救いの原則です。このことは、主イエスが一人の罪人として、バプテスマのヨハネから悔い改めの洗礼を受けたことに端的に表れています。

こうして、私たちの肉において不可能だったことが、キリストの肉において実現しました。キリストは肉において罪を処罰したからです。その詳細は次の3節最後の部分で考えたいと思います。最後に、アレクサンドリアの偉大な教父アタナシオスのことに触れたいと思います。アタナシオスはニカイア信条の生みの親であり、今日に至るまで教会がこれを告白しているのは彼のおかげです。初代教会の最も偉大な教父の一人でした。その頃の問題は、キリストの人性ではなく、神性でした。主イエスが神であることを否定する人々が教会に現れたのです。アタナシオスはニカイア公会議で、イエス・キリストが真の神であることを強力に主張しました。もちろん、聖書に訴えて主イエスの神性を主張したのですが、同時に、アタナシオスが主イエスの神性を主張したのは、救いのゆえでもありました。主イエスはまことの神です。その神であるお方が罪の肉と触れるとき、つまり罪の人間性と結びつくとき、人間性はきよめられるのです。ですから、キリストは神でなければならないのです。そうでなければ人間は救われないとアタナシオスは考えました。

それゆえ、私も同じようにこう考えます。キリストの人間性は、私たちと同じ罪の人間性でなければならないのです。そうでないなら、私たちに救いはないからです。つまり、人間の肉によって無力になったことが、いかにキリストの肉において可能になったか、それがパウロの言わんとすることです。ですから、主イエスは私たちと同じようになられたのです。

もう一度、主イエスが私たちの救いのために、そこまでくだって来てくださったことを覚えたいと思います。

「キリストは、神の御姿であられるのに、
神としてのあり方を捨てられないとは考えず、
ご自分を空しくして、しもべの姿をとり、
人間と同じようになられました。」（ピリピ２・６～７）

48　罪を罪に定めた神――8章3節

肉において罪を処罰されたのです。（新改訳２０１７、協会共同訳）

私たちにとって、聖書から救いの教理について学ぶことほど喜ばしいことはないでしょう。せっかく救いにあずかりながら、聖書の教えの深みに入ることなく、ごく表面的な救いの理解にとどまってしまうのは残念なことです。そのことが、結局、信仰の貧しさとなり、クリスチャンとしての生き方に影響を与えていきます。信じた救いの深みに立ち入るとき、どのように信じ、どのように生きるべきなのかが分かってくるのです。

ローマ人への手紙8章3節には、それこそ主イエスの救いについて、私たちが知っておかなければならないことがぎっしりと詰まっています。どれもこれも、見過ごすことのできない重要な事柄ばかりです。救いについての理解が表面的なもので終わらないために、この3節は時間をとってしっかりと学びたいみことばです。

これまで二回にわたって3節を考えてきました。初めに「肉によって弱くなったため、律法にできなくなったこと」について学びました。次に、「神がキリストを罪の肉の形でお遣わしになった」ことの意義を考えました。そしてここでは、この節の中心的な問題である「神が罪を処罰した」ことについて考えたいと思います。

議論の流れ

まず、パウロの議論の流れをもう一度振り返っておきます。8章に入ってパウロが何よりも言いたかったのは1節にあることです。

「こういうわけで、今や、キリスト・イエスにある者が罪に定められることは決してありません。」

主イエスを信じる者に与えられるこの無罪判決の恵み、これをパウロは高々と宣言しています。キリスト・イエスにある者は永久に罪に定められることはない。この恵みの約束を、私たちは信仰によって受け止めるのです。必要なのは、私たちがそう実感することではなく、それに信頼する信仰です。

では、なぜ罪に定められないのか。その理由を2節で述べました。

「なぜなら、キリスト・イエスにあるいのちの御霊の律法（原理）が、罪と死の律法（原理）からあなたを解放したからです。」

私たちは、罪と死の支配から解放されている。それが聖霊によってもたらされた新しい状況です。そのことは、次の4節でもう一度考えます。私たちは、罪と死の原理から解放されている。もはや罪と死の奴隷ではない。このことをしっかり心に刻みたいと思います。

では、どうやって罪と死から解放されたのか。それが3節の中心的使信です。それは、神が罪を「処罰した」からです。それゆえに、私たちは罪と死の支配から解放されているのです。それでは「罪を処罰した」とはどういう意味なのでしょうか。

罪を処罰した

「神が罪を処罰した」と言われると、罪はもはや私たちのうちに残存しておらず、私たちが罪を犯すことはないはずだと考えてしまいます。でもそれは誤解です。ですがイエス・キリストを信じたとき、私たちの内側に何が起きたのかを正確に知っておくことは、クリスチャンとして歩むうえで欠くことができないことです。

「罪を処罰した」とは、ある人々が主張するように、罪が滅んだという意味ではありません。ここでは罪の消滅について何も語っていません。実は、この「処罰した」と訳されたことばは、1節にある「罪に定める」と同じことばです。1節のほうは名詞ですが、こちらは動詞です。違いはそれだけで、意味は同じです。それを比較しながら考えるとわかりやすいと思います。

1節は、キリスト・イエスにある者は「処罰されることはない」と言い換えることができます。いかなる刑罰も加えられることはないのです。しかし3節では、逆に罪は主の肉において「処罰された」のです。つまり、罪が「罪に定められた」のです。擬人法で、「罪」があたかも人間であるかのように語られています。ここでは裁判所の用語を用いていますから、裁判を想定してください。パウロはあたかも「罪」という犯罪者が裁判を受け、その結果「有罪判決」を言い渡されたと言っているのです。有罪の宣告は受けましたが、刑はまだ執行されていません。そのような状況を「処罰した」と言っているのです。それに続いて罪が処刑されれば罪は消滅しますが、しかし、まだ処刑は行われていないのが「処罰された」状態です。それがこのことばの意味です。

その他の言及

パウロは、このことばを5章18節でも用いています。

「こういうわけで、ちょうど一人の違反によってすべての人が不義に定められたのと同様に、一人の義の行為によってすべての人が義と認められ、いのちを与えられます。」

ここではなぜか「不義に定められた」と訳されていますが、新改訳第三版でも協会共同訳でも「罪に定められた」です。ここではアダムの犯した原罪によってもたらされた状況が「罪に定められた」と言われています。つまり、アダムの原罪以来、すべての人間は生まれながら罪に定められ、すでに有罪が確定しています。「すべての人は罪を犯して、神の栄光を受けることができず」（ローマ３・23）と聖書は主張します。ですから「人間には、一度死ぬことと死後にさばきを受けることが定まっている」（ヘブル９・27）のです。そのさばきの結果は永遠の滅びだと言われています。さばきは確かに定まっているけれども、まだ刑は執行されず、その結果、滅んでもいないのです。それは御子の再臨の時まで取っておかれます。それが人間が置かれている状況です。少なくてもイエス・キリストを知るまでは、誰もがそのような状態に放置されているのです。

しかし、主イエスが十字架にかかって以来、「罪」も同じような状況に置かれることになりました。「罪」はキリストの肉において有罪が確定し、さばきを待っている状態です。罪が罪に定められるというのは奇妙ですが、しかしパウロは明らかにそう言っています。それはたとえるならば、罪が死刑判決を受け、囚人としてその執行の時まで刑務所に閉じ込められているということです。罪は有罪が確定したゆえに支配的な力を失いましたが、滅んではいません。消滅もしていませんが、力は失ったのです。それが罪が処罰されたことの意味です。

ですから、私たちが罪を犯さなくなるような完全な状態は、この地上においては望めないのです。私たちはむしろ罪の悔い改めを生涯続けていかなければなりません。ですから主イエスは、「われらの罪を赦したまえ」と祈るように教えたのです。

肉において

ではこのような罪の処罰はどこで起きたのでしょうか。これは、パウロが教えている最も深遠な真理です。どこで罪の贖いは起きたのでしょうか。それは3節にこう書いてあります。

「肉において罪を処罰された。」

神は「肉において」罪を処罰した。肉という領域において罪は処罰された。その肉とはいったい誰の肉でしょうか。この肉には定冠詞がついており、「その肉において」と訳すべきところです。そして「その肉」とは前後の文脈から明らかに、直前で言及されている御子イエスの肉を指しています。神はご自分の御子を罪の肉と同じ形で遣わして、その御子の「罪の肉」において、罪を処罰したのです。

この3節には「肉」が三回出てきます。「肉」の意味に注意しながら、もう一度3節を新改訳2017で読んでみましょう。

「肉によって弱くなったため、律法にできなくなったことを、神はしてくださいました。神はご自分の御子を、罪深い肉と同じような形で、罪のきよめのために遣わし、肉において罪を処罰されたのです。」

最初に出てくる「肉」は、「私たち人間が持っている肉」です。それは人間の堕落した罪の性質を指しています。そこは罪がいつも勝利を得る領域でした。二番目の肉は「イエス・キリストの罪深い肉」です。すでに論じたことですが、それは主イエスがとられた、私たちと同じ「罪の肉（すなわち罪の人間性）」のことです。そして、第三番目は、二番目と同じ肉ですが、それは罪の贖いが起きた領域としての肉です。御子イエスの罪の肉において罪が処罰されたのです。主イエスが罪の肉をとられたのは、その肉において罪を断罪するためでした。ここに受肉の目的があったのです。

ある人々はこう考えるかもしれません。「神は全能だから、いろいろな方法で私たちを救うことができる。御子が受肉して人間とならなくても、別な形で私たちを罪から救い出すことができる。」

しかし、事実はそうではないのです。私たちが罪の肉から救われるために、御子イエス・キリストは私たちと同じ堕落した人間性をとり、その肉において十字架にかかることによって、罪そのものを処罰したのです。つまり、肉をすみかとする罪を処罰したのです。こうして、私たちの肉において不可能だったことが、キリストの肉において可能となったのです。それが3節の中心的メッセージです。

肉において処罰した

ここに贖罪の深い意味が隠されているように思われます。神は、このキリストの肉において罪を処罰されました。これは聖書の中で最も重大な言明だと思います。罪が処罰されたということは、肉における罪の支配が終わったということです。

それまで、私たちは肉の支配下にありました。アダムが罪を犯して以来、私たちの肉においては罪を犯すということが当たり前になっていたのです。そういう意味で私たちは原罪を負っている罪人です。その肉は罪とほとんど区別ができないまでに、罪の支配下にあったのです。

しかし神は、御子を私たちと同じ罪の肉を持つ者として遣わされました。そして、その御子の罪の肉において歴史上ただ一度、奇跡が起きました。罪を犯すことが当たり前であった肉において、一度も罪が犯されなかったのです。そのことによって、肉と罪との関係が終わりを告げました。肉と罪は兄弟のように一緒だったけれども、この時、肉と罪とは分離したのです。なぜなら、主イエスはその罪を担ったまま十字架にかかり、その罪を処罰してくださったからです。この人類の長い歴史の上でただ一度だけ、罪の肉において罪が敗北しました。私たちの主イエス・キリストが十字架の上で死なれたとき、罪はキリストの肉において処罰され、敗北したのです。この時、肉をすみかとする罪の力、罪の支配は終わりを告げました。それは主イエスの肉において内的に起きたことです。このことにより、罪は決定的な打撃を被りました。まだ消滅してはいませんが、その肉における罪の支配は終わりました。キリストは完全な従順とその頂点に立つ十字架の死によって、肉において罪を処罰し、肉と罪との関係に終止符を打ったのです。

「肉において処罰した」ことに関して、ここにはもう一つ注目すべきことがあります。私は先に、「罪のきよめのために」（協会共同訳では「罪のために」）と訳されたことば（ペリ・ハマルティアス）は「罪のきよめのささげ物」あるいは「清めのいけにえ」と訳すべきと指摘しました。主イエスは、罪のきよめのささげ物として遣わされたのです。その御子は同時に罪の人間性をまとっておられたのです。こうして、御子のうち（あるいは人間性）において罪と罪のきよめのささげ物が出合ったのです。そこで罪は贖われました。これが贖罪です。したがって贖罪は、キリストの人間性において内在的に起きたのです。「罪のきよめのささげ物（ペリ・ハマルティアス）」はヘブル語で「アーシャーム（'asham）」ですが、主イエスはこのことばを一度だけご自分のために用いました。マルコの福音書10章45節でイザヤ書53章10節を引用し、こう言っておられます。

「また多くの人のための贖いの代価として、自分のいのちを与えるために来たのです。」

主イエスはご自分のことを「贖いの代価」と見なしていますが、これはイザヤ書53章10節ではアーシャーム、すなわち「罪のきよめのささげ物」です。主イエスは、それをご自分に適用するにあたり、もっと明白な「贖いの代価」に言い換えられたのです。私たちの救い主は、「罪のきよめのささげ物」として遣わされたので、贖いの代価を支払うことができたのです。

この事実に立つとき、私たちはどうすべきでしょうか。私たちは、相変わらず無力です。そして律法には私たちを救う力がありません。そのような中で、神は神の方法をもって救いを備えてくださいました。私たちがすべきことは、もはや自分の力で努力して自分を救おうとすることではありません。ただキリストが十字架の上で獲得した勝利にあずかって生きることです。キリストのところにのみ勝利があります。キリストのところにだけ罪からの解放があります。そこにおいてだけ、肉は罪から自由にされるのです。

どうしたらそんなことが可能なのでしょうか。どうしたらキリストにあって生きることができるのでしょうか。それは、キリストの霊によって生かされるときに可能となるのです。罪からの解放は、主イエスの肉において内的に起きたことでした。肉における罪の支配が終わり、今や状況は私たちに決定的に有利になりました。ひとたびこの事実に気がつき、聖霊によって歩み始めるとき、キリストにおいて起きたことが私たちのうちにも起き始めるのです。

ですからパウロは、「いのちの御霊の原理が、罪と死の原理からあなたを解放した」と言ったのです（2節）。私たちが忘れてはならないのは、このような勝利は、キリストの肉において起きたということです。だから、キリストに勝利がある。私たちがこの地上において同じように罪に打ち勝とうとするならば、キリストに結びつくことです。そして、イエス・キリストを信じるということは、このような主との深い、人格的な結合に入ることです。それが信じることです。信仰の創始者であり、完成者であるこのお方に目を留めて生きることです。私たちが信じているのはキリストにおいて生じた出来事です。同時に、私たちが聖霊によって経験するのも、キリストにおいて起きたことなのです。自分の無力さを嘆き、自分の貧しさを見つめるならば限りがありません。私たちは現にそのような者でしかないからです。それを百パーセント認めたうえで、しかしキリストを見上げ、キリストに結びつくとき、勝利がやってきます。主イエスの肉において罪が処罰されているからです。

このキリストの事実を、信仰によって、自分のものとして生きる者でありたいと願わされます。

3節を終えるにあたり、私なりの訳を付記しておきたいと思います。

「肉によって無力となったために、律法にはできなくなっていることを、神はしてくださいました。神はご自分の御子を、罪のきよめのささげ物として、罪の肉と同じ形で遣わし、その肉において、罪を処罰されたのです。」

49　律法の成就——8章4節

それは、肉に従わず御霊に従って歩む私たちのうちに、律法の要求が満たされるためなのです。
（新改訳２０１７）

それは、肉ではなく霊に従って歩む私たちの内に、律法の要求が満たされるためです。
（協会共同訳）

3節には、主イエスの救いが非常に深く、明快に語られていることに驚かされます。新約聖書の中で、これほど深く、これほど徹底して救いのみわざが語られているところはほかにないと思います。ここを理解することは、私たちが信じた主イエスの救いを本当に理解することなのです。すべてのクリスチャンがこの意味を十分に理解することが必要です。

最終回として、続く4節を考えたいと思います。

3節と4節の関係

なぜ4節が最後なのか、そこには二つの理由があります。一つは、3節と4節は連続していて、一つの文章からできていることです。ですから、そもそも3節と4節を切り離すことはできません。3節でパウロは、神がご自分の御子の肉において罪を処罰したことを明らかにしましたが、この4節はその目的を語っています。神は何のために御子の肉において罪を処罰したのか。そこには明確な目的があります。ですから、この二節は切り離して考えることができないのです。

また、もう一つのことに気がついておく必要があります。パウロがここから聖霊について語り始めていることです。4節に「御霊に従って歩む私たち」とあります。パウロの関心はこれ以後、律法から御霊に移っていきます。テーマは非常に鮮やかに変化します。7章1節から8章3節まで、「律法」は合計二十七回も現れますが、「御霊」はわずか二回です。一方で、8章4節から8章の終わりまで、「御霊」は二十二回現れますが、「律法」は現れません。ですからここを境にして、テーマは律法から御霊へと移っているのです。このところにパウロの手紙の非常に大きな区切りがあることは間違いありません。そういうわけで、最後を締めくくるために、この4節を学びたいと思います。

罪の処罰の目的

さて、神はなぜご自分の御子を遣わし、御子の肉において罪を処罰されたのでしょうか。言い換えれば、神がご自分のひとり子イエスを通して救いのみわざをなしたのは、何が目的だったのでしょうか。神はなぜ御子を十字架にかけたのでしょうか。それが私たちが最後に考える問題です。

パウロはこう言っています。

「私たちのうちに、律法の要求が満たされるためなのです。」（4節）

「満たされる」とは「成就される」という意味です。新改訳第三版では「全うされる」となっていました。これが最終的な目的でした。「主が十字架にかかったのは、私の罪の赦しのためであった」ということも確かにそうですが、それは最終の目的ではありません。「主が十字架にかかったのは、私たちの幸福のため。私たちが永遠のいのちを得るためであった」ことも確かなことです。しかし、それが最終の目的ではありません。神が目的としていたのは、「私たちのうちに律法の要求が満ちること」です。

パウロは、ローマ人への手紙3章28、31節でこう言っています。

「人は律法の行いとは関わりなく、信仰によって義と認められると、私たちは考えているからです。……私たちは信仰によって律法を無効にすることになるのでしょうか。決してそんなことはありません。むしろ、律法を確立することになります。」

御子を信じる信仰は、「律法を確立する」のです。これこそ、神が御子をなだめの供え物とした目的なのです。

これは驚くことではありません。主イエスご自身も、そのことを言明されました。

「わたしが律法や預言者を廃棄するために来た、と思ってはなりません。廃棄するためではなく成就するために来たのです。」（マタイ５・17）

これほど確実なことばはありません。主イエスご自身が、ご自分が来た目的は律法を成就するためだと語っているからです。ここに最終的な目的があります。それまで、私たちの罪の性質のゆえに、律法の正しい要求は無視されていました。モーセの十戒は守られなかったのです。すべての人がモーセの十戒に違反しました。しかし、モーセの律法が成就すること、それこそ最終的な目的だったのです。

成就したのか

そうであるならば、この最終目的がご計画どおり私たちのうちに成就しているかどうかを考えなければなりません。言い換えれば、神は私たちが罪を赦されて、喜んでいるだけでは満足しておられないのです。それだけでは、神のご計画は成就していません。律法が私たちのうちに成就しなければならないのです。

前回、「罪が処罰された」ということの意味を考えました。それは罪が罪に定められたということであり、罪が滅んだのではないことを確認しました。しかしそこから、もし「だから私たちは、罪を犯してもしかたがないんだ」と考えるならば、それは事実だけれども、パウロが意図したことではありません。神が御子を通してなそうとしたご計画でもありません。罪が生き残っているので罪を犯してもよい、ということにはならないし、罪を犯してもしかたないということにもなりません。神の目的は、御子の肉において生じた勝利が、私たちのうちにも同じように起きることなのです。律法の正しい要求が全うされることなのです。

律法が成就される

では「律法の要求が満たされる」とはどういうことを意味しているのでしょうか。「満たされる」とは「成就される」という意味です。律法の正しい要求は私たちのうちに「成就される」のです。モーセの十戒の一つ一つが、神が要求したレベルまで実際に「満たされる」というのです。

このことに関して、二つのことを改めて覚えたいと思います。第一は、「満たされる」とは、あくまで受身形です。そのことから分かるのは、律法の要求は果たされるが、それは私たちが努力して果たすのではないということです。パウロは、「御霊に従って歩む私たちが、律法の要求を満たす」とは書いていません。それは、「満たされる」ことであって「満たす」ことではないのです。

クリスチャンは、今や罪が処罰されたので、聖霊によって新しい力を与えられているので、神の律法を十分に行うことができるようにされました。ですから、クリスチャンが自分の力で律法を全うするとは書いてありません。律法の要求を成就するのは私たちではなく、他の何かによってです。このことは、何よりも私たちの現実と一致しています。クリスチャンになったので律法の要求を全部果たしてこれたかといえば、決してそうではありません。7章に描かれたクリスチャンの現実もまた一つの事実でしょう。ですから、誤解しないようにしなければなりません。

注意すべきもう一つのことは、律法の要求が成就されるということは、律法を完全に行うという意味で言われているのではないということです。もはや罪を犯さないという意味で言われているのでもありません。文字どおりのことではなくて、むしろ、律法が求めている根本的要求のことを指していると思われます。それは、「要求」ということばが単数形であることからも言えます。その要求とは、神の栄光のために生きるという根本的な生き方であって、完全無欠に律法の規定一つ一つを守って生きていくという意味ではありません。もしそうならば、福音は新しい律法主義になってしまいます。そうではなくて、これはあくまで律法が要求する神の栄光のために歩むことです。

御霊によって歩む私たちのうちに

それならば、律法の要求が私たちのうちに、どのように満たされるのでしょうか。先ほど、それは私たちが努力して行うことを言っているのではないと述べました。ではどうすることなのか。これこそ、パウロがここから新たに語り始めるテーマなのです。

４節でパウロはこう言っています。「肉に従わず御霊に従って歩む私たちのうちに」律法の要求は実現する、と。御霊によって歩むとき、そのような私たちの中に実現される（受け身）のです。

例によって、パウロは二つの生き方を対比させています。「肉に従う」ことと「御霊に従う」ことです。そして「御霊に従う」とき、律法が成就される。「肉に従って歩む」とは、肉の支配下に生きることとです。つまり肉にコントロールされているということです。この「肉」というのはすでに学んだように、生まれながらの人間の性質のことです。それは、堕落した、アダム以来の罪の性質に縛られた性質です。だからといって、いつも悪いことをするとか、いつも邪悪な思いに駆られているということではありません。多くの場合、その人はごく普通に生きているだけです。しかし、その人の考え方の大きな特徴は、神を恐れることがないということです。自分の好きなように生きている姿が、まさに肉に従っているということなのです。そういう生き方を「肉に従って歩む」と言っているのです。そのようなところに律法の成就はありえません。

しかし、人間にはもう一つの生き方があります。私たちはあるとき、聖書のみことばを聞いて目を覚まします。死んでいたものが自分のうちで生き始める。自分の醜い罪を示され、自分が罪人であることが分かり、これまでとは違った新しいいのちが、自分の中に生き始めるのを感じる。そのとき、これまでの生き方をやめて、神に喜ばれることをしようとする。神を第一に生きていこうと考えるようになる。そこに本当の喜びを見いだしている。みことばに飢え渇いて、それを求める。そのような変化はすべて聖霊によるものです。そしてそのとき、私たちは聖霊の影響を受け始めます。そしてますます、いよいよ聖霊によってコントロールされるようになる。それが御霊に従って歩むことなのです。それは、何か特殊な心の状態ではなく、人生の方向性が根底から変わることです。神に自分の主権を明け渡し、みことばの影響の下で生きていくクリスチャンの姿です。自分はますます小さくなり、神とそのみこころがますます大きな関心となっていく。そのとき、私たちの中に律法の要求が「成就されていく」。これがパウロの言おうとしていることです。

なぜそうなのか、不思議に思われるかもしれません。しかし聖霊によって歩むとき、イエス・キリストにおいて生じた罪に対する勝利が、実際に私たちのうちにも生じるようになるのです。なぜなら私たちが聖霊によって歩むとき、聖霊は私たちをキリストと結びつけるからです。そして、キリストにおいて成就したことを、私たちの成就としてくださるのです。それが聖霊の根本的な働きです。キリストの宝を私たち自身のものとするために、聖霊は働いているのです。それは7章4節で、すでにパウロが語ったことでした。

「ですから、私の兄弟たちよ。あなたがたもキリストのからだを通して、律法に対して死んでいるのです。それは、あなたがたがほかの方、すなわち死者の中からよみがえった方のものとなり、こうして私たちが神のために実を結ぶようになるためです。」

私たちは、どのようにしてキリストと結びつくのでしょうか。それは聖霊のわざです。聖霊に従って歩むとき、聖霊が私たちのうちに実現してくださることなのです。ですから私たちに必要なことは、人生のあらゆる領域で、聖霊によって生きることを求めることです。誰でもクリスチャンになったときは、聖霊の支配は本当に小さく、人生のわずかな領域しか、聖霊は影響を与えていません。しかし信仰の成長に伴い、私たちの人生全体に聖霊のコントロールが及んでいきます。そして、聖霊によって支配されているその領域には、この「律法の要求」が成就するのです。これこそ、神がご計画なさったことでした。

その目的のために、三位一体の神が見事に調和を保って働いていることを見ることができます。父なる神は私たちを救うためにこのようなご計画を立て、そのために御子を罪の肉と同じ形で遣わしました。なんという愛でしょうか。次に、御子は地上の生涯で罪なき生涯を送り、人間を罪の束縛から解放しました。なんという従順でしょうか。そして聖霊は、そのことを私たち自身のうちに実現するために働いているのです。

この救いが本来の目的を達成するために私たちに必要なことは、聖霊による支配を求めることです。ますます自己への関心から解放され、神への関心に生きることです。続く5節にあるように、御霊に従う者は、御霊に属することをひたすら考えます。そうする人々の中に、この目的は成就していくのです。ですから、「信じました、救われました」で終わってしまうことなく、神が目的としている目標を目指して、御霊を求めて歩んでいきたいのです。

「私は言います。御霊によって歩みなさい。そうすれば、肉の欲望を満たすことは決してありません。」（ガラテヤ5・16）

あとがき

約四十年前、神学校の卒業論文でローマ8章3節に取り組んで以来、私にとって「ローマ人への手紙」は格別な書物となりました。以来、長年にわたって少しずつこの書を学び、礼拝や聖会などで語ってきました。二〇一九年春に福音伝道教団の聖会にて6章後半の講解説教を依頼され、その奉仕を終えることによって、5章から8章4節までが1節も漏らさずつながることになりました。ここに書物として出版されたのは、四十年にわたる私の講解説教を土台としています。

神学校で卒業論文のテーマとしてローマ8章3節を選んだ理由は、当時私が引きずっていた信仰上の問題の解決のためでした。その問題とは、「救われた今でもなぜ罪を犯すのか。罪から解放されるためにどうしたらよいのか」というものでした。それは広く「聖化」の問題と言い換えることができるでしょう。それに対する解答が8章3節にあると考えました。なぜならそこには、「神は……(主の)肉において罪を処罰された」とあるので、このみことばの意味を正確に理解するならば、解答を得ることができると期待したからです。その答えは、この書物全体の中に明らかにしたつもりです。

さらに、私はこの節から、その罪の処罰が主の肉においてなされたことを知り、主イエスが私たちの身代わりとなって十字架にかかられた贖罪の意味を深く知らされました。今では贖罪は、ゴルゴタの丘の上でなされたというより、神であり人であるお方の位格の中で、内的に起きたと考えています。パウロがローマ人への手紙に記した救いの恵みは、私にとって信仰の尽きぬ源泉であり、その豊かさに絶えず驚きと感謝を覚えさせられています。

今回も、いのちのことば社の佐藤祐子氏にたいへんお世話になりました。感謝を付記します。

最後に、パウロが神について語った賛美をそのままローマ人への手紙にささげたいと思います。

「ああ、神の知恵と知識の富は、なんと深いことでしょう。神のさばきはなんと知り尽くしがたく、神の道はなんと極めがたいことでしょう。……この神に、栄光がとこしえにありますように。」（ローマ11・33、36）

二〇二一年　イースター

鞭木　由行

パウロの福音を生きる
──ローマ人への手紙５章～８章４節講解──

2021 年 5 月 25 日発行

著　者　鞭木由行

印刷製本　日本ハイコム株式会社

発　行　いのちのことば社
〒164-0001 東京都中野区中野2-1-5
電話 03-5341-6923（編集）
03-5341-6920（営業）
FAX03-5341-6921
e-mail:support@wlpm.or.jp
http://www.wlpm.or.jp/

ISBN 978-4-264-04258-7